Bernd Biervert · Kurt Monse · Hans-Jürgen Bruns ·
Michael Fromm · Kai Reimers

Überbetriebliche Vernetzung im Handel

Schriftenreihe der ISDN-Forschungskommission des Landes Nordrhein-Westfalen

Herausgeber:
Ministerium für Wirtschaft, Mittelstand und Technologie des Landes Nordrhein-Westfalen

Mitglieder der ISDN-Forschungskommission:

Prof. Dr. Bernd-Peter Lange
– Sprecher der Kommission –
Universität Osnabrück und Europäisches Medieninstitut Düsseldorf

Prof. Dr. Klaus Grimmer
Gesamthochschule Kassel – Universität

Prof. Dr. Firoz Kaderali
FernUniversität Hagen

Prof. Dr. Reinhard Rock
– Stellvertretender Sprecher –
Bergische Universität Gesamthochschule Wuppertal

Prof. Dr. Ursula Schumm-Garling
Universität Dortmund

Prof. Dr. Horst Strunz
ExperTeam GmbH Köln

Dipl.-Sozialwirtin Anette Baron
– Wiss. Mitarbeiterin der Kommission –
Europäisches Medieninstitut Düsseldorf

TELETECH NRW
Landesinitiative Telekommunikation

TELETECH NRW

Bernd Biervert · Kurt Monse · Hans-Jürgen Bruns
Michael Fromm · Kai Reimers

Überbetriebliche Vernetzung im Handel

Konzepte und Lösungen im ISDN

Der Westdeutsche Verlag ist ein Unternehmen der Bertelsmann Fachinformation.

Umschlaggestaltung: Christine Huth, Wiesbaden
Gedruckt auf säurefreiem Papier

ISBN-13: 978-3-531-12723-1 e-ISBN-13: 978-3-322-83253-5
DOI: 10.1007/ 978-3-322-83253-5

Inhalt

Vorwort der ISDN Forschungskommission des Landes Nordrhein-Westfalen

Mit großen Erwartungen, aber auch Befürchtungen wurde die Inbetriebnahme des diensteintegrierenden digitalen Fernmeldenetzes ISDN im Jahre 1989 begleitet. Doch trotz umfangreicher Informations- und Werbemaßnahmen wissen viele private Kunden und gewerbliche Nutzer von Fernmeldediensten noch wenig mit diesem Kürzel anzufangen. Das prinzipiell offen angelegte System birgt durch die Kombinationsmöglichkeiten verschiedenster Dienste mit vielfältigen Dienstmerkmalen und unterschiedlichen potentiellen Endgerätekonfigurationen große Nutzungsmöglichkeiten, aber auch eine nahezu unüberschaubare Komplexität. Diese erhöht sich weiterhin, wenn es um die Verknüpfung von Telekommunikationsdiensten im ISDN mit Leistungen der elektronischen Datenverarbeitung geht.

Mit den vielfältigen Möglichkeiten der Technikkonfiguration und -nutzung sind in Wirtschaft und Gesellschaft Chancen und Risiken verbunden, aber auch Gestaltungsmöglichkeiten besonders hinsichtlich der Sozialverträglichkeit für die Anwender von ISDN, seien es Unternehmen, Arbeitnehmer oder private Haushalte.

Angesichts der ökonomischen und gesellschaftlichen Relevanz der neuen ISDN-Technologie und im Bewußtsein des offensichtlichen Wissensdefizits und des Gestaltungsbedarfs hat das Land Nordrhein-Westfalen vertreten durch die Staatskanzlei, das Ministerium für Wirtschaft, Mittelstand und Technologie und das Ministerium für Arbeit, Gesundheit und Soziales im Jahr 1989 die ISDN-Forschungskommission berufen. Der Kommission gehören Professoren und Professorinnen aus den Bereichen Technik-, Rechts-, Sozial- und Wirtschaftswissenschaften an.

Das Land Nordrhein-Westfalen hat seinen Auftrag an die ISDN-Forschungskommission in folgenden Anforderungen formuliert:

- Aufschluß zu geben über die wirtschaftliche Leistungsfähigkeit und die Leistungsgrenzen der ISDN-Kommunikationssysteme, über die Einsatzmöglichkeiten und jeweiligen Anwendungsvoraussetzungen des ISDN;

- Orientierungswissen dafür zu erarbeiten, daß die Modernisierungs- und Wachstumschancen, die in der Herstellung und Anwendung der neuen Kommunikationstechniken liegen, ausgeschöpft werden können;

- wissenschaftliche Erkenntnisse über mögliche Gefahren und Risiken, über die Notwendigkeit risikomindernder Maßnahmen und über technische und organisatorische Gestaltungsoptionen beim Einsatz der ISDN-Technik an (Büro-) Arbeitsplätzen zu gewinnen;

- Anstöße und Diskussionsgrundlagen für einen öffentlichen Dialog zwischen Technikherstellern und -anwendern, Arbeitnehmern und Arbeitgebern sowie Wissenschaftlern und Politikern über die Chancen und Risiken der neuen Informations- und Kommunikationstechniken zu liefern.

Die ISDN-Forschungskommission geht von einem breiten Technikverständnis aus. Das diensteintegrierende, digitale Fernmeldenetz wird als ein Bestandteil im Gefüge vernetzter Systeme betrachtet, deren Wirkungen es zu analysieren gilt. Das heißt, es geht nicht nur um die technische Seite der digitalen Vermittlung und Übertragung auf der Basis von 64 kbit/s unter Einschluß von DV-Leistungen, sondern gerade um die Einbindung von ISDN-Anwendungen in komplexere sozio-technische Systeme, bei denen organisatorische und soziale Fragen berücksichtigt werden.

Ein Schwerpunkt der Arbeit der ISDN-Forschungskommission besteht in der Initiierung von ISDN-Modellanwendungen, zu denen auf Empfehlung der ISDN-Forschungskommission an das Land NRW und teilweise auch an die DBP Telekom Begleit- und Gestaltungsforschungsprojekte durchgeführt werden. Bei den ISDN-Modellprojekten handelt es sich um ausgewählte inner- sowie über-betriebliche Technikanwendungen in verschiedenen Branchen bzw. Sektoren, wie z.B. mittelständische Handelsunternehmen, Versicherungen, Druck- und Verlagswesen, Krankenhäuser und öffentliche Verwaltungen. Solche innovativen Modellanwendungen müssen sowohl in technischer als auch in organisatorischer Hinsicht offen angelegt sein, so daß Gestaltungsoptionen bestehen.

In diesen Forschungsprojekten werden die sich mit den ISDN-Anwendungen ergebenden innerorganisatorischen und überbetrieblichen Veränderungen analysiert. Beide Bereiche - arbeitsplatzbezogene Veränderungen durch gewandelte Aufgabenwahrnehmung und veränderte betriebliche Organisation einerseits sowie Reorganisation durch technische und funktionale Vernetzungen andererseits - sind gleichermaßen Bestandteile der Begleit- und Gestaltungsuntersuchungen. Über die fallbezogenen Analysen hinaus wird in den Forschungsprojekten versucht, übertragbare Ergebnisse für die jeweilige Branche bzw. für einen Anwendungsbereich zu erarbeiten.

Neben den Begleit- und Gestaltungsforschungsprojekten sind von der Kommission Rahmen- und Detailstudien zu relevanten Spezialgebieten angeregt worden. In solchen Untersuchungen werden z.B. technische, ökonomische, soziale, arbeitspolitische, rechtliche und infrastrukturelle Fragestellungen im Zusammenhang mit dem Einsatz von ISDN analysiert.

Die Forschungsprojekte und Rahmenstudien werden durch die ISDN-Forschungskommission ausgewertet. Zur Unterstützung des öffentlichen Dialoges wird von der ISDN-Forschungskommission neben der vorliegenden Publikationsreihe die Reihe „Materialien und Berichte der ISDN-Forschungskommission", die beim Ministerium für Wirtschaft, Mittelstand und Technologie des Landes NRW bezogen werden kann, herausgegeben. Weiterhin beteiligt sich die Kommission an Messen und Kongressen und es werden Workshops und Tagungen veranstaltet.

Die Kommission verfolgt das Ziel, zum einen die wissenschaftliche Analyse der neuen Anwendungen von IuK-Technologien voranzutreiben, zum anderen dazu beizutragen, konkrete Anwendungsprobleme zu lösen und zum dritten Vorschläge zu erarbeiten für adäquate Rahmenbedingungen und für Qualifizierungsmaßnahmen zur Förderung der ISDN-Nutzung.

Die ISDN-Forschungskommission des Landes Nordrhein-Westfalen arbeitet mit der DBP Telekom zusammen, die selber ISDN-Anwendungsprojekte vorrangig unter Aspekten der technischen Realisierbarkeit fördert. Im Hinblick auf das wechselseitige Interesse haben die ISDN-Forschungskommission und die DBP Telekom den Austausch von Forschungsergebnissen vereinbart, wobei sich die Telekom auch finanziell an mehreren Untersuchungen der Kommission beteiligt.

Bei der vorliegenden Publikation in der Schriftenreihe der ISDN-Forschungskommission des Landes Nordrhein-Westfalen handelt es sich um den Abschlußbericht eines von der Kommission initiierten Projektes mit dem Titel:

„Überbetriebliche Vernetzung im Handel: Konzepte und Lösungen im ISDN"

Für die Durchführung dieser Untersuchung konnte mit der Gruppe Bernd Biervert, Kurt Monse, Hans-Jürgen Bruns, Michael Fromm und Kai Reimers ein anerkanntes Forscherteam gewonnen werden.

Das zweite Projekt zu diesem Forschungsgegenstand, dessen Ergebnisse in diesem Bericht zusammengefaßt sind, befaßt sich nach einem ersten Projekt zum ISDN-Einsatz in einem filialisierten mittelständischen Einzelhandelsunternehmen nunmehr mit der überbetrieblichen ISDN-Vernetzung in der Wertschöpfungskette von Lieferanten bis zum Kunden und den strategischen Optionen einer informations- und kommunikationstechnischen Unterstützung. Gegenstand der Untersuchung ist ein Unternehmensverbund mittelständischer Einzelhandelsunternehmen, deren Handelszentrale und deren Lieferanten. Durch die Initiative der Handelszentrale zum Aufbau eines ISDN-basierten überbetrieblichen Informations- und Kommunikationsnetzes entsteht für die Unternehmen auf der Einzelhandelsstufe die Option, über dieses technische Dienstleistungsangebot Datenverbindungen bis zur Lieferantenstufe aufzubauen.

Unter dem Gesichtspunkt der Begleit- und Gestaltungsforschung zu ISDN-Implementationen ergab sich hiermit die günstige Gelegenheit, die Initiierungsphase einer umfassenden überbetrieblichen Vernetzung auf der Basis der ISDN-Technologie zu untersuchen. Im Zeitraum von Mitte 1992 bis Ende 1993 konnten in der Pilot- und Entwicklungsphase wesentliche Erfahrungen in bezug auf den ISDN-Einsatz in dem mittelständisch orientierten Handelsverbund gesammelt werden.

Der unternehmensübergreifende ISDN-Einsatz bildet ein Untersuchungsfeld, in dem die Anwendungspotentiale und deren Voraussetzungen noch weitgehend unerschlossen sind. Durch die Untersuchung der Konzeption und Umsetzung einer unternehmensübergreifenden Informations- und Kommunikationsvernetzung auf der Basis der ISDN-Technologie ist es gelungen, neue Aufschlüsse über das Anwendungspotential von ISDN zu gewinnen. Für multilaterale Datennetze zwischen Unternehmen wurde bisher häufig angenommen, daß erstens der Nutzen für die beteiligten Unternehmen nicht in Frage steht, daß zweitens Institutionen auf der nationalen und der internationalen Ebene für die notwendige Datenstandardisierung sorgen und daß drittens der Betrieb der Netze in der Form einer Dienstleistung nachgefragt werden kann. Diese drei Annahmen sind allgemein äußerst problematisch und insbesondere für den hier in Frage stehenden Wirtschaftsbereich unzutreffend. Das Untersuchungsergebnis zeigt vielmehr, daß die beteiligten Unternehmen vor erheblichen Koordinationsproblemen in bezug auf die Organisation der Datenwege und der Datenstandardisierung stehen. Bewährte Lösungen hierfür gibt es nicht und es ist durchaus zutreffend, hier von einer „Organisationslücke" auszugehen. Dieser Begriff ist jedoch insbesondere dann noch nicht hinreichend, wenn es als Voraussetzung einer überbetrieblichen Vernetzung eines Interessenausgleichs zwischen den beteiligten Unternehmen bedarf und somit letztlich auch Fragen der Verfügungsrechte berührt sind. Hier besteht vielmehr auch eine „institutionelle Lücke", die es durch geeignete vertragliche Lösungen zu schließen gilt.

Die Untersuchung wurde vom Land Nordrhein-Westfalen und der DBP Telekom gemeinsam finanziert.

Die Mitglieder der ISDN-Forschungskommission

- Professor Dr. Klaus Grimmer
- Professor Dr. Firoz Kaderali
- Professor Dr. Bernd-Peter Lange, Sprecher der Kommission
- Professor Dr. Reinhard Rock, stellvertretender Sprecher
- Professorin Dr. Ursula Schumm-Garling
- Professor Dr. Horst Strunz
- Frau Diplom-Sozialwirtin Anette Baron, wissenschaftliche Mitarbeiterin der Kommission

Düsseldorf, im Januar 1995

Abbildungsverzeichnis

Abkürzungsverzeichnis

AG .... Aktiengesellschaft
BBE .... Bundesverband der deutschen Bekleidungsindustrie
BBU .... bundeseinheitliche Betriebsnummer
BVDM .... Bundesverband des Deutschen Möbel- und Einrichtungsfachhandels
CCG .... Centrale für Coorganisation
CCITT .... Comité Consultatif International Télégraphique et Téléphonique
CD-ROM .... CompactDisk-Read Only Memory
CEFIC .... Conseil Européen des Fédérations de l'Industrie Chimique
CIM .... Computer Integrated Manufacturing
DBP Telekom .... Deutsche Bundespost Telekom
Dfü .... Datenfernübertragung
DIN .... Deutsches Institut für Normung
DTB .... Dialogkreis Textil-Bekleidung
DV .... Datenverarbeitung
DZE .... Datenzentrum Einzelhandel
EAN .... Europäische Artikelnummer
EANCOM .... EDIFACT-Subset für die Konsumgüterwirtschaft
EDI .... Electronic Data Interchange
EDIFACT .... Electronic Data Interchange for Administration, Commerce and Transport
EDIFURN .... EDIFACT-Subset für die Möbelindustrie
EDIKOS .... EDIFACT-Subset für die Kosmetikindustrie
EDITEX .... EDIFACT-Subset für die Textilindustrie
EDV .... Elektronische Datenverarbeitung
EFTPOS .... Electronic Funds Transfer at Point of Sale
EG .... Europäische Gemeinschaft
IBM .... International Business Machines
IPX .... Internetwork Package Exchange Protocol
ISBN .... Internationale Standardbuchnummer
ISDN .... Integrated Services Digital Network
ISO .... International Standardization Organisation
IWDS .... Integriertes Warendispositionssystem
IWT .... Institut für Wirtschaft und Technik e.V., Wuppertal

LAN .... Local Area Network
MRZ............................... Mitgliederrechenzentrum
MADAKOM .... Marktdaten Kommunikation
MS-DOS .... Microsoft Disk Operating System
NRW .... Nordrhein-Westfalen
ODETTE........................ Organisation de Données Exchangées par Télé Transmission en Europe
OSI .... Open Systems Interconnection
PC .... Personal Computer
PLU .... Price-Lookup-Verfahren
S_0.................................. ISDN-Teilnehmerschnittstelle mit einer Kapazität von $B+B+D_{16}$
SDS .... SEDAS-Daten-Service
SEDAS .... Standardregeln Einheitlicher Datenaustausch-Systeme
SINFOS .... SEDAS Artikel- und Adresseninformationssatz
SWIFT .... Society for Worldwide Interbank Financial Telecommunications
TEDIS .... Trade Electronic Data Interchange Systems
TCP/IP .... Transmission Control Protocol / Internet Protocol
TK-Anlage .... ISDN-Telekommunikationsanlage
UNIX .... Uniplexed Information and Computing Service
VDA .... Verband der Deutschen Automobilindustrie
VDM .... Verband der Deutschen Möbelindustrie
VKA .... Verband der Vertriebsformen kosmetischer Erzeugnisse
WAN .... Wide Area Network

Einführung

1. Unternehmensvernetzung als ISDN-Option: Führen integrierte Datenströme zu integrierten Unternehmensstrukturen?

"Die zwischenbetriebliche Kooperation und Integration bei der automatisierten Datenverarbeitung" ist ein Thema, das die wirtschaftswissenschaftliche Forschung bereits in den 60er Jahren beschäftigt hat. Schon 1966 formulierte Mertens, warum es notwendig ist, sich mit diesem Spezialgebiet der zwischenbetrieblichen Kooperation von Unternehmen zu beschäftigen.

1. "Im Interesse der Automation in ihrem Betrieb werden die Organisatoren dieses Betriebes versuchen, die zwischenbetrieblich auszutauschenden Daten in anderen Betrieben so aufbereiten zu lassen, daß sie in die eigene Automatik *ohne besondere Umordnung* einfließen können" (Mertens 1966, S.2 - eigene Hervorhebung).

2. "Im innerbetrieblichen Bereich wird durch Integration erreicht, daß die manuellen Zwischenarbeiten ("Automationsinseln") verringert werden. Damit verschiebt sich aber bei vielen betrieblichen Tätigkeiten und in vielen Wirtschaftszweigen die manuelle Tätigkeit hin zur Aufbereitung von Daten, die aus dem betriebsexternen Bereich zufließen. Es muß daher versucht werden, diese Daten mittels zwischenbetrieblicher Integration *in maschinell interpretierbarer Form* zu erhalten" (Mertens 1966, S.2f. - eigene Hervorhebung)

Offenbar war damit zumindest dem Grunde nach die Notwendigkeit erkannt, sich mit Fragen des zwischen- und überbetrieblichen Datenaustausches auseinanderzusetzen. Damit liegt die Folgerung nahe, daß die mit der Überbrückung unternehmensübergreifender Schnittstellen durch technische Systeme verbundenen Aufgaben im Rahmen eines entsprechend ausgerichteten überbetrieblichen Informationsmanagements heute beherrscht werden. Warum also, so läßt sich im Anschluß fragen, beschäftigt sich die wirtschaftswissenschaftliche Forschung unter Begriffen wie elektronischer Datenaustausch (Picot, Neuburger u. Niggl 1991), überbetrieblicher Informationsverbund (Kubicek 1992a) oder Unternehmensvernetzung (Biervert, Monse, Bruns u. Reimers 1992) erneut mit der Gestaltung der Informationsbeziehungen zwischen Unternehmen? Den Anlaß dazu geben technische und ökonomische Gründe und dazu korrespondierende Erwartungen:

(1) Mertens erscheinen "Die Gedanken der zwischenbetrieblichen Integration bei der automatisierten Datenverarbeitung [...] in mancher Hinsicht etwas kühn" (1966, S.3). In seiner Untersuchung beschränkt sich die zwischenbetriebliche Integration noch ausschließlich auf den Aspekt des Austauschens von Datenträgern. Wenngleich die "Grundprobleme beim unmittelbaren Verkehr zwischen Datenverarbeitungsanlagen verschiedener Betriebe" (1966, S.178) herausgearbeitet werden, ist dies doch eher ein konzeptionell-planerischer Gedanke, "um die Möglichkeiten und Notwendigkeiten der zwischenbetrieblichen Kooperation und Integration [...] im Auge zu behalten" (1966, S.3).
Heute ist mit dem diensteintegrierenden digitalen Fernmeldenetz ISDN eine Telekommunikationsinfrastruktur entstanden, mit der neue Visionen zur Elektronisierung der Datenströme und Kommunikationsverbindungen zwischen Unternehmen verbunden werden. Mit dem flächendeckenden Angebot und der zur Verfügung stehenden Übertragungskapazität wird die digitale Datenfernübertragung auch für temporäre Verbindungen und für größere Datenmengen unter technischen Leistungsgesichtspunkten, aber auch unter Wirtschaftlichkeitsaspekten als tragfähig angesehen. Zugleich erlaubt die Multifunktionalität der ISDN-Techniken das Zusammenführen von Daten-, Text-, Sprach- und Bildkommunikation in einem Anwendungskontext. Daraus werden innovative Anwendungsformen zur Organisation der Informations- und Kommunikationsbeziehungen in Unternehmen abgeleitet, zu denen beispielsweise die Zusammenführung der Bürokommunikation mit den Systemen der elektronischen Datenverarbeitung oder der technisch integrierte Datentransport in Geschäftsprozessen gehören. Dies schafft die Grundlage für neue Formen der Arbeitsteilung in und zwischen Unternehmen, in denen Aufgaben stärker integriert und koordiniert werden, ohne deren zeitliche und räumliche Entkopplung aufheben zu müssen. Mit der technischen Infrastruktur ISDN ist der greifbar werdende Vernetzungshorizont entstanden für ein konzeptionelles Überdenken der technisch-organisatorischen Strukturierung in und von Unternehmen, für die hier der Begriff der Unternehmensvernetzung steht.

(2) "Zum anderen erscheint in mancher Hinsicht, und zwar sowohl was die ökonomische Realisierbarkeit der technischen Entwicklung, was die Normung und was die psychologische Bereitschaft der Organisatoren und Unternehmer angeht, für die Verwirklichung von Gedanken zur zwischenbetrieblichen Kooperation und Integration, wie sie hier vorgetragen werden, die Zeit noch nicht reif" (Mertens 1966, S.3).

Elektronische Reservierungssysteme oder automatische Bestell-, Liefer- und Zahlungssysteme in der Konsumgüterdistribution sind Indikatoren dafür, daß zumindest in einigen Anwendungsfeldern integrierte Datenströme 30 Jahre nach dieser Einschätzung zum betrieblichen Alltag gehören. Ebensowenig ist zu verkennen, daß der Forschungsstand zur überbetrieblichen Vernetzung sich in den vergangenen Jahren erheblich verbessert hat. Dennoch ist, nach einer zunächst eher optimistischen Sicht, die gegenwärtige Position eher zurückhaltend. Die Rekonstruktion von Entwicklungsprozessen zur überbetrieblichen Vernetzung in den Konsumgütermärkten, die inzwischen in verschiedenen empirischen Studien vorliegt, zeigt, daß sich die von Mertens angesprochenen Faktoren als kritisch für eine breite Diffusion der integrierten Datenverarbeitung zwischen Unternehmen erwiesen haben. Die Erwartungen, daß bei der überbetrieblichen Vernetzung *erstens* der Nutzen für die beteiligten Unternehmen nicht in Frage steht, daß *zweitens* Institutionen auf der nationalen und internationalen Ebene sich um die technisch notwendigen Bedingungen für eine strukturierte Datenübertragung bemühen und daß *drittens* der Betrieb der Netze, beispielsweise in der Form einer Dienstleistung, nachgefragt werden kann, müssen als problematisch eingeordnet werden. Auch heute noch stehen die beteiligten Unternehmen vor erheblichen Koordinationsaufgaben in bezug auf die Organisation der Datenwege und der Informationsbeziehungen. Und sie haben die Frage zu klären, wie geeignete Lösungen für den Interessenausgleich zwischen ihnen gefunden werden können. Denn es ist keineswegs gesichert, daß sich Kosten und Nutzen der Vernetzung über die beteiligten Unternehmen hinweg gleichmäßig verteilen.

Die Gleichung "integrierte Datenströme = integrierte Unternehmenstrukturen" geht demnach nicht ohne weiteres auf. Entscheidend für die Effektivität der Zusammenarbeit von Unternehmen ist die Reorganisation und Aufwertung der Kommunikationsbeziehungen zwischen den Unternehmen auf den verschiedenen Stufen der Wertkette. Der (elektronische) Informationsaustausch und die Kommunikation zwischen den Akteuren werden zu einem eigenständig zu betrachtenden Feld der ökonomischen Funktionserfüllung. Für die Bewältigung dieser Aufgabe stellt die Nutzung der ISDN-Technik eine Option dar, so daß genau hier systematisch das Thema *ISDN und Unternehmensvernetzung* zu verorten ist: *Welches Leistungspotential gewinnen die Unternehmen mit dem Spektrum der technischen Anwendungsformen des ISDN für die optimale Gestaltung der überbetrieblichen Informations- und Kommunikationsbeziehungen?*

2. Konzeption der Untersuchung

Im Kontext der Diskussion um den Anwendungsnutzen des ISDN für Unternehmen ist das Potential dieser Infrastruktur für die Gestaltung der Leistungsbeziehungen *zwischen Unternehmen* eine bisher vernachlässigte Perspektive. Unternehmensübergreifende Anwendungsformen des ISDN sind über allgemeine Potentialanalysen hinaus noch nicht Gegenstand empirischer Forschung gewesen, Strategieempfehlungen oder praktische verwertbare Handlungsempfehlungen liegen bisher nicht vor. In betriebswirtschaftlicher Sicht steht eine systematische Behandlung dieses Forschungsfeldes und der damit verbundenen Fragen einer Neugestaltung von Informations- und Kommunikationsbeziehungen zwischen Unternehmen aus.

Dieser Stand der Forschung kann aus drei Gründen nicht verwundern. In technischer Hinsicht hat der Regelbetrieb des diensteintegrierenden digitalen Fernmeldenetzes ISDN zwar 1989 begonnen, erst jetzt aber wird eine weitgehende Flächendeckung erreicht. Gleichzeitig schreitet die Diffusion von ISDN-Anwendungen nur langsam voran, wofür insbesondere auch das Fehlen von Anwendungslösungen als Grund angegeben wird, so daß es in Unternehmen noch an der Basis für unternehmensübergreifende Anwendungsformen fehlt. Neben der damit schmalen empirischen Basis für unternehmensübergreifende ISDN-Anwendungen stellt das Forschungsfeld selber ein schwieriges Terrain dar. Ein Grund dafür ist die Komplexität der Innovation Unternehmensvernetzung, die in vielfältiger Weise die technischen und organisatorischen Beziehungen zwischen Unternehmen berührt und damit nicht einfach zu erfassen ist. Unternehmensvernetzung ist zugleich ein unternehmensstrategischer und politischer Prozeß, in den eine größere Anzahl unabhängiger ökonomischer Akteure involviert ist und aus dem vielfältige Verhandlungsprozesse auf unterschiedlichen Ebenen resultieren. Dies gilt in besonderem Maße für die Pilotphase überbetrieblicher Vernetzungen und führt dazu, daß überbetriebliche Innovationsprozesse größere Zeiträume beanspruchen und häufig nicht jenes Set empirischer Daten zulassen, das aus Sicht wissenschaftlicher Genauigkeit als wünschenswert und notwendig anzusehen ist. Nicht nur das Modellprojekt, um dessen empirische Untersuchung es hier geht, sondern auch der Forschungsprozeß selber vollzieht sich explorativ in dem Sinne, daß erst im Zuge des Prozeßverlaufs sich jene Untersuchungseinheiten (beteiligte Unternehmen, relevante Pilot-Anwendungen usw.) herausarbeiten lassen, über die schlußendlich hier berichtet wird. Dies ist zur Kenntnis zu nehmen, wenn im folgenden die Forschungskonzeption entwickelt wird, die handlungsleitend den Forschungsprozeß strukturiert hat. Sie ist als Begleit- und Gestaltungsuntersuchung konzipiert, d.h. sie enthält eine Reihe prozessualer Elemente, um dem dynamischen und offenen Charakter des Untersuchungsprozesses entsprechen zu können.

Ziel der Untersuchung ist es, zur Klärung der Neugestaltung von Informations- und Kommunikationsbeziehungen zwischen Unternehmen mit ISDN-Techniken beizutragen und diese Reorganisation der Unternehmensbeziehungen im Prozeß ihrer Entstehung zu untersuchen. Dies umfaßt zwei Perspektiven:

- die Frage nach dem *Warum der Unternehmensvernetzung*: In dieser Analyseperspektive geht es um die strategische Dimension des unternehmensübergreifenden Einsatzes von ISDN-Techniken und die Organisation der Informations- und Kommunikationswege und -formen zwischen den Unternehmen verschiedener Wirtschaftsstufen und -zweige.

- die Frage nach dem *Wie der Unternehmensvernetzung*: In dieser Analyseperspektive geht es um die Möglichkeiten, durch die technische Neukonfigurierung von (internen und externen) Daten- und Kommunikationsverbindungen einerseits und durch die Initiierung von unternehmensübergreifenden Implementierungsprozessen andererseits zu neuen Arbeits-, Kommunikations- und Entscheidungsstrukturen zwischen Unternehmen zu kommen.

Gegenstand der Untersuchung ist die Anwendung des ISDN für die datentechnische Unterstützung der Informations- und Kommunikationsaufgaben in einem unternehmensübergreifenden Datenverbund zwischen den Wirtschaftsstufen Einzelhandel, Großhandel und Herstellung. Der Aufbau dieses ISDN-Datennetzes ist im konzeptionellen Entwurf auf die (Re-)Organisation und datentechnische Unterstützung der finanz- und warenwirtschaftlichen Abwicklungsprozesse zwischen der Handelszentrale einer Einkaufskooperation und deren Mitgliedsunternehmen gerichtet. In das Konzept eingeschlossen ist die datentechnische Vernetzung zur Lieferantenebene.

Erste Studien zur Nutzung von ISDN zeigen, daß die Unterstützung der Informations- und Entscheidungsprozesse zwischen Handel und Industrie zu den zentralen Einsatzfeldern gehört. Dies wird für Konsumgütermärkte insbesondere darauf zurückgeführt, daß hier der Unternehmenserfolg wesentlich von der Qualität und technisch-organisatorischen Leistungsfähigkeit der Zusammenarbeit zwischen Handel und Industrie abhängig ist. Neue Formen warenwirtschaftlicher Abwicklung und strategischer Marktpositionierung, die insbesondere von den Großbetriebsformen des Handels für die Einzelhandelsstufe entwickelt werden, berühren unmittelbar die zwischenbetriebliche Arbeitsteilung. Hier geht es um waren- und finanzwirtschaftliche Dispositionskonzepte, die mit dem "Händchen des Einkäufers" nicht mehr zu beherrschen sind, sondern auf unternehmensübergreifend organisierten Entscheidungs- und Steuerungssystemen beruhen. Das Mittel, um die damit ansteigenden Kosten der Koordination zwischen den Unternehmen zu kompensieren, ist die effiziente Abwicklung des zwischenbetrieblichen Informationstransfers. Entsprechend steht der Aufbau überbetrieblicher Informations- und Kommunikationsnetze im Mittelpunkt dieser Rationalisierungsbestrebungen.

In einer Begleit- und Gestaltungsuntersuchung wurde die Initiierungsphase zur Entwicklung und Umsetzung der unternehmensübergreifenden Informations- und Kommunikationsvernetzung zwischen den Wirtschaftsstufen Einzelhandel, Großhandel und Herstellung auf der Basis der ISDN-Technik untersucht. Das Forschungsprojekt wurde in den Jahren 1992/1993 im Rahmen der Aktivitäten der ISDN-Forschungskommission des Landes Nordrhein-Westfalen mit Unterstützung der DBP Telekom durchgeführt.

Ziel der *Begleitforschung* ist, Formen der Informations- und Kommunikationsvernetzung, die verschiedene Unternehmen *und* mehrere Wirtschaftsstufen einschließen (multilaterale Unternehmensvernetzung) zu untersuchen. Diese sind zum gegenwärtigen Zeitpunkt noch wenig verbreitet. Zudem konzentrieren sich bisherige empirische Forschungsarbeiten entweder auf die Untersuchung bilateraler datentechnischer Vernetzungen oder sie haben die Genese der mit einer datentechnischen Vernetzung verbundenen Standardisierungsprozesse auf den verschiedenen technischen Ebenen (Netz/Dienst/Anwendung) zum Gegenstand. Durch diese Untersuchung lassen sich daher Aufschlüsse über das Anwendungspotential von ISDN und den überbetrieblichen Prozeß der Implementierung erreichen. Im Rahmen der *Gestaltungsforschung* wird versucht, mit der Untersuchung eines Implementierungs*prozesses* den Blick stärker auf die Schnittmenge dieser beiden Analyseperspektiven zu richten, um zu einer Klärung von Gestaltungsaufgaben und -ansätzen bei der Etablierung von Systemen der überbetrieblichen Vernetzung beizutragen (siehe zum Verlauf des Innovationsprozesses Abb. 1).

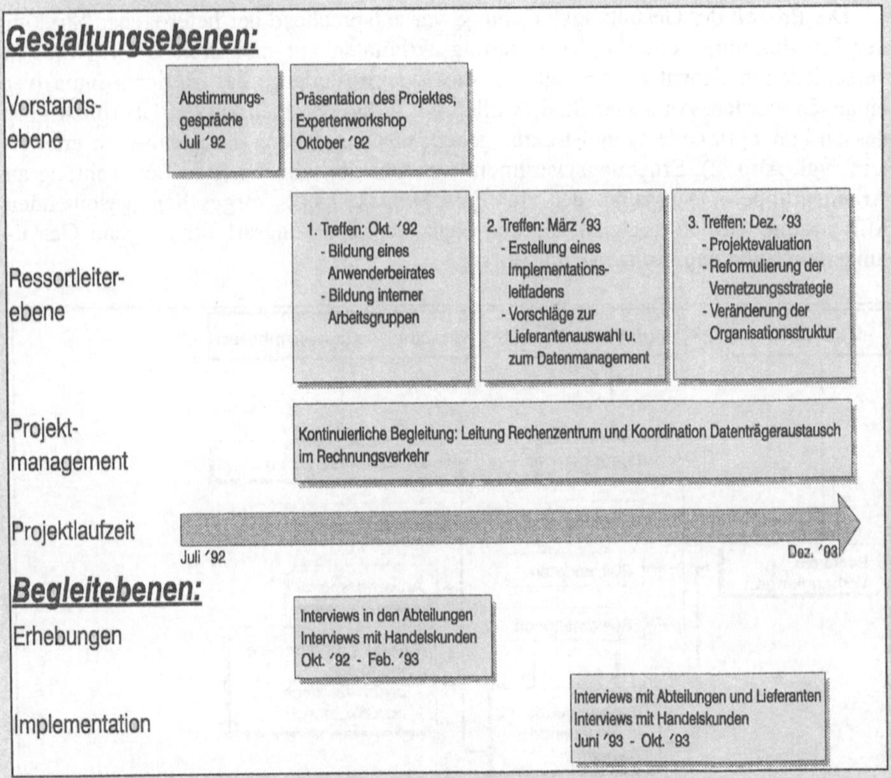

Abb. 1: Zum Verlauf des Innovationsprozesses

Das zur Anwendung kommende *Methodenmix* setzte sich aus qualitativen Verfahren der empirischen Sozialforschung und aus Verfahren zur kontinuierlichen Beobachtung und begleitenden Teilnahme am Innovationsprozeß zusammen.

Im Rahmen der Begleitforschung kamen als Erhebungsinstrument im wesentlichen leitfadengestützte Interviews zur Anwendung. Die Grundstruktur der Gesprächsleitfäden gliederte sich mit Schwerpunktsetzungen in die Bereiche technisch-organisatorische Bedingungen, marktökonomische Voraussetzungen, Gestaltung der strategischen und/oder operativen Zusammenarbeit, Nutzenerwartungen im Hinblick auf ISDN und Umsetzungserfordernisse in technisch-organisatorischer, personeller und vertraglicher Hinsicht. Auf eine grundsätzliche Einschätzung des Potentials der Unternehmensvernetzung mit ISDN war die Durchführung eines Workshops ausgerichtet. Zu diesem waren neben Unternehmen aus dem Modellprojekt Experten eingeladen, um aus technischer Sicht oder auf der Basis eigener Modellanwendungen Nutzungspotentiale und erste Erfahrungen mit unternehmensübergreifenden ISDN-Anwendungen auszutauschen (siehe die Dokumentation Monse u. Bruns 1993).

Der Prozeß der Gestaltungsforschung war entsprechend der heterogenen Struktur der Entwicklungs- und Implementierungsaktivitäten auf mehreren Ebenen und in verschiedenen Schritten angelegt, auf die wir im Verlaufe des Berichts intensiver eingehen werden. An dieser Stelle wollen wir lediglich einen kurzen Überblick über dessen konzeptionelle Grundstruktur geben, um die spätere Einordnung zu erleichtern (vgl. Abb. 2). Erhebungsinstrument war hier die teilnehmende Beobachtung an Arbeitsgruppen. Aufgrund der im Forschungskonzept vorgesehen gestaltenden Mitwirkung wurden zugleich auf der Basis der Erhebungsarbeiten eigene Gestaltungsinitiativen und -konzepte eingebracht.

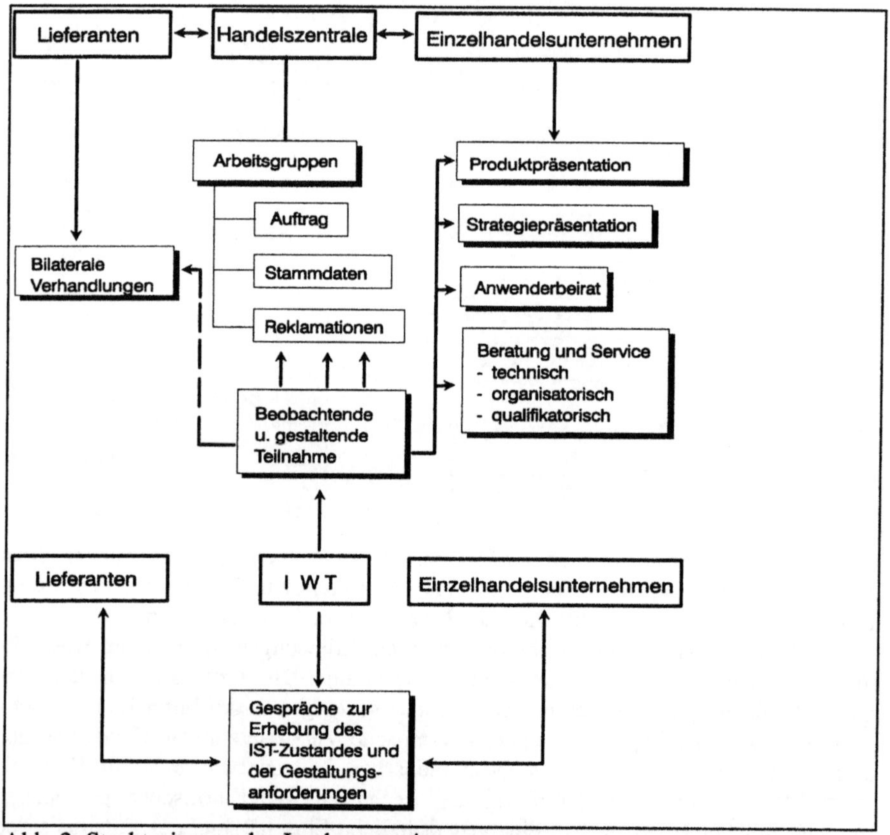

Abb. 2: Strukturierung des Implementationsprozesses

Da auch die im Rahmen der Begleitforschung durchgeführten Erhebungsgespräche mit unterschiedlicher Reichweite und mit verschiedener Tiefe in den beteiligten Unternehmen durchgeführt wurden, wollen wir deren Gesamtstruktur abschließend eingehend erläutern.

In der *Handelszentrale der Einkaufskooperation* wurden Gespräche auf der Vorstandsebene, der für das Projekt verantwortlichen Ressortebene und in den operativen Abteilungen durchgeführt. Gegenstand der Gespräche auf der Vorstands- und Ressortebene war die Gesamtkonzeption der unternehmensübergreifenden Vernetzung im Hinblick auf die Vernetzungsstrategie, die Entwicklung der technischen Konfiguration sowie die Strukturierung des Implementierungsprozesses, wobei hier insbesondere die Zusammenarbeit mit den Handelsunternehmen im Vordergrund stand. Zudem fanden während der Projektlaufzeit mit den für die Umsetzung des Vernetzungsprojektes Verantwortlichen kontinuierliche Abstimmungsgespräche über die Entwicklung dieser konzeptionellen Grundlagen des Vernetzungsprojektes statt. Neben den hier im Vordergrund stehenden strategisch-konzeptionellen Aspekten wurden zur Konkretisierung der operativen Zusammenarbeit zwischen den Unternehmen Gespräche auf der Ebene der für das "Tagesgeschäft" verantwortlichen Abteilungen durchgeführt.

Auf der *Einzelhandelsstufe* war die Erhebung breit angelegt, um über die zu erwartenden Pilotinstallationen hinaus eine Einschätzung zu den ökonomischen, technischen und organisatorischen Ausgangsbedingungen vor der Implementierung des ISDN-Datenverbunds zu gewinnen. Zur Untersuchung der empirischen Ausgangssituation der der Handelszentrale angeschlossenen Einzelhandelsunternehmen wurde ein halbstandardisiertes Erhebungsinstrument entwickelt. Dieses wurde als Leitfaden in den hauptsächlich mit den Geschäftsführungen der Unternehmen durchgeführten Erhebungsgesprächen eingesetzt. Die in die Erhebung einbezogenen Unternehmen sind filialisiert, wobei das kleinste Filialunternehmen mit 3 und das größte mit 25 Filialen am Markt präsent ist. Die im Sample vertretenen Unternehmen verfügen insgesamt über eine Verkaufsfläche von 129.500 m² und beschäftigen 4.825 Mitarbeiterinnen und Mitarbeiter. Der Anteil der kaufmännischen und Verwaltungsangestellten beträgt zwischen 5 und 10 Prozent. Die Unternehmen repräsentieren einen Einzelhandelsumsatz von insgesamt 827 Mio. DM, der durchschnittlich jeweils zur Hälfte im Textil- und zur Hälfte im Hartwarenbereich erzielt wird. Die folgende Aufstellung gibt die Struktur des Erhebungssamples nach Umsatzklassen wieder:

Umsatzklassen	Anzahl der Unternehmen [Filialen]
10 bis 20 Mio.	1 [4]
20 bis 30 Mio.	1 [1]
30 bis 40 Mio.	1 [7]
40 bis 50 Mio.	--
50 bis 100 Mio.	1 [3]
> 100 Mio.	4 [53]

Abb. 3: Struktur des Samples der Einzelhandelsunternehmen

Mit dieser Erhebung war eine repräsentative Abbildung der Mitgliederstruktur des Einzelhandelsverbundes weder beabsichtigt, noch wäre sie realistisch einlösbar gewesen. Aufgrund der Vielzahl der im Handelsverbund zusammengeschlossenen Unternehmen unterschiedlichster Vertriebsformen und -größen kann es den typischen Kunden oder das Durchschnittsmitglied der Handelszentrale ohnehin nur in der Gestalt einer wenig aussagekräftigen statistischen Kenngröße geben. Wesentlich ist, daß sich, trotz gradueller Unterschiede aufgrund von Unternehmensgrößen und Positionierungen im Wettbewerb, die wettbewerbsstrategischen und administrativen sowie organisatorischen Probleme und Handlungsherausforderungen dieser Unternehmen im Grundsatz gleichen, so daß auf der Basis der Daten eine angemessene und ausreichende Einschätzung der ökonomischen und technisch-organisatorischen Ausgangssituation möglich war.

Im Unterschied zur Einzelhandelsstufe orientierten sich die Gespräche auf der *Lieferantenstufe* an den konkreten Pilotinstallationen des ISDN-Datenverbundes. Da die Zusammenarbeit im Hinblick auf die überbetriebliche Vernetzung nur auf bilateraler Basis erfolgte, unterlag deren Erhebung besonderen Voraussetzungen und Restriktionen. Neben einer im Hinblick auf mögliche Pilotinstallationen ohnehin schmalen Basis konnten die Gespräche beispielsweise erst nach einer weitgehenden Klärung des Implementationsvorhabens durchgeführt werden. Dennoch kam es auch hier darauf an, zu klären, welches die technisch-organisatorischen und ökonomischen Voraussetzungen einer Teilnahme an dem ISDN-Datenverbund sind und wie diese Voraussetzungen geschaffen und ausgehandelt werden können. Es wurden insgesamt zwei Lieferanten in die Erhebung einbezogen, wobei auch hier die Gespräche auf der Ebene der Geschäftsführung durchgeführt wurden.

Teil A Unternehmensvernetzung in der Konsumgüterdistribution

Ziel dieses Kapitels ist es, einen Bezugsrahmen für die Untersuchung des Einsatzes von ISDN-Techniken zwischen Unternehmen verschiedener Wirtschaftsstufen und -zweige zu erarbeiten. Dies berührt zwei Aspekte. Zum einen geht es um die Organisation der Informations- und Kommunikationswege und -formen in den zwischenbetrieblichen Abläufen und die Funktionsverteilung zwischen den rechtlich selbständigen, in der Konsumgüterdistribution wirtschaftlich aber häufig voneinander abhängigen Unternehmen. Neben diesen Strukturen der Unternehmensvernetzung und den dort zum tragen kommenden Strategien der Unternehmen sind zum anderen in technischer Hinsicht die Rahmenbedingungen des elektronischen Datenaustausches zwischen Einzelhandel und Industrie zu behandeln, um auf die Entwicklungsperspektiven einer stufenübergreifenden Unternehmensvernetzung eingehen zu können.

Von diesem Gedanken ausgehend ist der erste Teil des Forschungsberichts in zwei Kapitel gegliedert. Im ersten Kapitel werden Strukturen und Strategien der Unternehmensvernetzung zwischen Einzelhandel und Industrie behandelt, von denen eine hier angesiedelte Analyse der Entwicklung der zwischenbetrieblichen Arbeitsteilung und ihrer Organisationsformen auszugehen hat (1.). Das zweite Kapitel beschäftigt sich mit den Entwicklungsperspektiven elektronischer Datennetze als technischer Basis einer stufenübergreifenden Unternehmensvernetzung. Ihr besonderes Kennzeichen ist, daß sie multilateral ausgerichtet sind, d.h. elektronische Verbindungen zwischen einer Mehrzahl von Unternehmen auf unterschiedlichen Wirtschaftsstufen herstellen wollen. Hierfür ist zunächst zu klären, wie denn die Einführung eines solchen elektronischen Datenaustausches zwischen mehreren Unternehmen überhaupt vonstatten geht, bevor die bisherige Entwicklung in der Konsumgüterdistribution nachgezeichnet werden kann (2.).

1. Strukturen und Strategien der Unternehmensvernetzung zwischen Einzelhandel und Industrie

Die Idee der überbetrieblichen Zusammenarbeit rechtlich selbständiger, doch ökonomisch wechselseitig voneinander abhängiger Unternehmen mit hohem wechselseitigen Informations- und Transaktionsbedarf ist betriebswirtschaftlich gesehen keineswegs neu. Unabhängig von einer kommunikations- und datentechnischen Abbildung und Unterstützung ihrer interorganisationalen Prozesse finden sich in vielen Wirtschaftsbereichen unterschiedliche Formen von Unternehmensverbunden, -kooperationen und -allianzen, die explizit formulierte gemeinsame Strategien und Ziele verfolgen. Vergleichsweise neu ist demgegenüber eine Entwicklung, in der die Gestaltung der Organisation zwischen- und überbetrieblicher Operationen und Transaktionen unter konsequentem Einbezug informations- und kommunikationstechnischer Infrastrukturen und Anwendungen zu einer genuinen Managementaufgabe gerät, an deren Wahrnehmung die Realisierung nicht nur operativer Rationalisierungserfolge, sondern auch strategischer Wettbewerbsvorteile geknüpft wird. Hier werden Konzepte entwickelt, die auf der Basis einer unternehmensübergreifenden Koordination und Integration von Aufgaben und Abläufen dazu beitragen sollen, Gesamtleistungsfähigkeit, Reaktionspotential und -geschwindigkeit der beteiligten Unternehmen entscheidend zu verbessern.

In diesem Abschnitt geht es darum, Bestimmungsgrößen für eine Analyse einer solchen Reorganisation der Leistungsbeziehungen zwischen Einzelhandel und Industrie herauszuarbeiten. Dabei wird die Einkaufskooperation als Unternehmensform in den Vordergrund gestellt. Insbesondere auf der Grundlage einer transaktionskostentheoretischen Einordnung dieser Kooperation als Unternehmensform wird zunächst der Mittlerfunktion der Handelszentralen von Einkaufskooperationen in diesen Unternehmensbeziehungen nachgegangen (1.1). Im zweiten Abschnitt dieses Kapitels wird die Unternehmensvernetzung als Option unternehmensstrategischen Handelns und die Funktion von elektronischen Datennetzen in einer solchen Prozeßstrategie betrachtet (1.2).

1.1 Kooperationsstrukturen zwischen mittelständischen Handelsunternehmen

In wirtschaftswissenschaftlicher Betrachtung begründen Transaktionskosten die Entstehung innovativer Distributionsformen in der Konsumgüterwirtschaft. Zunächst wird daher in einer kurzen institutionellen Analyse die Einkaufskooperation als Unternehmensform entwickelt. In der kollektiven Organisation selbständiger Einzelhandelsunternehmungen (Verbundgruppen/Einkaufskooperationen) übernimmt eine Handelszentrale zentrale Managementfunktionen. Damit wird in organisationsstruktureller Hinsicht diese Unternehmensform vergleichbar mit den Großbetriebsformen des Handels. Aufgrund der unterschiedlichen Konfiguration der Entscheidungsstrukturen bleiben jedoch höhere Transaktionskosten und Nachteile in der Ressourcenallokation bestehen (1.1.1). Der ökonomische Nachteil resultiert aus fehlender Koordination und aufwendigen Abstimmungsmechanismen zwischen den verbundenen Unternehmen. Entsprechend rückt die Frage der optimalen Gestaltung der Leistungsbeziehungen in den Vordergrund insbesondere der strategischen Positionierung der Handelszentrale. Um hier zu einer genaueren Bestimmung zu kommen, werden deshalb im zweiten Abschnitt Aufgabenfelder herausgearbeitet, in denen Handelszentralen Funktionen für den Leistungsaustausch zwischen Einzelhandel und Industrie übernehmen können (1.1.2).

1.1.1 Die Einkaufskooperation als Unternehmensform zwischen Einzelhandel und Industrie: Eine transaktionskostentheoretische Einordnung

Bei der Einordnung der Einkaufskooperation als Unternehmensform zwischen Einzelhandel und Industrie und der Handelszentrale als ökonomischem Akteur in der Konsumgüterdistribution steht in wirtschaftswissenschaftlicher Sicht das Problem der Organisation arbeitsteilig zu erfüllender ökonomischer Aktivitäten im Vordergrund. Daher erfordert die Erklärung und Gestaltung von Handels- und Distributionsstrukturen einen Erklärungsansatz, der bei der Regelung arbeitsteiliger Leistungserstellung die Effizienzfrage in den Mittelpunkt stellt. Die Erklärung solcher Fragen ist das Hauptanliegen der neuen institutionellen Ökonomie, so wie sie von Williamson (1990) entwickelt und auf das hier zur Diskussion stehende Feld - dem Eigen- oder Fremdabsatz industrieller Erzeugnisse - insbesondere von Picot (1986), Vierheller (1988) und Biervert, Monse und Hilbig (1989) angewendet worden ist. Die grundsätzliche Relevanz dieser Analyse ergibt sich daraus, daß Unternehmen in bezug auf die Erstellung von Teilleistungen grundsätzlich die Option haben, diese selbst zu erstellen oder sich des Marktes zu bedienen. Es ist also zu prüfen, unter welchen Bedingungen es unter Effizienzgesichtspunkten überhaupt zur Einschaltung von Handelsinstitutionen als Akteure des Fremdabsatzes kommt und ob spezifische Bedingungen angebbar sind, warum Handelszentralen als Mittler zwischen Handel und Industrie eingeschaltet werden. Dabei stehen die Transaktionskosten, die aufzuwenden sind, damit ein Kontakt zwischen Aufgabenträgern zustande kommt (Informationskosten), eine Vereinbarung über die Art der gegenseitig zu erbringenden Leistungen abgeschlossen wird (Einigungskosten) und ihre Einhaltung überwacht werden kann (Kontrollkosten), im Mittelpunkt der Analyse.

Die ökonomische Daseinsberechtigung einer Handelsunternehmung beruht darauf, daß sie einem Nachfrager Leistungen eines Herstellers zu geringeren Transaktionskosten als bisher bereitstellt. Entscheidend für die Analyse der Funktion der Handelszentralen ist, daß bei der Abgrenzung der relevanten Kostenkomponenten verschiedene Standpunkte eingenommen werden können (die des Herstellers, des Handels und des Nachfragers) und daß sich daraus folgend unterschiedliche Perspektiven bei der komparativen Analyse der zu wählenden Organisationsform ergeben (Picot 1986, S.3f.). Dies bedeutet hier in erster Linie, daß aus der Sicht der einzelnen Handelsunternehmung die Zusammenarbeit mit anderen Handelsunternehmen und die Einschaltung eines Mittlers zu Industrieunternehmungen (Handelszentrale) insbesondere aufgrund des Bündelungseffektes (Einkaufsmacht, Managementkapazitäten als Ressource, Rationalisierung administrativer Abwicklungen) komparative Vorteile im Vergleich zu direkten Transaktionsbeziehungen haben kann. Diesen Grundgedanken weiterführend zeigt Vierheller (1988), daß in der vergleichenden Analyse der Handelszentralen der Einkaufsgenossenschaften /Verbundgruppen und der Zentralen filialisierter Handelsunternehmungen die zuerst genannten Wettbewerbsnachteile durch Transaktionskostenunterschiede als auch Allokationsverluste haben. Den Annahmen der Transaktionskostentheorie folgend wäre dann zu erwarten, daß es unter der Bedingung gleicher Einflußgrößen auf die Transaktionskosten der Distribution industrieller Erzeugnisse zu einer Annäherung der Konfigurationen der Organisationsformen kommt.

Kennzeichnend ist zunächst die Nähe in der Strukturform der Arbeitsteilung. Sowohl die Verbundgruppe als auch die filialisierte Handelsunternehmung sind in gleicher Weise organisiert. Es gibt einen Zentralbetrieb (Handelszentrale/Filialzentrale) mit der Aufgabe der Planung und Koordination betriebsübergreifender Aktivitäten und räumlich verteilte Einzeleinheiten (Mitgliederbetriebe /Filialen), denen die Funktion des Warenvertriebs obliegt. Das wesentliche, und damit für die geringere Transaktionseffizienz der Handelszentrale entscheidende Differenzierungskriterium besteht in der Art der Entscheidungskonfiguration auf der Ebene der dezentralen Einheiten. Die dezentralen Einheiten des Filialverbunds unterliegen dem Direktionsrecht und der Sanktionsautorität des zentralen Managements (hierarchische Konfiguration). Im Gegensatz dazu besitzt die kollektiv organisierte Handelsunternehmung einen hohen Grad an Entscheidungsautonomie. Aufgrund der rechtlichen Selbständigkeit der Mitgliedsbetriebe sind die Dispositionsmöglichkeiten der Handelszentrale beschränkt. In Relation zu der Weisungsgebundenheit der Filialbetriebe sind ihre Eingriffsmöglichkeiten auf vertraglich vereinbarte Einschränkungen der unternehmerischen Dispositionsfreiheit begrenzt. Mithin sind die Handelszentralen in starkem Maße auf organisierte Formen von Verhandlungen und Vereinbarungen als Koordinationsmuster angewiesen, weil die kooperierenden Handelsunternehmungen in den Fragen ein Mitentscheidungsrecht haben, die über die vereinbarten Routinen und Funktionen hinausgehen (Vierheller 1988, S.68f., zur Entscheidungspraxis in Handelszentralen Neumann 1992, S.64f., zu den organisationstheoretischen Grundlagen Kieser u. Kubicek 1992, S.96ff.).

Es sind dann auch die in der Form von Transaktionskosten auftretenden negativen "Begleiterscheinungen" aufwendiger Koordinationsprozesse zwischen zentralen und dezentralen Interessen, die zur Begründung der Wettbewerbsnachteile der dezentralen Konfiguration von Verbundgruppen herangezogen werden. Ob Gruppenmarketing, Eigenmarkenpolitik oder Transfer von Marketinginformationen, in jedem Fall resultieren aus der Abstimmung zwischen der an verbundwirtschaftlichen Optimierungskalkülen orientierten Politik der Handelszentrale und den dezentralen Eigeninteressen der selbständigen Handelsunternehmungen (dezentrales Ertragsstreben und Risikoabgrenzung, unternehmerische Entscheidungsfreiheit) spezifische und damit komparativ höhere Informations-, Einigungs- und Kontrollkosten (Vierheller 1988). Von hierher erklärt sich auch das - später noch genauer aufzuzeigende[1] - Bemühen des Managements in den Handelszentralen, durch die institutionelle Entkopplung von Verbundmanagement und Mitgliedsunternehmen diese Transaktionskosten einzusparen. Durch die Bildung autonomer Geschäftseinheiten der Verbundgruppen selber (EDV-Dienstleistungszentren, Marketing- und Betriebsberatungsgesellschaften) werden wesentliche Teile dieser Transaktionskosten zu Produktionskosten einer Dienstleistung gebündelt und treten damit als Marktpreis in Erscheinung .

Ähnlich kann für die Allokationsverluste argumentiert werden. Bezugsfreiheit, dezentrale Ertrags- und Investitionsautonomie führen dazu, daß die zur Verfügung stehenden Ressourcen nicht gebündelt werden, beispielsweise in der Form von Einkaufsmacht gegenüber den Lieferanten oder einem dem Investitionsbedarf oder den Marktmöglichkeiten entsprechenden Kapital- und Warenfluß. Markt- und Wachstumschancen werden damit - so die Argumentation bei Vierheller (1988, S.73) - ebenso vergeben wie mögliche Betriebsgrößenersparnisse. Dem steht allerdings angesichts einer zunehmenden Ausdifferenzierung der Märkte das Argument der flexiblen Anpassung an die Marktentwicklung durch unternehmerisches Handeln entgegen. Verfügt die Filiale nicht über die gleiche Entscheidungsautonomie wie die verbundene Handelsunternehmung - und das ist konstitutiv für diese komparative Analyse -, dann sind aufgrund des Koordinationsbedarfs zwischen dezentraler Marktbeobachtung und zentraler Entscheidungsanpassung (Industrieeinkauf[2]) jedoch ebenso höhere interne Informationskosten und Allokationsverluste aufgrund fehlender Marktausschöpfung zu erwarten.

---

1 Vgl. dazu in diesem Teil das Kapitel 1.2.

2 Vgl. dazu die Ergebnisse in Biervert, Monse, Bruns u. Brewing 1994, insbesondere die Abschnitte 2.1 in Teil A. und 3.2 in Teil B.

Dennoch, und das ist in den folgenden Abschnitten näher zu betrachten, haben höhere Transaktionskosten und Nachteile in der Ressourcenallokation zu strukturellen Veränderungen in der Konfiguration und Koordination der Handelszentralen und den kooperierenden Handelsunternehmungen geführt. Es läßt sich wesentlich auf eine Veränderung in den Parametern der Transaktionskosten zurückführen, daß diese Innovationen angestoßen werden. Aspekte wie eine höhere Spezifität von Produkten beispielsweise in den Märkten für komplexe Güter oder steigende Unsicherheiten durch veränderte Markt- und Distributionszyklen in modeabhängigen Konsumgütermärkten und daraus resultierende logistische Anforderungen zur zeitlichen und mengenmäßigen Abstimmung zwischen Angebot und Nachfrage sind nur zwei Indikatoren dafür, daß Markt- und Wettbewerbsentwicklungen aufgrund ihrer (transaktions-) kostenwirksamen Eigenschaften zu strukturellen Veränderungen in Märkten führen (Biervert, Monse, Bruns u. Reimers 1992, S.12ff.).

1.1.2 Aufgabenfelder der Handelszentralen als Absatzmittler in den Leistungsbeziehungen zwischen Einzelhandel und Industrie

Um die dargestellten Tendenzen - über grundsätzliche Entwicklungslinien hinaus (wie bei Picot 1986) - untersuchen zu können, ist eine genauere Bestimmung der Aufgabenfelder notwendig, die durch eine Handelszentrale für die kooperierenden Handelsunternehmen idealtypisch übernommen werden können. In einer einfachen Heuristik kann dies an den Grundgedanken von Kosiol (1972) anschließen, daß wirtschaftliche Beziehungen oder Transaktionen zwischen Unternehmen auf zwei Ebenen konstituiert sind: dem Waren- und dem Finanzfluß. Deren sachliche Bewältigung läßt sich in der Konsumgüterdistribution in drei Bereiche aufgliedern (vgl. exemplarisch für den Warenfluß Abb.4):

- die *Warendisposition* als Sortimentsentscheidung und -ausführung einschließlich der Lieferantenpolitik beziehungsweise die *Finanzdisposition* als Entscheidung über Kapitalbeschaffung, -einsatz und -bindung,

- die *Warenadministration* als Ausführung der sortimentspolitischen Entscheidungen bis zur Kontrolle der Warenabwicklung beziehungsweise die *Finanzadministration* als buchhalterische Ausführung und kostenrechnerische Kontrolle der Kapitalbewegungen und

- die *Warenlogistik* als physischer Transport der Ware von der Herstellung bis zum Verkaufspunkt beziehungsweise die *Finanzlogistik* als konkreter Zahlungsstrom zwischen Käufer und Verkäufer einer Ware.

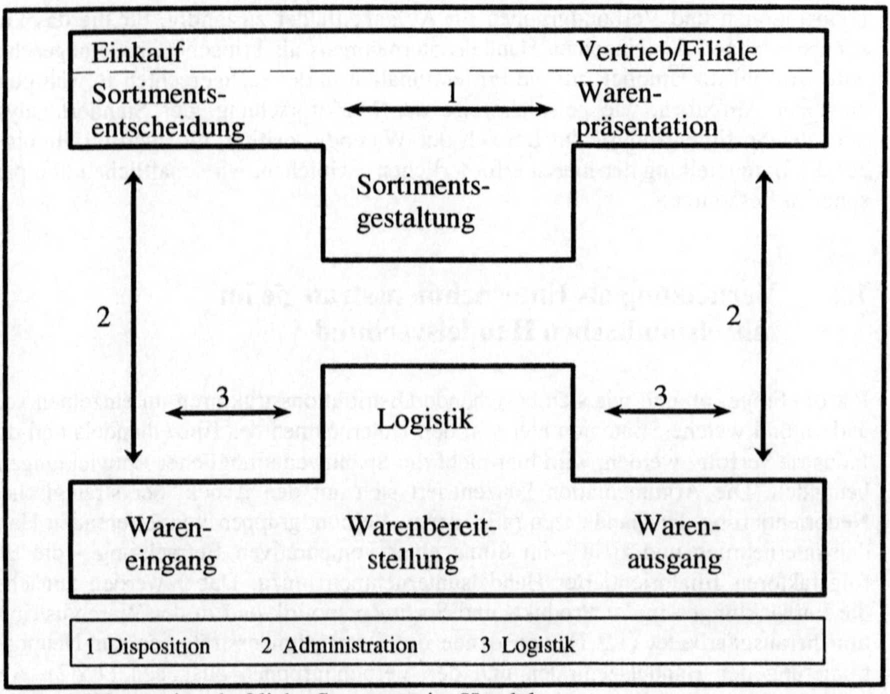

Abb. 4: Warenwirtschaftliche Steuerung im Handel

Neben dem (Real-)Güterstrom und dem (nominalen) Geldstrom werden Informationen als eine dritte Ebene der Leistungsübermittlung betrachtet. Der Informationsstrom stellt gegenüber den Unternehmen die logistische und die finanztechnische Abwicklung mit der Bereitstellung entsprechender Daten dar (Kosiol 1972, Kapitel IV.). Dabei ist die Bereitstellung von Daten verschiedener Art (beispielsweise Bestell- und Rechnungsdaten) zwischen zwei Unternehmen (*Administrationsfunktion*) die Bedingung für deren *Dispositionsfunktion*: Indem Informationen Transparenz über die realen und die nominalen Transaktionen schaffen, die zwischen produktiven Funktionen vollzogen werden, können diese in ihrer Entstehung und Verwendung gelenkt werden. Informationen sind demnach das "Material", mit dem in und zwischen Unternehmen Leistungsprozesse gesteuert werden. Ohne den Stellenwert einer kompatiblen Waren- und Finanzlogistik (vergleiche zur Koordinationsfunktion der Logistik Weber 1992, zur Koordinationsfunktion des Controlling Küpper 1988) zu vernachlässigen, bilden die organisatorischen Systeme der Informations-Logistik das Rückgrat der Leistungsoptimierung in den zwischenbetrieblichen Beziehungen (Biervert, Monse, Brewing u. Bruns 1994, S. 58f., Bruns 1993).

In einem solchen Aufgabenspektrum sind die Handelszentralen als Absatzmittler zwischen Einzelhandel und Industrie sowie als zentrales Management von Einkaufskooperationen und Verbundgruppen für Aufgabenfelder zuständig, für die das Leistungsvermögen des einzelnen Handelsunternehmens als kritische Größe angesehen wird: sowohl im Hinblick auf die Professionalität in der sachgerechten Bewältigung einzelner Aufgaben, wie beispielsweise der Marktforschung, der Standortanalyse oder der Sortimentspolitik im Bereich der Warendisposition, als auch im Hinblick auf die Bereitstellung der hierzu erforderlichen sachlichen, wirtschaftlichen und personellen Ressourcen.

1.2 Vernetzung als Unternehmensstrategie im mittelständischen Handelsverbund

Für die Frage, ob und wie sich bestehende Distributionsstrukturen im einzelnen verändern und welche Strategien hier von den Unternehmen des Einzelhandels und der Industrie verfolgt werden, wird hier nicht die Spannweite möglicher Entwicklungen[3] behandelt. Die Argumentation konzentriert sich auf den Aspekt der strategischen Neuorientierung der Handelszentralen der in Verbundgruppen kooperierenden Handelsunternehmen und zieht - im Sinne einer komparativen Betrachtung - die Erfolgsfaktoren filialorientierter Handelsunternehmen hinzu. Dabei werden zunächst die Entwicklungen in der Produkt- und Sortimentspolitik und in der Warendistribution herausgearbeitet (1.2.1), von denen die Unternehmensstrategien zur Neupositionierung der Handelszentralen und der Verbundgruppen ausgehen (1.2.2). Anschließend wird auf die mit elektronischen Datennetzen angestrebte Umsetzung dieser Unternehmensstrategien und die Managementaufgaben eingegangen, die sich daraus bei deren Implementierung und Umsetzung ergeben (1.2.3).

1.2.1 Marktpositionierung von Handelszentralen: Von beschaffungsorientierten Preisstrategien zu Marketing und Dienstleistung als Produktstrategien

Traditionell wird es als Aufgabenfeld der Handelszentralen angesehen, als Bündelung der Marktmacht der miteinander kooperierenden Handelsunternehmen Verhandlungsaufgaben gegenüber den Lieferanten zu übernehmen. Nicht ohne Grund werden Einkaufskooperationen aufgrund dieses Schwerpunktes ihrer Aktivitäten häufig mit dem Begriff eines "Preis- und Konditionenverbandes" belegt. Als Wettbewerbsvorteile der Waren- und Finanzdisposition (bzw. als Ausgleich für marktmachtbedingte Wettbewerbsnachteile) werden niedrigere Einstandspreise, verbesserte Lieferkonditionen oder selektiv ausgewählte Produkte an die Mitglieder des Unternehmensverbundes weitergegeben. Im Zuge der Abwicklung der Zentralregu-

3 Überblicke geben Delfmann u. Waldmann 1987, Biervert u. Dierkes 1989, Zentes 1991, Zentes 1992.

lierung übernehmen die Einkaufskooperationen darüber hinaus Sicherungsfunktionen (Delkrederegeschäft) gegenüber den Lieferanten, durch die der Bedarf zur Kontrolle der einzelnen Verträge - sowohl auf seiten der Herstellerunternehmen als auch auf seiten der Handelsunternehmen - reduziert wird. Die zentrale Bearbeitung und Abwicklung von Verwaltungsfunktionen fängt für den Einzelhandel einen Teil der Kostenvorteile auf, über die filialisierte Handelsunternehmen aufgrund von Betriebsgrößenersparnissen durch die Zentralisierung administrativer und logistischer Aufgaben verfügen.

Wesentlich aufgrund veränderter Wettbewerbsbedingungen - Konzentrationswettbewerb, Marktdifferenzierung und -sättigung[4] - hat sich dieses traditionelle, aber keineswegs aufgehobene Verständnis der Aufgaben der Handelszentralen gewandelt. Einkaufskooperationen haben sich von reinen Preis- und Konditionenverbänden zu Dienstleistungs- und Strategieverbunden entwickelt. Im "Dienstleistungs"-Verbund fungieren die Handelszentralen als Stabsstelle des mittelständischen Fachhändlers. Unternehmensführung und -abwicklung, Handelsmarketing und Sortimentspolitik, Investition und Finanzierung sind Felder, in denen Service- und Beratungsleistungen das organisierte Handelsunternehmen in die Lage versetzen, markt- und wettbewerbswirksame Unternehmensstrategien zu formieren und umzusetzen. Als "Strategie"-Verbund übernehmen die Handelszentralen Aufgaben einer unternehmensübergreifenden Profilierung und die strategische Positionierung der Handelsunternehmen. Es werden zur Profilierung im Markt auf bestimmte Nachfragesegmente zugeschnittene Marktbearbeitungsstrategien entwickelt und deren Umsetzung bestimmten Typen von Handelsunternehmen empfohlen. Diese als "Schienenpolitik" bezeichnete Strategieformierung zielt auch darauf, den häufig großen Unterschieden der kooperierenden Handelsunternehmen hinsichtlich ihrer Größen, des Marktpotentials und anderer Faktoren gerecht zu werden (Batzer, Lachner u. Meyerhöfer 1989, zu entsprechenden Beispielen Seringer 1992, Bathory-Hüttner 1992).

Für die kooperierten Handelsunternehmen setzen die Handelszentralen gegen unternehmensstrukturelle Diversifizierungs- und marktorientierte Differenzierungsmöglichkeiten der Großunternehmen des Handels die Bündelung der Aktivitäten auf der Ebene des kooperierten Handelsunternehmen. Bündelung der Aktivitäten bedeutet dabei insbesondere Straffung der Sortimente und Vereinheitlichung von Preis- und Angebotspolitik. Damit soll nicht nur eine stärkere Profilierung des Angebots erreicht werden, sondern ebenso eine Eingrenzung der mit einem (zu) breiten Warenangebot verbundenen Koordinationskosten in der Handelszentrale sowie den Kostendegressionseffekten, die durch größere Mengen je Beschaffungseinheit erreicht werden können. Dies umfaßt wesentlich auch organisationsstrukturelle Neuordnungen des Unternehmensverbundes, um die für diese Bündelungsfunktion notwendige

4 Vgl. dazu die Kennzeichnung der Entwicklung auf Konsumgütermärkten aus dem ersten Teil des Forschungsprojektes in Biervert, Monse, Bruns u. Brewing 1994, insbesondere den Abschnitt 1. in Teil A.

Handlungskompetenz des Managements in den Handelszentralen zu stärken. Ansatzpunkte dazu sind die Organisationsmerkmale der Einkaufsverbunde, die ihre fehlende Allokationseffizienz und die negativen Transaktionskosteneigenschaften begründen und als "Markteintrittsbarrieren" im Wettbewerb mit den Großbetriebsformen des Handels aufgefaßt werden können: die "Vollsortimenter-Mentalität" (Neumann 1992, S.72) und die unternehmerische Entscheidungsfreiheit der kooperierten Handelsunternehmen.

Zentral definierte Eintrittsbedingungen und - möglicherweise - ihre gesellschaftsrechtliche Umsetzung in rechtlich selbständigen Tochterunternehmen der Handelszentrale (wie sie in einigen Handelszentralen zu finden ist, siehe o.V. 1990, Seringer 1992, S.101f., Schudak 1990) erhöhen die Handlungsautonomie des zentralen Managements und eröffnen Dispositions- und Profilierungsmöglichkeiten zur Strategieformierung des kooperierten Handelsunternehmens. Aus der Sicht eines kooperierten Handelsunternehmens stellt die Produktorientierung der Handelszentralen jedoch nur dann eine Möglichkeit zur strategischen Positionierung dar, wenn der Zugang zu dieser Marketingkonzeption möglich ist, d.h. das eigene Unternehmensprofil den Definitionen der Marketing-Konzeption und den dort vorgesehenen Betriebsprofilen entspricht. Ansonsten bedeuten sie eine Einschränkung der Möglichkeiten der Wahl, wenn gelistete Produkte, entwickelte Marketing-Konzeptionen oder Beratungsleistungen als Ressourcen für strategieadäquate Unternehmen reserviert sind. Allokationseffizienz gerät hier in Widerspruch zu dem normativen Selbstverständnis der "Hilfe zur Selbsthilfe" (Seringer 1992, S.94) und dem "Idol der unternehmerischen Selbständigkeit" (Neumann 1992, S.71), die ursprünglich unternehmerische Ausgangspunkte der Aktivitäten der Handelszentrale für die kooperierten Handelsunternehmen waren und es in vielen Fällen auch heute noch sind.

Mit vertraglichen Vereinbarungen werden zwischen Handelszentrale und kooperierten Handelsunternehmen die Satzungsbedingungen als Grundlage der Geschäftsbeziehung im Hinblick auf die Produktprofilierung spezifiziert. Dem hier verbrieften "Recht auf einen (Teil-)Markt" stehen als Äquivalent "Pflichten unternehmerischen Handelns" gegenüber. Dazu gehören von der Handelszentrale definierte Regelungen wie fest vereinbarte Umsatzgrößen mit Pflichtlieferanten (Bezugszwang), zentral festgelegte und verwaltete Werbemittel und -etats, obligatorische Betriebsvergleiche bis hin zu integrierten Warenwirtschaftssystemen in ausgewählten Sortimentsbereichen (o.V. 1990, Neumann 1992, S.75). Die denkbare Spannweite zeigt die Praxis des Vertragsmarketings auf, die von organisierten Handelsunternehmen mit Bezugsquoten für einen günstigen Einkauf über formierte Handelsunternehmen als Marketingpartner bis zu integrierten Handelsunternehmen reicht, in denen gilt "Jeder macht das, was er am besten kann" (Seringer 1992, S.104). In diesem Vertragsmarketing wird also nicht nur der Zugang zum Markt (Betriebsprofil) festgelegt und eröffnet, sondern die unternehmerische Entscheidungsfreiheit des kooperierten Handelsunternehmens wird im Extremfall auf die Teilnahme- bzw. Nichtteilnahmeentscheidung reduziert. Dies hat entsprechend positive Effekte für die Informations-, Einigungs-

und Kontrollkosten, die - so läßt sich annehmen - zumindest in diesen Aktivitätssegmenten sich dem Leistungspotential der filialisierten Handelsunternehmen annähern.

Von einer Straffung der Zusammenarbeit zwischen Handelszentrale und kooperierten Handelsunternehmen zu sprechen, spiegelt den Wandel der Transaktionsbeziehungen nur unzureichend wider. Unterhalb der Ebene der generellen Vereinbarung zur Zusammenarbeit der Unternehmen in den Gesellschafterverträgen zeichnet sich - zumindest bei den innovativen Handelszentralen (vgl. dazu die Beiträge in Zentes 1992 sowie Monse u. Bruns 1990) - eine Entwicklung ab, in der im operativen Leistungsgeschäft auf der Grundlage spezialisierter Verträge die Handlungskompetenz der Handelszentralen zunehmend von der Entscheidungsautonomie der kooperierten Handelsunternehmen abgekoppelt wird. Der Auslösepunkt dafür ist die im (Transaktionskosten-)Wettbewerb mit den filialisierten Handelsunternehmen ungünstigere Ausgangssituation. Diese Neuordnung der Arbeitsteilung ist auch deshalb möglich, weil die Handelszentralen in der Lage sind, in der Form von Betriebstypen bestimmbare "Produkte" anzubieten, die zum Gegenstand der vertraglichen Vereinbarung werden können. Eine solche Spezifizierung und daraus folgende vertragliche Vereinbarungen gewinnen im Zuge des Rationalisierungsschubs in der Konsumgüterdistribution, der sich ganz wesentlich mit der Frage der Koordination der unternehmerischen Leistungen beschäftigt, an Problemgehalt. Dies wird im folgenden Abschnitt zu zeigen sein.

1.2.2 Neue Formen der Arbeitsteilung zwischen Handel und Industrie als Strategieperspektive

Es sind kontraktorientierte Formen der Zusammenarbeit zwischen Handel und Industrie, die den nächsten Rationalisierungs- und Innovationsschub in der Konsumgüterdistribution auslösen. Bei der Beurteilung ihrer Leistungs- und Wettbewerbsreserven haben in eigenen Untersuchungen auch kooperierte Handelsunternehmen die Einschätzung zum Ausdruck gebracht, daß aufgrund des erreichten Leistungsstandards mit traditionellen Positionierungsgrößen - Einkaufspreis, interne Organisation, Sortimentsgestaltung - eine wirksame Profilierung gegenüber vergleichbaren Mitbewerbern häufig nicht mehr möglich ist (Biervert, Monse, Bruns u. Reimers 1992). Die Unternehmen setzen heute auf neue Leistungsmerkmale: die Beherrschung der logistischen Kosten und die Effektivität der warenwirtschaftlichen Disposition. Beide Faktoren werden wesentlich von der "Zusammenarbeit zwischen Handel und Industrie" als Leistungsfaktor beeinflußt. Deshalb gewinnt das mögliche Spektrum der Kooperation an Bedeutung. Es reicht von losen Formen, zum Beispiel Rahmenvereinbarungen zwischen Handel und Zulieferunternehmen, bis zu straffen Formen wie Depotsystemen oder selektiven Vertriebssystemen (Zentes 1992, S.185).

Der "time to market"-Wettbewerb zeitorientierter Konsumgütermärkte wie in der Modebranche Bekleidung ist ein Beispiel dafür, daß es in modernen Konzepten der

Konsumgüterdistribution um effiziente Formen der Warenverfügbarkeit geht. Die Idee der Quick-Response-Strategie, die in den Bekleidungsmärkten zwischen den Wirtschaftsstufen Handel, Bekleidung und Textil diskutiert wird, bringt dies zum Ausdruck. In diesem Markt gilt das zukünftige Kundenverhalten generell als unbestimmt. Das Management geht aber inzwischen davon aus, daß selbst auf der operativen Ebene der Saisonplanung in bestimmten Marktsegmenten das Kundenverhalten nicht mehr vorhersehbar ist. Um selbst kurzfristige Marktrends noch in Produkte umsetzen zu können, müssen die Unternehmen nicht nur in der Lage sein, unternehmensspezifisch entsprechende Leistungspotentiale aufzubauen. Dies kann nur auf der Basis eines zwischen den Unternehmen abgestimmten warenwirtschaftlichen Leistungsprozesses gelingen (zum konzeptionellen Grundgedanken Biervert, Monse, Bruns u. Reimers 1992, S.63ff., zur operativen Umsetzung in einem filialisierten Handelsunternehmen Biervert, Monse, Brewing u. Bruns 1994).

Entsprechend wird als Zielperspektive der Zusammenarbeit von Handel und Industrie eine "Gesamtsystemoptimierung" (Zentes 1992, S.185) formuliert, in der als Bezugsgröße unternehmerischer Entscheidung die strategische und operative Abstimmung des Leistungsaustausches in einer mehrstufig aufgebauten Wertkette hinzutritt (Porter 1989, vgl. hierzu die von uns formulierte Interpretation in Biervert, Monse, Bruns u. Reimers 1992, S.39f.). Kostendegressionseffekte, mögliche Synergiepotentiale und die notwendige Einigung über ihre Verteilung sind dabei die betriebswirtschaftlichen Bewährungsgrößen, von denen sowohl die Errichtung als auch die zeitliche Stabilität der Zusammenarbeit abhängig sind (Siebert 1991, S.306f.).

Sowohl der Handel als auch die Industrie entwickeln Kooperations- und Koordinationskonzepte, mit denen tradierte Formen der Arbeitsteilung verlassen werden. Dies führt u.a. zu dem Effekt, daß in den jeweils angestammten Aufgabenbereichen Handels- und Industrieunternehmen zu direkten Wettbewerbern werden.

Trade-Marketing-Konzepte der Industrie (Böhlke 1992) und Depotsysteme des filialorientierten Handels (Jubelt 1992, Heitkämper u. Kloeters 1992) gehen - als moderne Formen des Rackjobbing[5] - für die Warendisposition wesentlich von dem Aspekt der Produktpräsentation aus. Konkret stellen sie sich als ausgearbeitete organisatorische Systeme dar, in denen mittels elektronischer Informationsübermittlung, zentral gesteuerter Kundenbetreuung und logistischen Dienstleistungen (wie kontinuierlichen Anlieferungsrhythmen oder kundengerechten Verpackungen) eine weitgehende Abstimmung von Warendisposition und -administration zwischen Handels- und Industrieunternehmen erreicht wird. Hier liegen jedoch - dies macht insbesondere der Beitrag von Jubelt deutlich - nicht nur neue Organisationsformen der warenwirtschaftlichen Abwicklung zugrunde. Die Koordination der warenwirtschaftlichen Abwicklung beruht auf einem vertraglichen Regelwerk, in dem Leistungen und Pflichten der beteiligten Unternehmen festgeschrieben sind.

5 Vgl. dazu Kap. 3.2.2. in Teil B.

Ähnlich zeichnen sich Entwicklungen im Bereich der Warenlogistik ab. Neben dem Aufbau von zentralen Lägern ist es die Einschaltung von Logistikdienstleistern, von der die Erschließung von Rationalisierungsreserven erwartet wird (Delfmann u. Waldmann 1987). Die Zentralisierung vertriebslogistischer Aktivitäten ist besonders bei den Großen des Konsumgüterhandels zu finden, die auf diesem Wege das Just-in-Time-Denken in der Konsumgüterdistribution zum Tragen bringen wollen (vgl. die Beiträge von Lendzion, Brokatzky und Schalla in Zentes 1991). Sowohl auf der planerisch-konzeptionellen als auch auf der operativen Ebene von Warenlagerung und -transport werden warenwirtschaftliche Entscheidungen und ihre logistische Realisierung stärker zusammengeführt. Die Konzentration der Aktivitäten bis hin zur Ausgliederung vertriebslogistischer Funktionen spielt in diesen Logistik-Lösungen eine wichtige Rolle. Es entwickeln sich aber auch kooperative Belieferungssysteme, mit denen kleinere (Handels- und Hersteller-)Unternehmen ihre Defizite im betrieblichen Funktionsbereich Logistik kompensieren. In erster Linie im Frischwarenbereich finden sich Dienstleistungskonzepte, in denen die Zulieferung einer Produktgruppe von einem Logistik-, aber möglicherweise auch von einem Herstellerunternehmen als Koordinationsstelle übernommen wird. Das heißt zum Beispiel, daß auch konkurrierende Unternehmen an diese Koordinationsstelle liefern. Ihr fällt die Aufgabe zu, die verschiedenen Produkte nach dem logistischen Layout bedarfsgerechter Sortimente bis zum Regalplatz in das Handelsunternehmen zu bringen (Heinrich 1989, vgl. auch die Beiträge von Hohoff und Ahlbrand in Zentes 1991).

Es sind die Handelszentralen, die bezogen auf diese Kooperationstrategien ihre Funktion für das kooperierte Handelsunternehmen und ihre eigene Stellung im Wettbewerb behaupten müssen. Durch das neue warenwirtschaftliche und logistische Leistungspotential wird die Struktur der Transaktionsbeziehung zwischen Handel und Industrie verändert. Aus der Sicht des Einzelhandels stehen dem durch die Organisation im Unternehmensverbund und die Funktion der Handelszentrale erreichten Bündelungseffekt Einsparungen bei den direkten Informations-, Vereinbarungs- und Kontrollkosten mit der Industrie gegenüber. Im Vergleich steigt damit die ökonomische Attraktivität direkter Transaktionsbeziehungen zwischen Handel und Industrie ohne Einschaltung eines Absatzmittlers. Das heißt, die Handelszentralen geraten hier in Wettbewerb zu den entsprechenden Leistungsangeboten seitens der Industrie. Zugleich bleibt im traditionellen Wettbewerb auf seiten des Handels die Notwendigkeit bestehen, für den kooperierten mittelständischen Handel ein Leistungsangebot zu entwickeln, mit dem die Vorsprünge der Großbetriebsformen im Bereich des Informationsaustausches und der Arbeitsteilung aufgewogen werden können.

Zu diesem Leistungsangebot gehört die Entwicklung von Konzepten zur Beherrschung der Kosten im logistischen Abwicklungsbereich ebenso wie der Aufbau von warenwirtschaftlichen Informationssystemen, mit denen eine "bruchlose" Kommunikation zwischen Einzelhandel, Handelszentrale und Hersteller möglich wird. Die denkbaren Strategien der Handelszentralen sind dabei ambivalent zu beurteilen. Zum

einen besteht die Option, die im Rahmen der Produktstrategien nachgezeichnete Hierarchisierungstendenz weiter voranzutreiben. Im Zuge des Technikeinsatzes führt die elektronische Abbildung der Aktivitäten der kooperierten Handelsunternehmen (Warenströme, Finanzströme, Betriebsvergleiche) in Verbindung mit der aufgezeigten Neuordnung der Entscheidungsstrukturen zu einer Quasi-Filialisierung dieser Unternehmen. In diese Richtung deutet auch die Annahme, daß sich aus dem Wettbewerb der Konkurrenten einzelner Stufen ein Inter-Gruppen-Wettbewerb entwikkelt, in dem feste Beziehungen zwischen den Unternehmen zugleich die Durchsetzungsfähigkeit am Markt gewährleisten sollen (Zentes 1992, S.185). Zum anderen ist aber auch eine stärkere Öffnung des Leistungsangebotes vorstellbar, in dem der Produktcharakter einzelner Dienstleistungen stärker betont wird und diese - aus der Sicht der Handelszentralen - über den Kreis der kooperierten Handelsunternehmen hinaus im Markt angeboten werden. Die Konzeption der Handelszentralen allein als Instanz der "Hilfe zur Selbsthilfe" ist mit deren Aktivitäten zum Aufbau und zur Ausweitung selbständiger Unternehmenseinheiten nicht mehr zwingend.
Generell kommen hier drei Entwicklungslinien zum Ausdruck, die die Zusammenarbeit zwischen Handel und Industrie als Prozeßstrategie und Option zur Ökonomisierung der Distribution charakterisieren:

- Der erste Aspekt ist eine *Neuordnung der zwischenbetrieblichen Arbeitsteilung*. Sowohl Warenhauskonzerne als auch filialisierte Handelsunternehmen ziehen in immer stärkerem Maße die Aufgabe der Steuerung der warenwirtschaftlichen Aktivitäten auf den Ebenen der Warendisposition und deren Logistik an sich. Ebenso verstärken insbesondere die Hersteller von Markenartikeln ihre Marktpräsenz bis hin zur Gründung von eigenen Filialen. Die für den Massenkonsumgütermarkt noch gültige Annahme einer weitgehenden Entkopplung von Herstellung und Verbrauch von Konsumgütern, in der der Handel dann spezifische Kommunikationsaufgaben übernommen hat (Biervert, Monse u. Hilbig 1989), verliert angesichts der stufenübergreifenden Funktionsverschiebungen in der Konsumgüterdistribution ihre Gültigkeit.

- Dieser Leistungstransfer wird eingeordnet in neue Vertragsbeziehungen, um die - auch aus der Sicht des Handels - richtige *Zurechnung der veränderten Wertschöpfungsanteile* sicherzustellen: "Die Rollenveränderung bei Industrie und Handel führt zu einem Leistungstransfer im Wertbildungsprozeß, wobei immer mehr Leistungen, die ehemals von der Industrie erbracht wurden, nunmehr vom Handel übernommen werden. Die Aufgabe des Kontraktmarketings wird es sein, den Wertschöpfungstransfer sicherzustellen, wobei die entsprechenden Wertschöpfungsanteile von der Industrie auf den Handel zu übertragen sind" (Heitkämper u. Klöters 1992, S.225).

- *Infrastrukturen der Information und Kommunikation* erweisen sich nicht nur in einem technischen Sinne als Bedingung für ein erfolgreiches Zusammenarbeiten. Das Potential der Einführung datentechnischer Systeme besteht darin, den mit der zunehmenden Intensität in der operativen Zusammenarbeit entstehenden Abstimmungsbedarf durch die Rationalisierung der Informationsprozesse effizient zu bewältigen. Dies sowohl in quantitativer als auch in qualitativer Hinsicht. Bei gleichem Warendurchsatz sind kleinere Lager- und Bestelleinheiten schlicht mit einem größeren Belegvolumen verbunden, das möglichst rationell zu bearbeiten ist. Zugleich sind es präzisere Informationen, die - das hat die Funktionsanalyse gezeigt - allein in der Lage sind, die Ware zum richtigen Zeitpunkt an den richtigen Ort zu bringen. Elektronische Datensysteme bilden aber nur ein Element einer organisatorisch-technischen Infrastruktur, mit der die formalen und informalen Strukturen und Prozesse in den warenwirtschaftlichen Abläufen und Entscheidungsprozessen unterstützt werden können. Die Kooperationsbereitschaft und -fähigkeit der Unternehmen ist ebenso Kommunikations-Infrastruktur, auf deren Basis die Zusammenarbeit zwischen Industrie und Handel erst entstehen kann.

1.2.3 Elektronische Datennetze und überbetriebliche Informationsbeziehungen: Zur Umsetzung von Prozeßstrategien im Handelsverbund

Den Ansatzpunkt zur Integration der produktiven und distributiven Leistungsprozesse bildet die informatorische Abbildung der waren- und finanzwirtschaftlichen Abläufe zwischen den Unternehmen, um neue Planungs- und Steuerungspotentiale zur optimalen Koordination des zwischenbetrieblichen Leistungsaustausches zu gewinnen. Als ein wesentliches Mittel dazu wird der Auf- und Ausbau elektronischer Datennetze angesehen: offene technische Kommunikationsverfahren zur Abbildung und Reorganisation der Kommunikationsbeziehungen zwischen den Akteuren. Durch Datennetze sollen kommerzielle und technische Daten und allgemeine Geschäftsdokumente wie Texte, Abbildungen und Grafiken nach standardisierten Formaten strukturiert zwischen Computern verschiedener Unternehmen übertragen werden. Dieser zwischenbetriebliche Datenaustausch bezieht sich insbesondere auf Lieferungs- und Leistungsbeziehungen für Sachgüter und Dienstleistungen zwischen Lieferanten, Abnehmern, Transportunternehmen sowie Banken und Versicherungen. Aber auch der Datentransfer zwischen Unternehmen und staatlichen Behörden und der Austausch von Entwicklungs- und Produktionsdaten wird dazu gerechnet.

Es führt jedoch zu einem verkürzten Problemverständnis, wenn die Unternehmensvernetzung auf ein technisch zu lösendes Problemfeld reduziert wird, ohne die organisatorischen und institutionellen Voraussetzungen zur Einführung der Unternehmensvernetzung zu berücksichtigen, die auf der Ebene des bilateralen Leistungsaustausches zwischen Unternehmen bestehen. Der betriebswirtschaftliche Problemgehalt läßt sich in zwei Fragen aufschlüsseln (vgl. zum folgenden ausführlich Bruns 1993):

- Was sind *Ebenen und Formen der Koordination der Arbeits- und Entscheidungsprozesse in den überbetrieblichen Leistungsbeziehungen*? Es geht im Kern darum, die Gestaltungsparameter der Zusammenarbeit zwischen organisatorischen Einheiten verschiedener Unternehmen zu klären und nach kritischen Faktoren erfolgreicher Problemlösungen zu fragen (1).

- Es ist zu klären, auf welche *Art und Weise die Interessenaushandlung zwischen den Unternehmen* beim Aufbau elektronischer Datennetze gestaltet werden kann. Da aufgrund des fehlenden Anweisungsmechanismus nur bedingt hierarchische Koordinationsinstrumente - Pläne, Anweisungen, Verfahrensregeln - zur Anwendung kommen können, ist die Zusammenarbeit für einen elektronischen Datenaustausch zumindest auf eine punktuelle Interessenkongruenz zwischen den ökonomischen Akteuren angewiesen. Hier stellt sich das Problem einer angemessenen Lösung zur Gewährleistung der hierbei notwendigen Interessenaushandlung und -stabilisierung, wenn Unternehmen sich wechselseitig zu einem bestimmten Verhalten verpflichten wollen (2).

(1) Unternehmensvernetzung hat die Koordination überbetrieblicher Arbeits- und Entscheidungsprozesse zum Ziel. Das Mittel dazu ist die Gestaltung der Informationsbeziehungen zwischen den Unternehmen. Der Leistungsbeitrag elektronischer Datennetze dazu wird - wie schon bei Mertens (1966) - darauf zurückgeführt, daß hier nicht nur "brachliegende" Rationalisierungspotentiale erschlossen werden, sondern daß der effiziente Datentransfer vor allem eine Funktionsvoraussetzung ist, um zu effektiven Kooperations- und Koordinationsformen zwischen Unternehmen zu kommen. Der Nutzeneffekt des Datenaustausches wird darin gesehen, daß durch die elektronische Daten- und Informationsverknüpfung in den Unternehmen ein vergleichbarer Informationsstand erreicht werden kann. Beispielsweise setzt bei einem Handelsunternehmen die Senkung von Lagerbeständen durch kürzere Bestellzyklen voraus, daß kontinuierlich Daten über den Status bestellter Ware bei Lieferanten oder Lieferinformationen im Hinblick auf den Lieferzeitpunkt vorliegen (Sedran 1991, S.19f., Picot, Neuburger u. Niggl 1991, S.2f., Siebert 1991, S.297):

Die Funktion dieses Leistungsbeitrages für die Unternehmensvernetzung läßt sich genauer bestimmen, wenn der Zusammenhang zwischen der Übermittlung von Informationen und den Leistungsprozessen zwischen Unternehmen betrachtet wird. Der Bedarf zur Übermittlung von Informationen zwischen den ökonomischen Akteuren ist die notwendige Folge der aus Leistungsverflechtungen, Ressourcen- und Marktabhängigkeiten entstehenden Interdependenzen zwischen den Handlungs- und

Entscheidungsprozessen der Unternehmen. Nur auf diesem Wege können die aus interdependenten Entscheidungssituationen resultierenden Ungewißheiten reduziert werden (Frese 1988, S.196). Die effiziente Abwicklung des zwischenbetrieblichen Informationstransfers ist auf die Kompensation der mit der Unternehmensspezialisierung ansteigenden Kosten der Koordination zwischen den Unternehmen gerichtet. Dies setzt die Entscheidung voraus, mit welchen Inhalten und in welcher Form eine Informationsübermittlung zwischen den organisatorischen Einheiten verschiedener Unternehmen erfolgen soll.

In elektronischen Datennetzen bilden die Standardisierung der Daten, die zwischen den Unternehmen auszutauschen sind (Nachrichtentypen wie Bestellung, Lieferavis), und die Schaffung von Abwicklungsmechanismen, mit denen diese Daten transferiert werden können (Organisation der Datenübermittlung), die Ansatzpunkte zur Gestaltung von Inhalt und Form der Informationsübermittlung. Hierbei ist zwischen einer Realisationsebene und der Entscheidungsebene einer Informationsbeziehung zu unterscheiden.

- Auf der *Realisationsebene* wird mit der Technisierung einer Datenübermittlung zwischen zwei Informationspunkten das elektronische Datennetz konstituiert. Dies ist mit spezifischen Problemen der Übersetzung von Sachinhalten in Datenstrukturen verbunden.

Organisatorisch gesehen legt ein elektronischer Datenaustausch zwischen Arbeitsprozessen zunächst einen Transformationsprozeß nahe. Ein bisher administrativ gesteuerter Informationsverarbeitungs- und -übermittlungsprozeß wird auf eine technische Basis gestellt. An die Stelle der bürokratischen Steuerung tritt eine technische, um zu einer höheren Effizienz in der Abwicklung zu kommen. Der betriebswirtschaftliche Effekt könnte die durch die Automatisierung der Datenübermittlung erreichbare Senkung der Abwicklungskosten sein. Diese Technisierung ist - scheinbar - einfach dort, wo bereits die administrative Koordination einen hohen Grad an Standardisierung erreicht hat, d.h. daß ein bestimmter Anteil der auszutauschenden Informationsinhalte zeitkonstant festgelegt und im Einzelfall nicht mehr zu übermitteln ist. Ein routinierter Sachbearbeiter kann beispielsweise eine Nachricht als Bestellung oder Reklamation identifizieren, und dann den externen Informationsinhalt "Bestellung" auf der Basis festgeschriebener Informationselemente (Artikelnummer, Mengen, Liefertermin) in einen internen "Auftrag" übersetzen. Fehlen ihm Daten, kann er entsprechende Aktivitäten (Rücksprache mit dem Besteller, Vorklärung mit internen Abteilungen) einleiten (Biervert, Monse, Bruns u. Reimers 1992, S.135). Die datentechnische Abwicklung dieses Vorganges setzt voraus, daß diese Interpretationsleistung eine formale Struktur bekommt, d.h. daß elektronisch übermittelte Daten Anweisungen enthalten, durch die festgelegt wird, welche Daten welchem Informationsinhalt zuzuordnen sind. Dies impliziert außerdem die Festlegung, welche Daten in welcher Qualität übertragen werden müssen, damit überhaupt eine sachgerechte Information entsteht. Technische "Rücksprachen" sind allenfalls als definierte Prüfprocedere (Fehlermeldung) vorstellbar, nicht als automatisch auslösbare Aktivitäten zur Vervollständigung fehlender Informationen (Kubicek 1992b). Diese Bestimmung ist die Bedingung, um aufgabenübergreifend die Nutzung der Daten ohne weitere (technische) Übersetzungsleistungen in die aufgabenspezifischen Anforderungen möglich zu machen.

- Die *Entscheidungsebene* überlagert die Frage einer rationellen Gestaltung des Datentransportes. Auf dieser Ebene geht es mit der Standardisierung von Informationsbeziehungen um den konzeptionellen Zugriff auf die Steuerungsfunktion von Informationen.

Der Problemgehalt ergibt sich daraus, daß die Technisierung der Datenübermittlung nur den Ausgangspunkt der Unternehmensvernetzung bildet. In den Waren-, Finanz- und Informationsaustausch "eingelagert" sind die verschiedenen Vorstellungen der Unternehmen über die Steuerung von Unternehmensaufgaben. Für einen Informationsverarbeitungs- und -übermittlungsprozeß zur Steuerung eines waren- oder finanzwirtschaftlichen Leistungsprozesses ist deshalb nicht nur bedeutsam, welche Daten prinzipiell bereitgestellt und transportiert werden können. Die Koordinationsfunktion wird erst mit der gezielten Übermittlung von Informationen zwischen Kooperationspartnern erfüllt. Es sind ja gerade die Entscheidungsspielräume organisatorischer Einheiten und die bestehenden Interdependenzen, die den Austausch von Informationen und Kommunikationsprozesse überhaupt erst notwendig machen (Frese 1988, S.209f.). Das heißt, auch in den operativen Arbeitsprozessen vernetzter Unternehmen sind Entscheidungselemente enthalten, für die die Dispositionsstrukturen der organisatorischen Einheiten abzustimmen sind. Diese finden ihren Ausdruck in unterschiedlichen Planungssystematiken, organisatorischen Aufbaustrukturen, Führungsstilen, Qualifikations- und Entscheidungsstrukturen, mit denen operative Funktionen in den Unternehmen und Leistungsprozesse insgesamt gelenkt werden. Zur Erfüllung der Koordinationsfunktion bedarf es daher einer entsprechenden Bestimmung der Kommunikationsbeziehungen und wie die Informationen auf die Kommunikationspartner verteilt werden. Dies ist die Bedingung, damit die Handlungen in den organisatorischen Einheiten über die Unternehmensgrenzen hinweg reibungslos aneinander anschließen können.

(2) Der Problemgehalt der Entscheidung über Inhalt und Form der zwischenbetrieblichen Zusammenarbeit besteht darin, daß es sich vom Typus her um eine laterale und nicht um eine hierarchische Form der Zusammenarbeit von Organisationseinheiten handelt. Die Leistungsbeziehungen können nicht auf der Grundlage von Weisungen oder der Delegation von Entscheidungen gesteuert werden, auf der anderen Seite scheint die Selbstabstimmung, also ein immer wieder neu zu initiierender Aushandlungsprozeß, bei zunehmendem Koordinationsbedarf zu "teuer" zu sein.

Zur Koordination des Leistungsaustausches zwischen Unternehmen sind daher generelle sachliche Abstimmungen notwendig, beispielhaft denkbar im Hinblick auf die organisatorischen Strukturen (Zuständigkeit, Entscheidungskompetenz), Planungs- und Kontrollparameter (Planungshorizont und -tiefe, Ort der Planung, Ergebnis- oder Verhaltenskontrolle) und die personalen Voraussetzungen (Qualifikation, Anreize). Dies wird besonders dort zu einem eigenständigen Aufgabenfeld der Koordination, wo in der zwischenbetrieblichen Zusammenarbeit unterschiedliche Logiken der Unternehmenssteuerung aufeinandertreffen. Generelle sachliche Abstimmungen für eine laterale Koordination können den Mechanismus der Selbstabstimmung zwischen den organisatorischen Einheiten "ersetzen". Dies erfordert jedoch spezielle Kooperationsvereinbarungen, die sowohl auf Vertrags- als auch auf Vertrauensbeziehungen zwischen den Unternehmen gründen können. Im Vergleich zu anonymen Austauschbeziehungen decken in einer solchermaßen organisierten Unternehmensvernetzung Kooperationsvereinbarungen nicht nur die Regelung von Leistung und Gegenleistung im Hinblick auf Mengen, Preise und Liefertermine ab. Sie beziehen sich - im weitesten Sinne - auf die Frage der Abstimmung der Organisations- und Steuerungsprozesse "oberhalb" logistischer und finanztechnischer Abwicklungsprozesse. Es ist von hier aus zu vermuten, daß es zu den entscheidenden Einflußfaktoren einer erfolgreichen Unternehmensvernetzung gehört, zwischen welchen Akteuren der beteiligten Unternehmen diese Fragen geklärt werden, ob sie in ihrer unternehmenspolitischen Tragweite begriffen werden und - daraus folgend - entsprechend strategisch aufgehängt und mit den notwendigen Ressourcen zur Umsetzung ausgestattet werden.

2. Entwicklungsperspektiven einer stufenübergreifenden Unternehmensvernetzung: Elektronischer Datenaustausch zwischen Einzelhandel und Industrie

Die Unternehmensvernetzung gewinnt ihre ökonomische Bedeutung dort, wo sie über die bilaterale Kooperation von Unternehmen hinausgeht. Dies setzt schon auf der technischen Ebene eines elektronischen Datennetzes die Möglichkeit voraus, eine Mehrzahl unterschiedlicher Datenbeziehungen herstellen zu können. Die unter dem Begriff des Electronic Data Interchange (EDI) seit Mitte der 80er Jahre geführte Diskussion - parallel zu der Entwicklung der Telekommunikationsinfrastruktur - legt nahe, daß dies als technisches Problem einer weitgehenden Lösung zugeführt wird. Es liegen bereits eine Reihe solcher Standards branchenbezogen sowohl auf nationaler als auch auf internationaler Ebene vor. Mit dem EDIFACT-Standard[6] steht die Vision des "alles in einem"-Standards im Raum (Kubicek 1992a, Picot, Neuburger u. Niggl 1991).

Diese auf die technischen Optionen gerichtete Sichtweise verdeckt jedoch den Problemgehalt, den die technische Realisierung eines zwischenbetrieblichen Datenaustausches in sich birgt. Für die elektronische Datenübermittlung bei der Warenbestellung und -abrechnung zwischen Einzelhandel und Markenartikelindustrie ist - wie im folgenden noch genauer gezeigt wird - der Stellenwert der Interessenaushandlung um Form und Inhalt eines elektronischen Datenaustausches mehrfach dokumentiert. Die schleppende Diffusion dieses Vernetzungsangebotes über den Markenartikelbereich hinaus in andere Konsumgütersektoren ist ein Indikator dafür, daß hier im Ergebnis keine Lösung geschaffen wurde, die in der Konsumgüterindustrie allgemein oder insgesamt im Handel Akzeptanz gefunden hätte. Damit steht in Frage, ob durch nationale und/oder internationale Einrichtungen und Dienstleister hinreichende technische Lösungen für Datenformatierung und Datenübermittlung als Infrastruktur elektronischer Datennetze angeboten werden. Der Grund dafür ist darin zu sehen, daß in diesen Datenbeziehungen die unterschiedlichen Interessen der Unternehmen repräsentiert sind, woraus unterschiedliche "Nicht-Eintritts"-Optionen - beispielsweise Qualität der Datenaustauschformate, Nutzenkalküle bei Netzprodukten, Datensicherheit - resultieren.

Damit sind die Entwicklungsperspektiven einer stufenübergreifenden Unternehmensvernetzung schon auf der Ebene der technischen Infrastrukturen - Datenstandardisierung, Netzbetrieb - nicht mehr ausreichend bestimmbar und es stellt sich die

---

6 EDIFACT steht für Electronic Data Interchange for Administration, Commerce and Transport. Hierbei handelt es sich um den Versuch der Vereinten Nationen, einen branchenübergreifenden Standard für den Datenaustausch zu entwickeln.

Frage, ob und wann die Entwicklung und der Betrieb eines elektronischen Datennetzes von wem aufgenommen wird. Auf der Basis einzelwirtschaftlicher Kalküle müssen sehr spezifische Interessen der ökonomischen Akteure vorliegen, damit die notwendigen Vor- und Dienstleistungen erbracht werden. Unter diesem Kalkül werden Unternehmen in Datenformatierung und -übertragung entweder unter dem Aspekt der rationellen Gestaltung umfangreicher zwischenbetrieblicher Informationsprozesse oder unter dem Aspekt der Entwicklung einer marktfähigen Dienstleistung investieren. Es wird in der Mehrzahl der Fälle jedoch notwendig sein, die Einzelinteressen der Unternehmen zu organisieren, um ein multilaterales Datennetz zu etablieren. Die hierbei entstehenden Probleme sind dann aber nicht mehr (nur) einzelwirtschaftlicher Natur, wenngleich ihre Lösung Bedingung für die erfolgreiche Umsetzung einzelwirtschaftlicher Strategien ist. Diesen Aspekt werden wir, ausgehend von einer begrifflichen Abgrenzung der technischen Infrastrukturen der Unternehmensvernetzung (EDI und ISDN), als Entwicklungsmuster der Einführung des elektronischen Datenaustausches zwischen Unternehmen herausarbeiten (2.1). Daß Unternehmen hier in einem ökonomischen Umfeld operieren, welches sich in bezug auf die eigene Strategieformierung nicht mehr neutral verhält, zeigt die bisherige Entwicklung des elektronischen Datenaustausches in der Konsumgüterindustrie. Die Umsetzung der Vernetzungsstrategien von Unternehmen vollzieht sich in einem "Markt" von Dienstleistungsangeboten, in dem nicht nur Großbetriebsformen des Handels oder Handelszentralen gegenüber Lieferanten je unterschiedliche Vernetzungsstrategien verfolgen, sondern Industrieunternehmen selber diese Strategieoption wahrnehmen oder "dritte Parteien" als Mehrwertdienstleister auftreten. Der "Markt" Unternehmensvernetzung ist ebenso dadurch gekennzeichnet, daß sich sowohl - von diesen unterschiedlichen Vernetzungsaktivitäten ausgehende - Initiativen und ihre Institutionen als auch internationale Gremien um die Etablierung einheitlicher Datenformate bemühen, was im Ergebnis zu widersprüchlichen und wenig konsistenten Entwicklungen führt (2.2).

Sowohl aus einer übergeordneten, an der Entwicklung neuer Märkte interessierten Perspektive, als auch aus der einzelwirtschaftlichen Perspektive einer Analyse der multilateralen Unternehmensvernetzung sind diese institutionellen Probleme der technischen Infrastrukturen der Unternehmensvernetzung von Bedeutung. Deshalb sollen sie im folgenden eingehend dargestellt und analysiert werden, um so einen tragfähigen Hintergrund zum Verständnis der Unternehmensvernetzung in dem untersuchten Modellprojekt zu gewinnen.

2.1 Die Einführung des elektronischen Datenaustausches zwischen Unternehmen

Das Rationalisierungspotential durch die Einführung des elektronischen Datenaustausches (EDI, Electronic Data Interchange) erscheint gewaltig. Schätzungen gehen von einem Rationalisierungspotential von bis zu 10 % der Kosten von exportierten Fertigprodukten aus (Kommission der EG 1986). Ein Grund für diese hohen Rationalisierungspotentiale liegt darin, daß der elektronische Datenaustausch in nahezu jedem Wirtschaftsbereich eingesetzt werden kann. Gleichzeitig erscheint die Idee des elektronischen Datenaustausches in ihrer Einfachheit äußerst bestechend. Die meisten zwischen Unternehmen auszutauschenden Daten sind bereits in elektronischer Form bei einer der an dem Austausch beteiligten Parteien gespeichert. Durch die elektronische Übertragung dieser Daten lassen sich alle Zwischenschritte (Drucken, Couvertieren, Versenden, Neueingeben) einsparen. Wenn sich diese Einschätzungen bestätigen, kann sich der elektronische Datenaustausch als eine der bedeutsamsten Anwendungen für das ISDN herausstellen. Das Verhältnis des elektronischen Datenaustausches zum ISDN soll in einem ersten Abschnitt bestimmt werden (2.1.1). Die Komplexität der Einführung des elektronischen Datenaustausches, die in einem nahezu umgekehrt reziproken Verhältnis zu der Simplizität seiner Rationalisierungsidee steht, macht es ebenso erforderlich, daß die theoretischen Implikationen für dessen Entwicklung und Diffusion herausgearbeitet werden (2.1.2).

2.1.1 Elektronischer Datenaustausch und ISDN

Ziel dieses Abschnitts ist es, die Potentiale des ISDN für den elektronischen Geschäftsverkehr einzuschätzen. Dafür ist es erforderlich, daß eine Bestimmung des Verhältnisses von ISDN und EDI erfolgt.

Das ISDN läßt sich zunächst in einen Netz- und einen Dienstaspekt unterteilen. Das ISDN als Übertragungstechnik zeichnet sich in bezug auf den elektronischen Geschäftsverkehr vor allem durch die höhere Übertragungsgeschwindigkeit (zweimal 64 kbit/s - B-Kanäle - plus einmal 16 kbit/s - D-Kanal) und eine größere Übertragungssicherheit durch die digitale Datenübertragung aus.[7] Datenübermittlungsdienste werden sowohl für die B-Kanäle wie auch für den D-Kanal angeboten, für die B-Kanäle paket- und leitungsvermittelt, für den D-Kanal nur paketvermittelt. Weiterhin kann ein Datenverteildienst (Datenclearing) über das ISDN angeboten werden (Straßburger 1990, S.27ff).

7 Diese Angaben beziehen sich auf den sogenannten Basisanschluß. Ein Primärmultiplexanschluß verfügt über 30*64kbit/s für Sprache und/oder Daten plus 64 kbits/s für Daten und Signale. Mit dem sogenannten Breitband-ISDN werden Übertragungsgeschwindigkeiten von bis zu 150 Mbits/s möglich.

Dieser Dienst ist jedoch bisher nicht realisiert worden. Statt dessen wurde mit TELEBOX.400 ein neuer Mehrwertdienst für das Datenclearing durch die DBP Telekom eingerichtet, der unter anderem über einen ISDN-Anschluß erreichbar ist. Als Übermittlungsprotokoll wird hier die internationale X.400 Norm verwendet, die 1984 zum ersten Mal von der CCITT veröffentlicht wurde.[8] Diese Norm ist speziell für die Verbindung von Computeranwendungen geschaffen worden und spezifiziert vor allem Routing- und Adressierungsvorgänge. Sie orientiert sich an dem OSI-Referenzmodell und ist unabhängig von der Art der zu übertragenden Daten (Text-, Grafik-, Bild- oder Sprachdaten). Der Standard erlaubt den Betrieb von öffentlichen und privaten Mailbox-Systemen (Schmidt und Werle 1992).

Neben der Telekom gibt es eine Reihe von weiteren sogenannten Mehrwertdiensteanbietern, die auf der Grundlage gemieteter Leitungen ähnliche Angebote machen. In Deutschland zählen hierzu neben General Electrics und IBM vor allem BT Tymnet, Info AG, INAS, Infonet u.a. (Monse, Kubicek und Reimers 1993). Für den elektronischen Geschäftsverkehr werden vor allem die Dienste von General Electrics und IBM genutzt (vgl. Abschnitt 2.2.2)

Damit ergibt sich, daß die Dienste, die das ISDN heute bereitstellt, für den elektronischen Geschäftsverkehr nicht ohne Konkurrenz sind. Hier haben sich bereits neue Märkte entwickelt, die neben den privaten Anbietern auch von der DBP Telekom mit einem eigenen Angebot bearbeitet werden, allerdings nicht unbedingt im Rahmen der ISDN-Dienste. Gleichwohl sind die Leistungsmerkmale des ISDN für den elektronischen Geschäftsverkehr relevant. ISDN wird also im Rahmen dieser Studie als Technologie auf der Netzebene verortet, der elektronische Geschäftsverkehr als eine mögliche Anwendung dieser Technologie. Es muß allerdings betont werden, daß der elektronische Geschäftsverkehr als Anwendung aus der Perspektive betriebswirtschaftlicher Teilfunktionen gesehen wird (z.B. Einkauf, Rechnungswesen), die sich der ISDN-Technologie zur Übertragung der Daten bedienen können. Der Anwendungsbegriff ist dabei nicht zu verwechseln mit dem in dem OSI-Referenzmodell verwendeten, da es sich hier bei der sogenannten Anwendungsebene (siebte Ebene) um eine Anwendung aus der Perspektive der technischen Verbindung von Computern handelt (Kubicek 1993).

Der elektronische Datenaustausch EDI wird definiert als der "Austausch strukturierter Daten, die mit Hilfe der Datenübertragung zwischen den Computern autonomer Organisationseinheiten transferiert werden" (Sedran 1991, S.17). Damit sind zwei Elemente für den elektronischen Datenaustausch konstitutiv: (1) Die elektronisch übertragenen Daten sollen automatisch, d.h. durch Computer, weiterverarbeitet werden können. (2) Die Daten werden zwischen rechtlich selbständigen Organisationen ausgetauscht. Wenngleich diese beiden Elemente der Begriffsbestimmung in der

8 1988 wurden eine Reihe von weiteren Spezifikationen verabschiedet, so daß heute meistens die Version von 1988 verwendet wird. Die Normungsarbeiten gehen allerdings kontinuierlich weiter. (Schmidt und Werle 1992).

Literatur zum elektronischen Datenaustausch durch einen weitgehenden Konsens getragen werden (Swatman und Swatman 1992), gibt es jedoch auch Autoren, die eine Erweiterung dieses engen Begriffes fordern.

So geht es zum einen darum, den Bereich der Daten, die elektronisch ausgetauscht werden sollen, weiter zu fassen. Picot, Neuburger und Niggl (1991) z.B. argumentieren, daß trotz der allgemeinen Beschränkung vorfindbarer Definitionen auf den Austausch standardisierter Geschäftsdokumente die Einbeziehung des Austausches technischer Daten sowie freier Texte und Abbildungen sinnvoll ist, da die zugrundeliegende Problematik für diese Fälle identisch sei. Die notwendige Bedingung für die Anwendung des Begriffes EDI ist danach lediglich, daß die "... Weiterverarbeitbarkeit der auf elektronischem Wege übermittelten Informationen im unternehmensinternen Informationssystem des Empfängers ... prinzipiell ohne erneute Dateneingabe möglich sein [muß]." (S.23).

Darüber hinaus finden sich in der Literatur noch breitere Definitionen. Beispielsweise bezeichnen O'Callaghan, Kaufmann und Konsynski (1992) mit dem Begriff EDI "a system based on information technology that links channel members for the purpose of facilitating the flow of a product or service through the channel" (S.45). In einer EDI-Studie für die EG-Kommission findet sich die folgende Definition: "EDI comprises, in this context, messaging (data transfers) between computer applications (edp systems) such as E-mail, text, graphics raster information, image, spreadsheets, database information etc."[9]

Andererseits ist der Grad der Unabhängigkeit, der zwischen organisatorischen Einheiten bestehen soll, die für ihre Kommunikation den elektronischen Datenaustausch verwenden, variabel. So fordert z.B. Hörlück (1993) lediglich, daß die beteiligten DV-Systeme organisatorisch unabhängig sein sollen, wobei er betont: "This does not imply legal/ownership independence." Demnach würde auch dann von einem elektronischen Datenaustausch zu sprechen sein, wenn er innerhalb eines Unternehmens stattfindet, solange die von Hörlück spezifizierten Kriterien anwendbar sind.

Für die nachfolgende Diskussion von Entwicklungsmustern des elektronischen Datenaustausches schließen wir uns jedoch der allgemein zu beobachtenden Tendenz der Verengung des Begriffes an, wonach einerseits nur dann von einem elektronischen Datenaustausch gesprochen wird, wenn er zwischen rechtlich selbständigen Unternehmen stattfindet. Andererseits werden in bezug auf die Art der Anwendungen durch diesen engen Begriff eine Reihe von Anwendungen ausgegrenzt.

9 Study on EDI & ISDN. Final Report. Prepared by F&L European Telecommunications Consultants A/S and XCOMS International SA, September 1993, S.11.

Hierzu zählen:

- der Austausch freier Texte (Electronic mail)
- die einfache Datenübertragung (File transfer)
- Datenbankabfragen (Remote data entry) (Swatman und Swatman 1992, S.179).

Der elektronische Datenaustausch bedeutet dann z.B. die Übertragung einer Rechnung oder Bestellung zwischen einem Hersteller und einem Handelsunternehmen, solange diese beiden Unternehmen nicht vertikal integriert sind. Allerdings folgt aus dieser Definition nicht, daß nur solche Daten ausgetauscht werden, die bisher durch Geschäftsgewohnheiten und rechtliche Regelungen standardisiert (strukturiert) sind. So können z.B. strukturierte technische Daten zum elektronischen Datenaustausch gezählt werden, wenn sie eine automatische Weiterverarbeitung bei dem Datenempfänger ermöglichen. Der elektronische Datenaustausch beschränkt sich deshalb nicht auf solche Daten, die unmittelbar Geschäftstransaktionen auslösen (Lieferung von Waren, Überweisung von Geld), sondern kann in einem weiteren Zusammenhang zu Geschäftstransaktionen stehen. Ein Lieferavis kann eine Lieferung, ein Zahlungsavis eine Zahlung ankündigen. Eine elektronische Meldung über registrierte Fehler in Stoffballen kann den Bekleidungshersteller in die Lage versetzen, seine Schnittmuster automatisch zu optimieren und eine elektronische Gutschriftenanzeige kann den Inkassovorgang gänzlich verändern, indem keine Rechnung mehr übermittelt, sondern nur noch anhand des Lieferscheins eine Zahlung veranlaßt wird, die dem Zahlungsempfänger entsprechend mitgeteilt werden muß.

Durch den elektronischen Datenaustausch können also auch neue Formen der Geschäftskommunikation entstehen. Allerdings beschränken sich die wenigen Implementationen des elektronischen Geschäftsverkehrs bisher darauf, bestehende Geschäftsdokumente so zu strukturieren, daß sie elektronisch übertragen und verarbeitet werden können. Hierzu sind Absprachen zwischen den beteiligten Kommunikationspartnern erforderlich, wodurch sie sich auf eine gemeinsam verwendete Struktur von auszutauschenden Daten einigen. Aus der Definition des elektronischen Datenaustausches (Austausch strukturierter Daten) folgt also unmittelbar die Notwendigkeit der Abstimmung zwischen den beteiligten Geschäftspartnern (nicht jedoch die der Normung, wie häufig behauptet wird).

2.1.2 Entwicklungsmuster der Einführung des elektronischen Datenaustausches

Die Absprachen zwischen den am elektronischen Datenaustausch beteiligten Unternehmen können zunächst auf bilateraler Basis erfolgen. Für jede Geschäftsbeziehung, innerhalb derer Geschäftsdokumente elektronisch ausgetauscht werden sollen, wären dann jeweils neue Absprachen zu treffen. Für eine große Zahl von Geschäftsbeziehungen wären dann nicht nur viele einzelne Absprachen zu treffen, es müßten auch die entsprechenden organisatorischen und technischen Vorkehrungen für jede dieser Absprachen getroffen werden, um zu gewährleisten, daß die eintreffenden elektronischen Daten auch automatisch weiterverarbeitet werden können. Mindestens müssen die Programme so angepaßt werden, daß die jeweils unterschiedlichen Strukturen der eintreffenden Daten verarbeitet werden können. Darüber hinaus ist es jedoch in der Regel erforderlich, die zu übermittelnden Daten zu codieren, um die automatische Weiterverarbeitung zu vereinfachen. So kann z.B. die Beschreibung von Artikeln, die Gegenstand eines Geschäftsdokumentes sind, dadurch vereinfacht werden, daß statt einer ausführlichen Beschreibung des Artikels ein beidseitig vereinbarter Code verwendet wird, der auf die gespeicherten Artikeldaten in einer Datenbank verweist. Ein solcher Artikelcode ist z.B. die EAN (Europäische Artikelnummer). Die Verwendung eines Artikelcodes in einem elektronisch zu übertragenden Geschäftsdokument ermöglicht einerseits die automatische Weiterverarbeitung der empfangenen Daten, setzt andererseits neben der Einigung auf den Artikelcode jedoch voraus, daß die Artikeldaten von dem die Daten empfangenden Unternehmen bereits in einer Datenbank gespeichert sind. Sie müssen hier also erfaßt und kontinuierlich an sich verändernde Artikelparameter, z.B. Preise, angepaßt werden. Weitere Beispiele für in elektronischen Geschäftsdokumenten verwendete Codes sind Währungen, Verpackungseinheiten, Versandarten, Zahlungsziele, Adressen von Absender und Empfänger, Art der Dokumente (Rechnung, Bestellung usw.), Zahlungsart, Geschäftsbedingungen und Gerichtsstände.

Neben diesen, die Bedeutung der übermittelten Daten betreffenden Fragen ('Semantik') unterscheidet Kubicek (1993) noch die Ebene der 'Pragmatik', die ebenfalls einen Bereich notwendiger Absprachen zwischen den Geschäftspartnern darstellt. Hierzu zählen Absprachen über Aktivitäten, die eine übermittelte Nachricht beim Nachrichtenempfänger auslösen soll. Solche Absprachen müssen jedoch nicht immer explizit getroffen werden. So bedarf es z.B. keiner besonderen Absprache, daß auf den Erhalt einer Rechnung ein Zahlungsvorgang innerhalb der vereinbarten Zahlungsfrist einzuleiten ist. Solche Absprachen dürften vor allem dann notwendig werden, wenn durch den elektronischen Datenaustausch neue Formen des Geschäftsverkehrs etabliert werden, für die sich noch keine Aktions- und Reaktionsmuster herausgebildet haben.

Die Fülle von Details, die für den elektronischen Datenaustausch zwischen den Geschäftspartnern abgestimmt werden müssen, lassen eine Normung dieser Absprachen sinnvoll erscheinen. Hierdurch können bilaterale Absprachen und darauf aufbauende organisatorisch-technische Anpassungen vermieden, und so Rationalisierungspotentiale durch den elektronischen Datenaustausch voll ausgeschöpft werden. Sieht man von den elektronischen Übertragungsmedien ab, so scheint der elektronische Datenaustausch ausschließlich aus Normen zu bestehen, indem lediglich die Form (Struktur) der auszutauschenden Daten zwischen den Geschäftspartnern abgestimmt werden muß. Diese Absprachen werden zwar im Hinblick auf die Möglichkeit zur automatischen Weiterverarbeitung getroffen, der elektronische Datenaustausch schließt die automatische Weiterverarbeitung jedoch nicht mit ein.

Das Bemühen geht dahin, internationale Normen zu schaffen, die branchenunabhängig sind. Ansätze für eine solche Norm wurden durch die Verabschiedung der EDIFACT[10]-Syntax Regeln 1987 durch die ISO[11] geschaffen (vgl. Abbildung 5). Diese Regeln stellen einen Rahmen für die Entwicklung von EDI-Normen bereit. Seither wird auf internationaler Ebene an der Entwicklung von sogenannten Datensegmenten und Datenelementen gearbeitet, aus denen EDI-Normen individuell zusammengesetzt werden können.

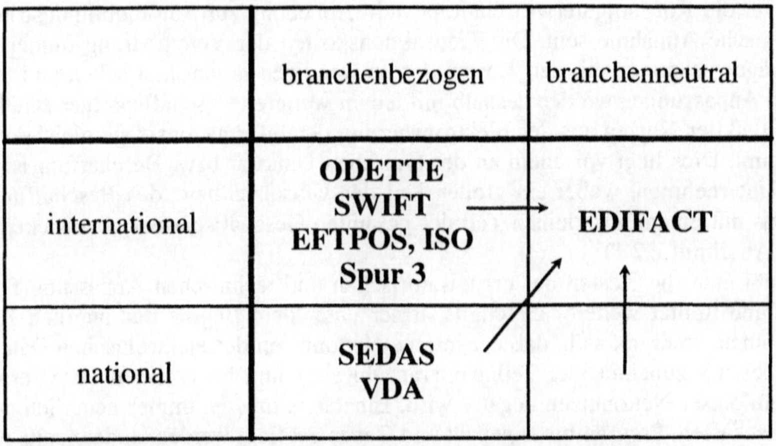

Abbildung 5: Normen für den elektronischen Datenaustausch

Jedoch verbreiten sich diese Normen nicht in dem Maße, wie anfänglich angenommen wurde (Monse, Kubicek und Reimers 1993). Besonders die Akzeptanz von EDIFACT als weltweiter Norm für den elektronischen Datenaustausch bleibt weit hinter den Erwartungen zurück. Statt dessen entwickeln sich entweder sogenannte EDIFACT-Subsets oder aber existierende Branchennormen verhindern die Verbreitung von EDIFACT-Nachrichten. Gleichwohl ist zu beobachten, daß Systeme für den elektronischen Datenaustausch multilateral ausgehandelt werden und bilaterale Vereinbarungen die Ausnahme darstellen (vgl. Abschnitt 2.2). Diese Tatsache wird durch die Kosten, die eine auf bilateralen Vereinbarungen basierende Diffusion von EDI mit sich bringt, erklärt. Allerdings entsteht dann die Frage, unter welchen Bedingungen multilaterale Systeme entstehen. Die Fehleinschätzung der Entwicklung des elektronischen Datenaustausches dürfte in erster Linie darauf zurückzuführen

10 Electronic Data Interchange for Administration, Commerce and Transport.

11 International Standardization Organization.

sein, daß die Kostendimension der Entwicklung von multilateralen EDI-Systemen vernachlässigt wurde. Im folgenden soll deshalb eine einfache Analyse von Kosten und Nutzen der Entwicklung von multilateralen EDI-Systemen vorgenommen werden, bevor auf die tatsächliche Entwicklung des elektronischen Datenaustausches in der Konsumgüterwirtschaft einzugehen sein wird.

Geht man zunächst davon aus, daß der elektronische Datenaustausch auf der Basis bilateraler Vereinbarungen etabliert wird, so bedeutet dies, daß für jeden weiteren Geschäftspartner nicht nur ein neuer Vertrag geschlossen werden muß, sondern auch organisatorische und technische Anpassungen notwendig sind, wenn die absolute Dominanz eines der beiden Geschäftspartner ausgeschlossen wird. Dies dürfte gerade für die Konsumgüterwirtschaft, etwa in Abhebung zur Automobilindustrie, eine realistische Annahme sein. Die Transaktionskosten der Vereinbarung immer neuer Verträge zusammen mit den Kosten der notwendigen organisatorischen und technischen Anpassungen werden deshalb mit jedem weiteren Geschäftspartner zunehmen, ohne daß der Nutzen aus der Elektronisierung der Informationswege gleichermaßen zunimmt. Dies liegt vor allem an der typischen Umsatz- bzw. Beschaffungsstruktur von Unternehmen, wobei ein großer Teil des Umsatzes bzw. des Beschaffungsvolumens mit einem nur kleinen Teil der gesamten Geschäftspartner abgewickelt wird (vgl. Abschnitt 2.2.1).

Faßt man die Kosten der organisatorischen und technischen Anpassung für den Anschluß immer weiterer Geschäftspartner unter dem Begriff der internen Kosten zusammen, so ergibt sich, daß der interne Nettonutzen des elektronischen Datenaustausches mit zunehmender Teilnehmeranzahl abnimmt, bis er einen Punkt erreicht, ab dem dieser Nettonutzen negativ wird. Einerseits müssen immer neue Schnittstellen geschaffen, Programme angepaßt und Codes gepflegt werden, andererseits nimmt das Volumen des Datenaustausches mit immer weiteren Geschäftspartnern kontinuierlich ab, so daß die Einsparungseffekte durch den elektronischen Datenaustausch im Verhältnis zu den zusätzlichen Kosten der Implementation und des Betriebes immer geringer werden. Dieser Verlauf ist in Abbildung 6 durch die Kurve NI dargestellt.

Die internen Kosten der Einrichtung weiterer elektronischer Verbindungen können jedoch durch die Standardisierung von EDI-Systemen reduziert werden. Die Anpassung von Programmen erübrigt sich, wenn identische Datenstrukturen verwendet werden. Darüber hinaus können die ablauforganisatorischen Regelungen für alle Geschäftspartner vereinheitlicht werden. Erfassung und Pflege von Datencodes können rationalisiert werden, indem z.B. die Datencodes selbst in einem standardisierten Format von den Geschäftspartnern bezogen werden. Daraus folgt, daß der interne Nettonutzen durch den Anschluß weiterer Teilnehmer weniger stark abnimmt, als dies ohne Normen der Fall wäre. Dies wird durch die Kurve NI* in Abbildung 6 veranschaulicht.

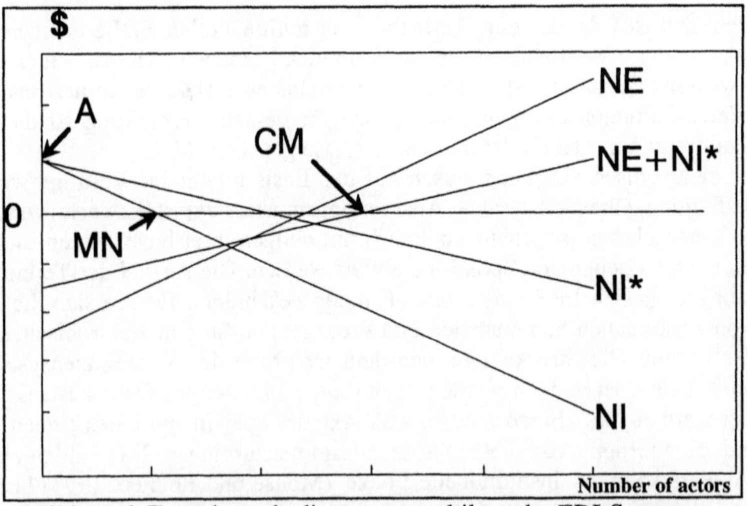

Abbildung 6: Entstehungsbedingungen multilateraler EDI-Systeme

Die Teilnahme an einem multilateralen Verhandlungsprozeß zur Aushandlung von Normen für den elektronischen Datenaustausch erzeugt jedoch wiederum Kosten, die ebenfalls zu berücksichtigen sind. Diese externen Kosten sind den Verhandlungskosten bilateraler Absprachen gegenüberzustellen. Die externen Kosten der Teilnahme an einem multilateralen Verhandlungsprozeß bestehen einmal aus Opportunitätskosten, indem auf die Belange einer großen Anzahl von Systemteilnehmern einzugehen ist, woraus individuelle suboptimale Systemlösungen resultieren können. Beispielsweise ist es bei einem elektronischen Datenaustausch auf der Basis eines bilateralen Vertrages ausreichend, die Bestelldatenübermittlung auf die Bestellnummer zu reduzieren, wenn Preise, Lieferrhythmen und ähnliches zwischen den beiden Geschäftspartnern langfristig vereinbart sind. Diese Details müssen jedoch in einer multilateralen Absprache neu geregelt werden, wodurch die Komplexität und damit die Kosten der Norm erhöht werden. Andererseits müssen die durch bestehende Systeme für den bilateralen elektronischen Datenaustausch möglichen Wettbewerbsvorteile durch die Teilnahme an einem multilateralen Datenaustauschsystem aufgegeben werden. Jedoch sind die eingesparten Transaktionskosten, die sonst durch bilaterale Vereinbarungen entstanden wären, desto größer, je mehr Akteure an dem multilateralen System teilnehmen, so daß der externe Nettonutzen der Teilnahme mit der Zahl der Teilnehmer zunimmt. Dieser Sachverhalt wird durch die Kurve NE in Abbildung 6 dargestellt.

Das Aggregat der Kurven NI* und NE bezeichnet dann die Summe aller internen und externen Kosten- und Nutzengrößen, die durch die Einführung des multilateralen elektronischen Datenaustausches für ein Unternehmen entstehen. Der Punkt, an dem die Kurve NI* + NE die Abszisse schneidet, entspricht der kritischen Gruppengröße

(Kritische Masse), ab der eine Teilnahme an multilateralen EDI-Systemen aus der Perspektive der potentiellen Teilnehmer lohnend erscheint (KM). Bis zu diesem Punkt wird die Einführung des elektronischen Datenaustausches auf der Basis bilateraler Vereinbarungen erfolgen. Die Grenze für dessen Verbreitung ist dann durch den Schnittpunkt der Kurve NI mit der Abszisse gegeben (MN).

Der elektronische Datenaustausch auf der Basis bilateraler Verträge wird unter der Bedingung eines bilateralen Ausbreitungsmusters typischerweise von einigen großen Unternehmen (sogenannten 'hubs') mit einigen ihrer bevorzugten Lieferanten oder Kunden (sogenannten 'spokes') etabliert werden. Die Anzahl der Teilnehmer ist dann auf die großen Lieferanten oder Kunden beschränkt, für die sich die Etablierung von zusätzlichen Schnittstellen und Programmen für den elektronischen Datenaustausch lohnt. Die Strecke zwischen dem Ursprung des Koordinatensystems und KM muß dann überwunden werden, wenn ein multilaterales Datenaustauschsystem errichtet werden soll. Hierzu müssen sich Akteure oder Institutionen finden, die bereit sind, eine Gruppe von dieser Größe zusammenzubringen. Das Fehlen eines solchen Akteurs kann als 'institutionelle Lücke' (Monse und Reimers 1993) bezeichnet werden.

Die Einführung des elektronischen Datenaustausches kann so analysiert werden als passive oder als aktive Vernetzungsstrategie. Eine passive Vernetzungsstrategie wird dann zum Tragen kommen, wenn die Einführung des elektronischen Datenaustausches unmittelbar vorteilhaft ist. Sofern die kritische Masse für ein multilaterales Datenaustauschsystem noch nicht erreicht wurde, wird der elektronische Datenaustausch im Rahmen der passiven Vernetzungsstrategie vor allem auf der Basis bilateraler Vereinbarungen eingeführt werden. Die Zahl der angeschlossenen Geschäftspartner dürfte unter dieser Bedingungen gering sein. Ist die kritische Masse hingegen erreicht, werden sich Unternehmen mit einer passiven Vernetzungsstrategie einem multilateralen Austauschsystem anschließen.

Eine aktive Vernetzungsstrategie zielt demgegenüber in einer Situation, in der die kritische Masse noch nicht erreicht ist, auf die Koordination einer Gruppe von potentiellen Teilnehmern eines multilateralen Austauschsystems. Die Bedingung für eine solche aktive Vernetzungsstrategie ist, daß entweder übergeordnete, strategische Zielsetzungen verfolgt werden, oder aber die Koordination von Akteuren selbst Zweck der jeweiligen Organisation ist. Letzteres trifft vor allem auf Unternehmensverbände zu, so daß Unternehmensverbände eine wesentliche Rolle bei der Errichtung von multilateralen Datenaustauschsystemen spielen. Dies wird bei der Darstellung der Entwicklung des elektronischen Datenaustausches in der Konsumgüterwirtschaft deutlich.

2.2 Entwicklung und Diffusion des elektronischen Datenaustausches in der Konsumgüterwirtschaft

Die Einführung des elektronischen Geschäftsverkehrs in der Konsumgüterwirtschaft ist charakterisiert durch den Konflikt verschiedener Branchen mit dem EAN-dominierten Bereich innerhalb der Konsumgüterwirtschaft. Damit reichen die historischen Wurzeln des elektronischen Geschäftsverkehrs in der Konsumgüterwirtschaft bis in die 60er Jahre zurück, also bis zu einem Zeitpunkt, zu dem die Idee der unternehmensübergreifenden Rationalisierung zum ersten Mal diskutiert wurde (van Gerpen, Kubicek und Seeger 1991). Zeitgleich mit der Einführung der Europäischen Artikelnummer (EAN) in Deutschland wurden die ersten Versuche für die Einführung des Datenträgeraustausches[12] im Rechnungsverkehr durchgeführt. Die EAN sollte konstitutiver Bestandteil für den elektronischen Geschäftsverkehr werden, der als ein weiteres Rationalisierungsfeld dem Verhandlungsprozeß um die Schaffung einer 'einheitlichen Sprache' zwischen Industrie und Handel eine neue Dynamik gab. War der Verhandlungsprozeß zur Einführung eines unternehmensübergreifenden Nummernsystems bis dahin wesentlich durch die erfolgreiche Einbeziehung immer weiterer Handelskreise gekennzeichnet (van Gerpen und Seeger 1990), so entwickelten sich im Zuge der Einführung des elektronischen Datenaustausches zunehmend die Differenzen zwischen den einzelnen Handelsgruppen mit dem Ergebnis einer teilweisen Aufsplitterung der weiteren Entwicklung. Insbesondere die Auseinandersetzung zwischen den EAN-Befürwortern und dem Textileinzelhandel als EAN-Gegner dominierte diese Entwicklung (Biervert, Monse, Bruns u. Reimers 1992).

2.2.1 Ziele der Einführung des elektronischen Datenaustausches in der Konsumgüterwirtschaft

Mögliche Ziele der Einführung des elektronischen Datenaustausches können sein:

(1) Rationalisierung der Rechnungsabwicklung vor allem in den großen Handelszentralen, die gleichzeitig als Regulierungsinstanz für den Rechnungsverkehr zwischen den Lieferanten und ihren Mitgliedern fungieren.

(2) Beschleunigung der Bestelldatenübermittlung in Handelsbetrieben, die durch sehr große Sortimente charakterisiert sind (v.a. Waren- und Kaufhäuser).

12 Austausch von Magnetbändern, Disketten oder Lochkarten ('Datenträgern') zum Zweck der automatischen Weiterverarbeitung der Daten beim Datenempfänger.

(3) Rationalisierung der Preisauszeichnung in den Handelsunternehmen, v.a. in solchen Betrieben, die die EAN nicht für die Preisauszeichnung nutzen können (v.a. textiler Einzelhandel).

(4) Rationalisierung der Bestelldatenverarbeitung und Verkürzung der Zeitspanne zwischen Bedarfsentstehung im Einzelhandel und Erhalt der Dispositionsinformation beim Hersteller, wodurch sich Vorteile des elektronischen Datenaustausches für Herstellerunternehmen ergeben.

(1) Die Automatisierung der Rechnungsbearbeitung versprach den Einkaufsgruppen, die neben ihrer Funktion zur Bündelung der Einkaufsmacht auch als Zentralregulierer fungieren, weitreichende Rationalisierungseffekte. Als aktuelle Begründung für die Einführung des Datenträgeraustausches im Rechnungsverkehr werden steigende Belegzahlen mit fallenden Durchschnittsrechnungsbeträgen angegeben, wobei sich häufig ein hoher Beleganteil auf nur wenige Lieferanten konzentrierte (Emons 1989, S.256f). Die Zentralregulierung ist Bestandteil des aktiven Geschäfts von Einkaufszentralen, das heißt, sie stellt eine Einkommensquelle dar (im Gegensatz zu den Einkaufkonzernen, für die die Rechnungsbearbeitung lediglich Kosten erzeugt). Die Zentralregulierung funktioniert wie ein Clearingsystem, wobei die Lieferanten alle Rechnungen für die Mitglieder einer Einkaufsgruppe gebündelt an deren Zentrale schicken, die dann einerseits die Rechnungen an die Mitglieder weiterverteilt, andererseits gegenüber ihren Mitgliedern in Vorleistung tritt, indem sie die Individualrechnungen gegenüber den Lieferanten begleicht und die Rechnungsbeträge anschließend von den Mitgliedern zurückfordert (Delkrederegeschäft). Durch die Einführung des Datenträgeraustausches entfällt in den Zentralen die Notwendigkeit der Neueingabe der Daten für die automatische Weiterverarbeitung. Jedoch müssen die Handelszentralen die Einzelrechnungen für ihre Mitglieder bei diesem Verfahren selbst ausdrucken, da diese von den Lieferanten nicht mehr in Papierform übersandt werden. Dies erzeugt einen weiteren Rationalisierungsdruck zur Automatisierung des Rechnungsverkehrs der Handelszentrale mit ihren Mitgliedern.

(2) Emons (1989) argumentiert, daß es "im Gegensatz zum Rechnungsverkehr ... beim Bestellvorgang eine unüberschaubare Vielzahl von Austauschpartnern mit verhältnismäßig kleinen, eilbedürftigen Informationsumfängen [gibt]" (S.256). Aus diesem Sachverhalt wird die Notwendigkeit der Errichtung eines multilateralen Datenaustauschsystems abgeleitet (siehe Abschnitt 2.2.2). Der Einsatz des elektronischen Datenaustausches für die Bestelldatenübermittlung hat jedoch aus der Perspektive der Handelsunternehmen zunächst nur den Effekt, die notwendige Bestellzeit und damit die Mindestbestellmenge zu reduzieren. Hierdurch lassen sich die Kapitalbindungskosten senken. Dieses Argument hat insbesondere für die großen Warenhauskonzerne ein hohes Gewicht, da hier aufgrund der großen Sortimente (Artikelvielfalt) und der relativ kleinen Vorratsmengen einzelner Artikel der Dispo-

sitionsvorgang zu einem strategischen Entscheidungstatbestand wird. Die Anzahl der Austauschpartner hat demnach zunächst keinen direkten Einfluß auf die Art des elektronischen Datenaustausches.

(3) Bemühungen zur Rationalisierung der Preisauszeichnung charakterisieren die späte Phase in der Entwicklung der EAN, wenngleich das ursprüngliche Ziel zur Vereinheitlichung unternehmensübergreifender Nummernsysteme in den 60er Jahren nicht die Rationalisierung der Preisauszeichnung war. Dieser Aspekt geriet im Verlauf des Aushandlungsprozesses jedoch immer mehr in den Vordergrund, so daß die EAN zusammen mit dem Strichcode heute die größten Rationalisierungseffekte bei der Preisauszeichnung und dem Kassiervorgang ermöglicht (van Gerpen, Kubicek und Seeger 1991). Einen umgekehrten Verlauf hat die Entwicklung in der Bekleidungsbranche genommen. Hier stand am Anfang die Idee der Rationalisierung der Preisauszeichnung, die im Verlauf der weiteren Entwicklung immer mehr in den Hintergrund gedrängt wurde.

Die Kritik, die aus Kreisen von Vertretern der Bekleidungsbranche an der EAN vorgetragen wurde, richtet sich gegen deren Schwerfälligkeit in der Handhabung für die Bekleidungsbranche. Dies liegt vor allem an den eingeschränkten Möglichkeiten, innerhalb der EAN die modische Produktvielfalt abzubilden. Hinzu kommt, daß die Vorteile der EAN im textilen Einzelhandel meist nicht ausgeschöpft werden können. Es ist in der Regel erforderlich, jedes Verkaufsteil einzeln auszuzeichnen; die EAN ist aber nur dort sinnvoll, wo eine sogenannte Regalauszeichnung möglich ist. Um die Vorteile der EAN dennoch nutzen zu können, wäre ein Preisaufdruck auf der EAN erforderlich. Eine solche Möglichkeit scheidet aufgrund der Preisdifferenzen im Einzelhandel jedoch aus. Der Grund hierfür ist, daß der auf dem EAN-Strichcode basierende Kassiervorgang auf dem sogenannten Price-Look-Up Verfahren (PLU) beruht, bei dem anhand der Identifizierungsnummer die Stammdatensätze des jeweiligen Artikels aufgerufen werden, die u.a. die Preisinformation enthalten. Für den Endverbraucher ist es dann ausreichend, die Preisinformation für alle Exemplare eines Artikels einmal am Regal vorzufinden. Da im Bekleidungsbereich jedoch eine Preisauszeichnung auf dem Etikett notwendig ist (sogenanntes 'Hängeetikett'), muß jedes Exemplar einzeln ausgezeichnet werden.

Die Rationalisierung der Preisauszeichnung im Textilbereich basierte auf dem Konzept einer Identifikationsnummer für jedes einzelne Exemplar eines Artikels. Dieses Konzept sah vor, daß Artikel- und Rechnungsdaten zusammengeführt werden, so daß für jedes Verkaufsteil auch die Wareneingangsdaten und die Einkaufspreise bestimmt werden können. Dabei sollten die Numerierungssysteme der Hersteller verwendet werden, um so eine größtmögliche Variabilität der Nummer sicherzustellen. Damit würde die Nummer ein einzelnes physisches Exemplar eines Artikels identifizieren (wie z.B. die Buchnummer in einer Bibliothek) und nicht einen abstrakten Artikel (wie z.B. die ISBN für Bücher). Dieser Aspekt ist besonders im Bekleidungshandel wichtig, da hier einerseits die Mengen pro Artikel sehr klein sind (häufig wird für ein Kleidungsstück in einer Größe und Farbvariante nur ein Exemplar vorrätig gehalten), andererseits die Verweildauer der Ware in den Geschäften ausschlaggebend sein kann (schnelle physische Alterung der Ware). Die EAN identifiziert im Unterschied zu diesem Konzept nicht das einzelne physische Exemplar, sondern einen abstrakten Artikel, der eine große Menge physischer Exemplare eindeutig beschreibt.

Dieses Konzept konnte nur dann sinnvoll umgesetzt werden, wenn die Generierung der notwendigen Daten weitgehend automatisiert wurde. Daraus ergab sich die Notwendigkeit, die Rechnungsdaten in eine elektronische Form zu transformieren. Eine solche Transformation konnte prinzipiell sowohl durch die Hersteller als auch durch die Einzelhändler erfolgen. Da die Daten in der Regel beim Hersteller bereits in elektronischer Form existieren, erschien es sinnvoll, den Hersteller aufzufordern, seine Rechnungs- und Lieferdaten in elektronischer Form zu übermitteln. Aufgrund der zeitkritischen Eigenschaften dieser Daten bot sich hier der elektronische Datenaustausch als geeignetes Übertragungsmedium an.

Gleichzeitig erwies sich die elektronische Übermittlung von Lieferscheindaten als elektronische Lieferavisierung besonders für die großen Unternehmen im textilen Einzelhandel als hilfreich. Sie können die mit der Erstellung der Etiketten beauftragten Abteilungen vor Ankunft der Ware über zu erwartende Tagesmengen informieren, so daß diese einerseits die Kapazitätsauslastung optimieren können und gleichzeitig die Verweildauer der Ware für die Etikettenauszeichnung reduzieren. Die Ware kommt somit schneller auf die Verkaufsflächen, wodurch sich der Warenumschlag erhöht und somit die Kapitalbindungskosten gesenkt werden können.

(4) Aus der Perspektive der Hersteller schließlich ist eine möglichst schnelle und fehlerfreie Übermittlung sowie die Möglichkeit der automatischen Weiterverarbeitung von Bestelldaten von großem Interesse. Eine zeitgenaue Übermittlung der Bestelldaten ist vor allem für die Produktionsplanung von Bedeutung. Eine um einige Tage früher eingehende Bestellung kann die Qualität der Produktionsplanung vor allem in dem zeitkritischen modischen Bereich entscheidend verbessern. Außerdem ist die Fehlerquote bei der Auftragserfassung und Übermittlung sehr hoch. Dies führt zu Fehlplanungen und hohen Transaktionskosten bei Auseinandersetzungen mit den Handelspartnern. Die automatische Weiterverarbeitung der Bestelldaten schließlich bedeutet eine erhebliche Reduzierung des Verwaltungsaufwandes in der Auftragsbearbeitung. Durch die elektronische Übermittlung von Geschäftsdokumenten können diese Fehlerquellen ausgeschaltet und interne Rationalisierungspotentiale erschlossen werden.

2.2.2 Diffusion des elektronischen Datenaustausches

Die beispielhafte Aufzählung möglicher einzelwirtschaftlicher Zielsetzungen der Einführung des elektronischen Datenaustausches macht deutlich, daß diese höchst unterschiedliche Effekte für die beteiligten Akteure haben kann, die sehr von der Art der konkreten Anwendung abhängen (z.B. Automatisierung von Rechnungsbearbeitung vs. Bestelldatenverarbeitung). Lediglich die Anwendung des elektronischen Datenaustausches für die Rationalisierung des Bestellvorganges läßt für beide Seiten Rationalisierungsvorteile vermuten, wodurch das verbreitete Vorurteil, die Einführung des elektronischen Datenaustausches sei einer der wenigen Fälle der unternehmensübergreifenden Rationalisierung, der für jeweils beide beteiligten Geschäftspartner vorteilhaft ist, verständlich wird (z.B. Nagler 1991). Die obige Diskussion zeigt jedoch, daß eine solche Situation keineswegs von vornherein für alle Anwendungen des elektronischen Datenaustausches unterstellt werden kann.

Die bisherige Darstellung setzt auf einer relativ hoch aggregierten Ebene an, indem einerseits verschiedene Handelsgruppen einander gegenübergestellt werden, andererseits Hersteller- und Handelsperspektive unterschieden werden. Es kann sich jedoch als sinnvoll erweisen, die Perspektive noch weiter zu disaggregieren, z.B. auf der Herstellerseite nach einzelnen Branchen (so ist der Zeitfaktor in den modeabhängigen Branchen wichtiger, der Rationalisierungseffekt der elektronischen Übermittlung von Bestelldaten hingegen in Branchen, die durch kleine Bestellmengen einer großen Anzahl von Kunden gekennzeichnet sind). Die hier 'gewählte' Aggregationsebene dient in erster Linie der Bereitstellung von Informationen, die für das Verständnis der Entwicklung des elektronischen Datenaustausches auf der institutionellen Ebene notwendig sind.

2.2.2.1 Entwicklung eines EDI-Systems für die gesamte Konsumgüterwirtschaft

Im Jahre 1975 fiel in Deutschland die Entscheidung zur Einführung der EAN (Europäische Artikelnummer) als unternehmensübergreifendem, einheitlichen Nummernsystem für die Konsumgüterbranche. 1977 wurde sie offiziell eingeführt (van Gerpen und Seeger 1990). Bereits ein Jahr nach der Entscheidung zur Einführung wurde ein Verfahren des Datenträgeraustausches zur Automatisierung der Rechnungsbearbeitung in den Handelsunternehmen getestet. Grundlage für den Austausch von Datenträgern (Disketten, Magnetbänder, Lochkarten) waren zum einen die EAN und die bbn (bundeseinheitliche Betriebsnummer) bzw. die bbs (bundeseinheitliche Betriebsstellennummer) zur Identifizierung der Rechnungsadressaten (die z.B. im Fall von Einkaufsgenossenschaften von den Rechnungsempfängern verschieden waren), zum anderen die 'abrechnungstechnischen Standardregelungen für Streckengeschäfte in der Lebensmittelwirtschaft' vom 30.7.1973, die von der CCG (Centrale für

Coorganisation) veröffentlicht wurden. Das so entstandene Regelwerk wurde mit dem Namen 'SEDAS-Standardregelungen für die Durchführung eines Datenträgeraustausches in der Lebensmittelwirtschaft' bezeichnet, wobei das Akronym selbst für 'Standardregeln Einheitlicher Datenaustausch-Systeme' steht[13]. An dem Test waren vier Handelsunternehmen (Handelszentralen) und sechs Lieferanten beteiligt. Allerdings blieb die Rechtsgrundlage für das Warengeschäft weiterhin der Papierbeleg, der mit den Datenträgern übermittelt werden mußte.

1979 hatte die CCG erstmals einen Vorstoß zur Änderung der umsatzsteuerlichen Bestimmungen zur Anerkennung des Datenträgeraustausches als Rechtsgrundlage ohne ergänzende Papierbelege (98% Einsparung in dem übermittelten Papiervolumen) unternommen. Die Einführung eines weitgehend papierlosen Datenträgeraustausches erfolgte aber erst im Jahr 1984, nachdem es möglich geworden war, aus den übermittelten elektronischen Daten Rechnungsbelege zu reproduzieren, die inhaltlich und qualitativ der ursprünglichen Lieferantenrechnung entsprachen. Unter stillschweigender Duldung der zuständigen Finanzbehörden wurden seither nur noch sogenannte Sammelrechnungen in Papierform übermittelt, die lediglich den Gesamtrechnungsbetrag pro Abrechnungsperiode enthalten. Dieses Verfahren wurde erst 1987 durch das Bundesministerium für Finanzen offiziell anerkannt. 1992 wurden die rechtlichen Regelungen vom Bundesfinanzministerium erweitert. Danach können nun auch die Telekom-Dienste Telefax, Telex und Teletex für die Übertragung der Daten genutzt werden. Außerdem entfällt die Notwendigkeit eines Stempelaufdrucks und einer Unterschrift auf der Sammelabrechnung.[14]

Die Entwicklung der SEDAS-Norm für den Rechnungsverkehr wird innerhalb der CCG von einem Arbeitskreis "Abrechnung und Regulierung" betreut, der sich aus sechs Handels- und sechs Herstellervertretern zusammensetzt, wobei unter den vertretenen Handelsunternehmen vier Einkaufsgruppen sind. Von den vier Einkaufsgruppen waren drei an dem ersten Pilotversuch 1976 beteiligt. Während jedoch bei diesem Pilotversuch auf Industrieseite ausschließlich Unternehmen aus dem Lebensmittelbereich beteiligt waren, stammen die Industrievertreter in dem Arbeitskreis weitgehend aus dem Non-food Bereich.

Die Weiterentwicklung der SEDAS-Norm bezieht sich vor allem auf deren Adaptierung für den elektronischen Datenaustausch, der im Bereich des Rechnungsverkehrs in einigen Pilotprojekten getestet wird.[15] Die Weiterentwicklung (SEDAS II) unterscheidet sich von der ursprünglichen Norm (SEDAS I) vor allem durch variable Feld- und Satzlängen, wodurch Kostenvorteile bei der Übertragung realisiert werden können.[16] SEDAS I wird von etwa 500 Anwendern (Stand 1991) benutzt, wobei die

---

13 Die folgende Darstellung zur Entwicklung von SEDAS beruht auf Monse, Kubicek und Reimers 1994

14 Vgl. Coorganisation, Heft 3, S.13f, 1992.

15 Vgl. in Teil B den Abschnitt 3.2.1.

16 Für den Datenträgeraustausch spielt das Datenvolumen keine Rolle, da zusätzliche Speicherkapazitäten praktisch kostenlos sind.

Norm hier in erster Linie für den Rechnungsverkehr verwendet wird.[17] Unter den Anwendern auf Handelsseite finden sich vor allem die großen Zentralen des Lebensmittelhandels.

Grundlage für die Einführung des Datenträgeraustausches im Rechnungsverkehr auf der Basis von SEDAS I sind bilaterale Absprachen zwischen Handels- und Herstellerunternehmen. Allerdings enthalten die SEDAS-Regeln selbst eine Reihe von Vereinbarungen, die über die reine Definition des Formates und der Datenschlüssel hinausgehen (z.B. Erstellungsrhythmus, Begleitscheine, Art der Belege, Wahl des Datenträgers, Empfehlungen zur Sicherung der Vertraulichkeit, Verarbeitungsvorschriften). Die Einhaltung dieser oder anderer Regelungen muß jedoch zwischen den Geschäftspartnern jeweils neu ausgehandelt werden.

Überlegungen zu einem Übergang von einem System bilateralen Datenaustausches zu einem multilateralen Datenaustauschsystem waren der Ausgangspunkt für erste Versuche zur Installation eines sogenannten 'Bundeskonzentrators' durch die CCG im Jahr 1978. Die Basis für den Datenaustausch waren in diesem Konzept nach wie vor die Datenträger, ein elektronischer Datenaustausch war also noch nicht geplant. In mehreren Studien, die außer von der CCG teilweise auch durch das Bundesministerium für Forschung und Technologie gefördert wurden, sollte die Wirtschaftlichkeit dieses Konzeptes untersucht werden. Dieses Konzept wurde jedoch nicht verwirklicht. Als Grund wird angegeben, daß keine Verfahren für die Datensicherheit und für den Schutz der Vertraulichkeit gefunden werden konnten.

Zusammen mit dem Netzbetreiber General Electrics (GE) hat die CCG im Anschluß an diesen ersten Versuch ein System entwickelt, das unter der Bezeichnung SDS (SEDAS-Daten-Service) seit 1985 angeboten wird. Die Konstruktion dieses multilateralen Datenaustauschsystems sieht vor, daß die Teilnehmer einen Teilnahmevertrag mit der CCG abschließen, die wiederum einen Generalvertrag zunächst nur mit dem Netzbetreiber GE geschlossen hat. Die CCG vergibt die Identnummer an die Teilnehmer, legt Rechte und Pflichten der Teilnehmer[18] fest und stellt den Teilnehmern die anfallenden Benutzungsgebühren in Rechnung. 1989 wurde ein weiterer Netzbetreiber (IBM) in das Angebot der CCG aufgenommen. Der Grund war, daß eine große Einkaufskooperation (EDEKA), die intern IBM-Systeme verwendete, auf die Einbeziehung des IBM-Netzes in den SDS drängte. Seit 1993 können Teilnehmer auch den Datenclearing-Dienst der Deutschen Telekom (TELEBOX.400) über die CCG beziehen. Das System nutzten 1992 insgesamt 122 Unternehmen, davon 22 Handelsunternehmen.

---

17 Vgl. Arbeitsbericht 1991 der CCG.

18 Zu den Pflichten der Teilnehmer zählen insbesondere: ein Aufnahmetest zur Überprüfung der übermittelten Daten auf Übereinstimmung mit den SEDAS-Regeln einschließlich der Übernahme der Kosten für diesen Test, ausschließliche Verwendung der zugeteilten Teilnehmernummer, unverzüglicher Abruf der Daten und an Arbeitstagen mindestens im 24-Stunden Rhythmus.

Für das SDS wurde zunächst das weiterentwickelte SEDAS-Format (SEDAS II) verwendet, das durch seine variablen Satzlängen Kostenvorteile gegenüber dem starren SEDAS I bei der elektronischen Datenübertragung ermöglicht. Da SEDAS jedoch obligatorisch die Verwendung einer EAN-Nummer vorschreibt, ergaben sich Hindernisse für jene Branchen, die der EAN ablehnend gegenüberstehen. Eine entscheidende Wendung hat sich durch die Normung einer internationalen Norm für den elektronischen Datenaustausch durch die ISO 1987 EDIFACT (Electronic Data Interchange for Administration, Commerce and Transport) ergeben. Im Rahmen der europäischen Entwicklung eines EDIFACT-Subsets[19] für die Konsumgüterwirtschaft (EANCOM) hat sich die CCG deshalb dafür eingesetzt, das Format auch für Branchen zu öffnen, die die EAN nicht benutzen. Entsprechende Vorschläge werden derzeit in dem europäischen EAN-Gremium diskutiert, sind aber noch nicht verabschiedet.[20]

2.2.2.2 Entwicklung eines EDI-Systems in der Textilindustrie

Die Idee zur Rationalisierung der Preisauszeichnung im textilen Einzelhandel durch die Einführung einer 'Identnummer' geht auf die Initiative eines Einzelhandelsunternehmens im Textilbereich zurück, das mit dieser Idee 1978 im Rahmen einer Informationsveranstaltung von IBM zum ersten Mal an die Öffentlichkeit trat. Die Idee der Identifikationsnummer sollte auf die spezifischen Bedürfnisse der Bekleidungsbranche eingehen. Die Initiative ist also vor dem Hintergrund der Auseinandersetzung mit der EAN zu sehen, von der sie sich seit Beginn abheben wollte. Der Initiator hat in der Folge ein Datenformat für die elektronische Übermittlung von Bestell- und Rechnungsdaten entwickelt. Als sich 1987 der internationale Standard EDIFACT für den elektronischen Geschäftsdatenaustausch herausbildete, wurde jedoch das eigene Datenformat aufgegeben und die Entwicklung eines entsprechenden EDIFACT-Subsets aufgenommen.

Hier verbanden sich die Interessen des Einzelhandelsunternehmens mit denen einer vertikalen Kooperation in der Textilwirtschaft, die der Verbesserung des Dialoges zwischen den Zulieferunternehmen und Herstellern dient (Dialogkreis Textil-Bekleidung). Der DTB ist aus einem informellen Arbeitskreis, der seit 1982 regelmäßig tagte, hervorgegangen und wurde 1988 als nicht eingetragener Verein institutionalisiert. Die Bemühungen, ein EDIFACT-Subset zu entwickeln, wurden vom

19 EDIFACT-Subsets entstehen dadurch, daß die EDIFACT-Normen den Bedürfnissen einzelner Branchen angepaßt werden, indem diese (meist vertreten durch die jeweiligen Branchenverbände) einerseits die Normen im Rahmen der zulässigen Modifikationen in ihrem Umfang begrenzen und andererseits versuchen, die Entwicklung von EDIFACT-Normen aktiv zu beeinflussen.

20 Vgl. "Systeme und Dienstleistungen für die Textilwirtschaft", Informationsschrift der CCG, Köln, 1991.

DTB vor allem hinsichtlich der Einführung von Quick-Response Konzepten[21] in der Textil- und Bekleidungsindustrie verfolgt. Die Entwicklung des EDIFACT-Subsets wurde seither in einer Arbeitsgruppe des DTB, "Marktorientierte Informationssysteme zwischen Textil, Bekleidung und Handel" fortgeführt.

Ein erster Versuch, ein solches Subset von dem zuständigen Normungsgremium, dem EDIFACT-Board für Europa, anerkennen zu lassen, ist 1990 gescheitert. Dies lag vor allem daran, daß die Struktur von EDIFACT verändert wurde. Die EDIFACT-Syntax sieht vor, daß für jede einzelne Artikelvariante (v.a. Farbe und Größe) ein neuer Datensatz verwendet werden muß. Die übrigen Artikeldaten bleiben aber über die verschiedenen Varianten gleich (z.B. eine Hose eines bestimmten Modells). Durch dieses Verfahren müßte also ein Teil der Daten redundant übertragen werden, was zu einer Erhöhung der Übertragungskosten führen würde. Der Vorschlag des DTB bestand darin, alle Varianten eines Artikels zusammenzufassen. Dieser Vorschlag war aber für das EDIFACT-Board nicht akzeptabel, da die Struktur des EDIFACT-Formates hierdurch zu stark verändert worden wäre. Ein erneuter Kompromißvorschlag sah vor, daß nur noch die Größen-Merkmale zusammengefaßt werden, nicht jedoch die Farbmerkmale. Hierdurch sollten die Kosten im Vergleich zu der Vollversion des EDIFACT-Formates um das Sechsfache reduziert werden können. Jedoch hat die CCG mit ihrem Vorschlag, das EANCOM-Subset für Nichtnutzer der EAN zu erweitern, ebenfalls eine Möglichkeit der Erweiterung von Bestellungen um mehrere Artikelvarianten ohne die Notwendigkeit zur Wiederholung der Artikelnummer eröffnet, so daß die spezifischen Kostenvorteile durch das EDITEX-Subset im Vergleich zu dem EANCOM-Subset weitgehend verschwinden.

Die weitere Entwicklung der Initiative ist gekennzeichnet durch den Versuch einer Institutionalisierung und Absicherung des Prozesses. Zum einen war man bemüht, in Pilotprojekten die Vorteile des elektronischen Datenaustausches zu verdeutlichen. Die Unternehmen, die sich für Pilotprojekte zur Verfügung stellten, waren zugleich Mitglieder der Arbeitsgruppe "Marktorientierte Informationssysteme" im DTB, die sich wiederum in zwei Untergruppen aufteilte, je einen Arbeitskreis zu den Themen "Textil/Bekleidung" und "Bekleidung/Handel". Zum anderen wurde versucht, eine Integration von ähnlichen Projekten auf europäischer Ebene zu erreichen. Im Dezember 1990 wurde in München eine informelle Organisation "EDITEX-Europe" gegründet, die 1992 nach belgischem Recht und mit Sitz in Brüssel institutionalisiert wurde.[22] EDITEX-Europe setzt sich zusammen aus Industrie-

---

21 Das Quick-Response Konzept wurde in den USA entwickelt und 1988 von der Unternehmensberatung Kurt Salmon Associates im Rahmen eines Informationsseminars in Deutschland vorgestellt. Diese Initiative wurde damals von den Verbänden der Textil- (Gesamttextil) und der Bekleidungsindustrie (Forschungsgemeinschaft Bekleidungsindustrie) unterstützt. Vgl. "Quick Response. Neue Formel der Partnerschaft in der Textilwirtschaft", Frankfurt 1988.

22 Neben den Repräsentanten der nationalen EDITEX-Initiativen wird EDITEX-Europe von folgenden europäischen Verbänden getragen: ECLA (European Clothing Association), COMITEXTIL (Coordination

gruppen aus Finnland, Frankreich, Deutschland, Griechenland, Holland, Italien, Portugal, Spanien und dem Vereinigten Königreich.

Gleichzeitig mit der Initiative zur Entwicklung eines EDIFACT-Subsets hat das Handelsunternehmen ein Konzept für einen Netzbetrieb erarbeitet und umgesetzt (Datenzentrum Einzelhandel, DZE). Als Netzbetreiber fungiert das Handelsunternehmen selbst, wobei es mit dem Netzanbieter IBM kooperiert. Seine Funktion bestand darin, eine Clearingstelle für die Umsortierung und Weiterleitung der Daten bereitzustellen; darüber hinaus sollten weitere Dienste angeboten werden. Diese weiteren Dienste beziehen sich auf Betriebsvergleiche, Marktanalysen, die Errichtung einer Datenbank tagesaktueller Angebote der Bekleidungsunternehmen und die Erstellung elektronischer Kataloge. Für die Übermittlung der Daten sollte das IBM-Netz genutzt werden. Die Teilnahme an dem Netzwerk wird durch einen Generalvertrag geregelt. Jeder Teilnehmer schließt nur einen Vertrag mit dem DZE ab und kann hierdurch jeden anderen Teilnehmer erreichen. In diesem Vertrag wird spezifiziert, welche Formen des Geschäftsverkehrs der Teilnehmer anbietet.

Das Datenzentrum ist seit Mitte 1990 in der Lage, Daten zu übertragen. Es wurden mehrere Pilotprojekte gestartet mit dem Ziel, Teilnehmer auf Handels- und Herstellerseite von den Vorteilen des neuen Dienstes zu überzeugen. Das Projekt ist jedoch bis heute nicht über dieses Pilotstadium hinausgediehen. Der Arbeitskreis "Marktorientierte Informationssysteme" beim DTB, der sich zwischenzeitlich zunächst in "Arbeitskreis Quick-Response" und dann "Wertschöpfungsgemeinschaft" umbenannt hatte, hat seine Aktivitäten weitgehend eingestellt, nachdem einige Mitglieder versucht hatten, ihn zunächst als reine Benutzervereinigung zu etablieren, indem das DZE als Anbieter ausgeschlossen werden sollte (Stadium: Wertschöpfungsgemeinschaft).

Das DZE war maßgeblich an der Gründung der europäischen EDITEX-Initiative beteiligt. Die Entwicklung seit 1990 ist jedoch durch den Versuch der deutschen Verbände auf den drei textilen Stufen (Textil, Bekleidung und Einzelhandel) gekennzeichnet, die Kontrolle über den Normungsprozeß zur Entwicklung von EDIFACT-Subsets zurückzugewinnen, nachdem sie durch den DTB im Rahmen der Quick-Response-Initiative zunächst aus diesem Bereich verdrängt worden waren. Die deutschen Repräsentanten in EDITEX-Europe waren zunächst das DZE und die Forschungsgemeinschaft Bekleidungsindustrie als Unterorganisation des Bundesverbandes der deutschen Bekleidungsindustrie (BBE). Im September 1993, nach einem Treffen aller nationalen Repräsentanten von EDITEX-Europe, distanzierte sich der BBE jedoch zunehmend von dem DZE. Die drei Verbände haben nun vereinbart, eine gemeinsame Initiative "EDI in der Textilwirtschaft" zu starten, die sich nicht auf ein einzelnes System oder Subset festlegen will. Vielmehr sollen unterschiedliche Systeme entsprechend den Wünschen der Teilnehmer empfohlen werden. Als Kom-

Committee for the Textile Industries of the European Community) und AEDT (Association Européenne des Organisations Nationales des Commerciales Detaillante en Textile).

promißformel hat sich dabei die Trennung der textilen Wertschöpfungskette herausgestellt, indem textilspezifische Bedürfnisse vor allem für den elektronischen Datenaustausch zwischen Textil- und Bekleidungsherstellern verortet werden (dies betrifft z.B. technische Informationen für die Weiterverarbeitung von Stoffen). In der Kommunikationsbeziehung zwischen Handel und Bekleidungsherstellern soll jedoch weitgehend das SDS-System mit dem Standard EDIFACT-Subset EANCOM empfohlen werden.

2.2.2.3 Entwicklung von EDI-Systemen in anderen Branchen der Konsumgüterwirtschaft

Neben den beiden Systemen für einen multilateralen Datenaustausch SDS und DZE lassen sich eine Reihe von weiteren Initiativen in der Konsumgüterwirtschaft identifizieren, die sich vor allem um bestimmte Subsets herum entwickelt haben. Im folgenden sollen solche Initiativen aus der Möbelbranche, der Kosmetikbranche und der Phonoindustrie kurz vorgestellt werden, um abschließend auf neue Entwicklungen beim DIN einzugehen, die als Reaktion auf die sich entwickelnde Flut neuer EDIFACT-Subsets zu verstehen sind (vgl. zu den Ausführungen im einzelnen Monse, Kubicek u. Reimers, 1994; Biervert, Monse, Bruns u. Reimers 1992; Monse u. Reimers 1993).

In der Möbelbranche fließen unterschiedliche Entwicklungslinien in einer Initiative zusammen, die ähnlich wie das System des DZE oder des SDS im Kern aus der Errichtung einer Clearingsstelle (EDIDATA) besteht. Die EDIDATA-Initiative geht zurück auf ein System, das in der Küchenmöbelindustrie zunächst in Deutschland eingeführt worden war.[23] Das Konzept für das zu errichtende System hatte zum Ziel, den Austausch von Produktdaten auf Datenträgern zwischen Herstellern hochwertiger Küchen und dem spezialisierten Einzelhandel (Küchenstudios) rationeller zu organisieren. Zwischengeschaltet waren Softwarehäuser, die Küchenplanungssysteme entwickelten und vertrieben. Für diese Küchenplanungssoftware müssen die Katalogdaten der Hersteller in elektronischer Form erfaßt werden. Eine Initiative von Softwarehäusern, Einkaufskooperationen und Herstellern begann 1984 mit der Entwicklung eines einheitlichen Datenformates für die Erfassung der Produktdaten, das jedoch zunächst nicht akzeptiert wurde. 1990 wurde ein zweites Datenformat fertiggestellt (AMK-Datenformat) und gleichzeitig eine eigene Organisation für die Erfassung der Daten geschaffen (DATAFORM), das weitaus erfolgreicher war. Heute umfaßt das Netzwerk 120 Softwarehäuser aus dem In- und Ausland und 150 Hersteller (damit sind im Inland jeweils nahezu 100% der Unternehmen Teilnehmer).

1991 etablierte sich eine Gruppe unter der Beteiligung von Herstellern und Softwarehäusern der DATAFORM sowie den Verbänden des deutschen Möbeleinzel-

---

23 Vgl. zu den folgenden Ausführungen Biervert, Monse, Bruns und Reimers 1992.

handels (BVDM) und der deutschen Möbelindustrie (VDM), deren Ziel die Entwicklung eines EDIFACT-Subsets für die Möbelbranche war (EDIFURN). Die Gruppe bezeichnete sich als EDIFURN-Lenkungsausschuß und gründete ein Koorganisationsbüro (EDIFURN-Coorgabüro). Grundlage für das zu entwickelnde Subset sollte das AMK-Datenformat sein.[24] Das EDIFACT-Subset wurde im Auftrag durch ein Softwarehaus (CEFIC) entwickelt. EDIFURN war 1992 für die Dokumente 'Bestellung' und 'Auftragsbestätigung' fertiggestellt. Ein im Herbst 1992 gestartetes Pilotprojekt scheiterte jedoch, da kaum Pilotteilnehmer zu finden waren. Als Gründe hierfür werden von dem Geschäftsführer der DATAFORM mangelndes Know-how und mangelnde Investitionsbereitschaft in der Möbelindustrie angegeben.

Im Anschluß daran haben sich zwei Akteure um die Weiterentwicklung bemüht. Diese beiden Akteure sind zum einen die DATAFORM, zum anderen der Verband des Möbeleinzelhandels. Die DATAFORM plant die Errichtung einer Mailbox (EDIDATA), wobei eine erste Präsentation des Systems für Dezember 1993 geplant war. Neben der Übermittlung von Bestellung und Rechnung sowie weiterer warenbegleitender Dokumente soll auch eine Implementation für den elektronischen Zahlungsverkehr in dieser Präsentation demonstriert werden. An der Pilotimplementation sollen teilnehmen: eine Bank, einige Softwarehäuser der DATAFORM, zwei Hersteller und eine Einkaufskooperation. Diese Einkaufskooperation war maßgeblich an der Entwicklung des AMK-Datenformates beteiligt. Es ist bisher noch keine Festlegung auf ein bestimmtes Datennetz erfolgt. Die EDIDATA-Initiative wird von dem Bundesverband der deutschen Möbelindustrie unterstützt.

Parallel zu der EDIDATA-Initiative plant ein von dem Verband des deutschen Möbeleinzelhandels gegründetes Softwarehaus (EDIROP) gleichfalls die Errichtung eines Datennetzes für die Unterstützung des elektronischen Datenaustausches in der Möbelbranche. Für das Datenclearing soll der Clearingdienst der Telekom (TELEBOX.400) genutzt werden. Das Softwarehaus EDIROP plant, eine eigene Warenwirtschaftssoftware zu vertreiben, die unter anderem ein EDI-Modul umfaßt. Chancen rechnet sich diese Initiative zuvorderst durch den leichten Zugang zum Möbeleinzelhandel über die Mitglieder des Verbandes aus. Die meisten installierten Warenwirtschaftssysteme werden jedoch von den in der DATAFORM organisierten Softwareunternehmen kontrolliert und betreut. Der Verband des deutschen Möbeleinzelhandels beansprucht darüber hinaus Copyright-Rechte an dem EDIFACT-Subset EDIFURN. Dieser Versuch erscheint jedoch problematisch, da die Entwicklung von EDIFURN vom Bundesministerium für Wirtschaft finanziell unterstützt wurde.

Das EDI-Projekt in der Kosmetikbranche geht ebenfalls auf die Initiative eines Verbandes (VKA, Verband der Vertriebsformen kosmetischer Erzeugnisse) zurück. 1992 beauftragte der VKA ein Softwarehaus (GLI) mit der Entwicklung eines EDIFACT-Subsets für die Kosmetikindustrie (EDIKOS). Zunächst sollten Subsets für den Rechnungs-, Bestell- und Stammdatenaustausch geschaffen werden. Das Haupt-

24 Neben dem AMK-Datenformat für Produktdaten gab es ein AMK-Datenformat für Rechnungsdaten.

argument für die Entwicklung eines eigenen Subsets (neben EANCOM) bestand darin, daß EANCOM auf einer älteren Version von EDIFACT (dem sogenannten 90.2 Directory) beruht, für die Kosmetikindustrie jedoch das neuere 92.1 Directory[25] verwendet werden sollte. Innerhalb des europäischen EAN-Normungsgremiums ist jedoch mittlerweile entschieden worden, EANCOM innerhalb von zwei Jahren auf das neue 92.1 Directory umzustellen (Stand: August 1993).

Die Entwicklung von EDIKOS wurde von dem Softwarehaus durch eine Fragebogenaktion bei den beteiligten Pilotunternehmen auf Hersteller- und Handelsseite eingeleitet. In dieser Fragebogenaktion sollten die Kommunikationsbedürfnisse (Geschäftspartner für den elektronischen Datenaustausch) und die technische Ausstattung der Pilotteilnehmer erfaßt werden. Unter den Pilotteilnehmern waren sieben Hersteller und fünf Handelsunternehmen, davon drei Einkaufsgruppen. Der Kreis der Pilotteilnehmer wurde auf Wunsch des Softwarehauses zunächst nicht erweitert (wie von dem Verband beabsichtigt). Der Echtbetrieb sollte im Herbst 1993 aufgenommen werden und zwar sowohl mit dem IBM-Datennetz und -Clearingservice als auch dem öffentlichen Netz der Deutschen Telekom und deren Mailbox (TELEBOX.400).

Die EDI-Initiative in der Phonoindustrie geht auf den Bundesverband der Phonographischen Wirtschaft zurück, der für den Prozeß der Errichtung und Weiterentwicklung des Netzwerkes eine eigenständige Firma gegründet hat (Phononet). Ziel dieser Gründung war die Neutralisierung der Effekte, die durch eine einseitige hersteller- oder handelsseitige Kontrolle des Entwicklungsprozesses entstehen können. Mit der Entwicklung der Software und der Auswahl der Hardware für die Einzelhandelsunternehmen wurde ein Softwarehaus beauftragt (Inovis); die Betreuung des Netzwerkes übernimmt ein Tochterunternehmen des Softwarehauses (Inovismedia). Ziel der Initiative ist die Stärkung des Facheinzelhandels als einem eigenständigen Distributionsweg, da die Großvertriebsformen des Einzelhandels jeweils nur ein sehr enges Sortiment von Phonoartikeln (v.a. CDs) vertreiben (die sogenannten "Top 100"). Der Facheinzelhandel ist demgegenüber in der Lage, auch Artikel außerhalb dieses engen Sortiments zu verkaufen.

Nachdem Verhandlungen mit der CCG gescheitert waren, entschloß man sich 1992 zu der Entwicklung eines eigenständigen Netzsystems. Zwar stellte in diesem Fall die EAN-Abhängigkeit des SDS kein Problem dar (die Produkte sind zum allergrößten Teil EAN-codiert), wohl aber die Gebührenstruktur und die Serviceleistungen des Hauptnetzbetreibers im SDS, General Electrics, die insbesondere für kleinere Handelsunternehmen ein ernsthaftes Hindernis darstellen. Das entwickelte Subset entspricht weitgehend dem EANCOM-Subset der Konsumgüterwirtschaft. Für die Datenübertragung können alle öffentlichen Netzdienste genutzt werden (Telefonnetz, Datex P-Dienste und ISDN). Nach einem Jahr des Betriebes nehmen

---

25 Die ersten Ziffern vor dem Punkt stehen für das Jahr der Veröffentlichung, die Ziffer nach dem Punkt für den Status als Norm. Der Status "1" bedeutet "Vorläufige Norm" (Draft), status "2" steht für die endgültige Verabschiedung als Norm.

150 Unternehmen an dem System teil, darunter 20 Industrieunternehmen, die 80% des Marktumsatzes repräsentieren.

Die Phononet-Initiative hat sich zunächst auf die elektronische Übertragung von Bestellung und Lieferschein konzentriert. Dies verdeutlicht die hohen logistischen Anforderungen in der Distribution von Phonoartikeln. Als ein wesentlicher Engpaß wurde die Pflege der Stammdaten angesehen. Die ursprüngliche Konzeption sah vor, daß alle Hersteller nach einem von Phononet definierten Format alle Änderungen in den Stammdaten im wöchentlichen Rhythmus an Phononet übermitteln, von wo aus sie dann an die Handelsunternehmen weiterverteilt werden sollten.[26]. Es hat sich jedoch herausgestellt, daß die Hersteller Datenschlüssel (z.B. für die Beschreibung der Musikgattung) unterschiedlich verwenden. Deshalb sollen Änderungen der Stammdaten in Zukunft von Phononet überwacht und gegebenenfalls korrigiert werden.

Die zunehmende Entwicklung immer neuer EDIFACT-Subsets[27] hat auf nationaler Ebene Bestrebungen ausgelöst, die Entwicklung zu kontrollieren und, wenn möglich, einzugrenzen. Auf Drängen der Entwickler von EDIFACT-Subsets hat der DIN 1992 eine Registrierstelle für Subsets eingerichtet,[28] die gleichzeitig die eingereichten Subsets auf Konformität mit den EDIFACT-Syntax-Regeln überprüft. Ziel des DIN ist dabei, Doppelentwicklungen möglichst zu vermeiden und Entwicklungen zu vereinheitlichen. Dieses Vorgehen ist jedoch nicht mit dem Europäischen EDIFACT-Board in Brüssel abgestimmt worden. Vertreter des EDIFACT-Boards halten die Prüfung von Subsets auf EDIFACT-Konformität für wenig aussichtsreich. Als Hauptgrund für diese Einschätzung wird angegeben, daß es eine nahezu unbegrenzte Anzahl von zulässigen Kombinationsmöglichkeiten im Rahmen von EDIFACT gibt,

---

26 Bei einem Gesamtbestand von rund 100.000 Artikeln werden monatlich 10.000-20.000 Änderungsmeldungen entgegengenommen.

27 Neben den oben genannten gibt es in Deutschland mindestens noch die folgenden Subsets (die im Gegensatz zu den oben vorgestellten Subsets von der DEDIG-Registrierstelle - siehe unten - erfaßt sind): EDISAN für die Sanitärwirtschaft, DELFOR für den Bereich 'Weiße Ware' (Haushaltselektrogeräte), Siemens-EDIFACT.

28 Nach der Gründung der Deutschen EDI-Gesellschaft des DIN (DEDIG) im Sommer 1993 wurde die Registrierstelle bei der DEDIG angesiedelt.

die alle untereinander inkompatibel sind. Eine Konformitätsprüfung von Subsets würde also den Hauptzweck eines solchen Vorhabens, die Sicherstellung der Kompatibilität von Subsets, nicht erreichen.

Teil B ISDN-Datenverbund: Modellprojekt einer stufenübergreifenden Unternehmensvernetzung zwischen Einzelhandel, Einkaufskooperation und Industrieunternehmen

Durch die Initiative der Handelszentrale einer Einkaufskooperation mittelständischer Einzelhandelsunternehmen zum Aufbau eines überbetrieblichen Informations- und Kommunikationsnetzes auf der Basis des ISDN entsteht die Option für die Unternehmen auf der Einzelhandelsstufe, über dieses technische Dienstleistungsangebot Datenverbindungen bis zur Lieferantenstufe aufzubauen. Das ISDN ist die netztechnische Infrastruktur für die Realisierung dieser Vernetzungskonzeption, in der aus der Sicht der Handelszentrale in Kooperation mit vor- und nachgelagerten Unternehmen - Einzelhandelsstufe und Zulieferer - gemeinsame Vorgehensweisen zur Steuerung und Kontrolle des Waren-, Informations- und Kapitalflusses entwickelt und mit dem Ziel einer optimalen Gestaltung umgesetzt werden sollen. Der Verlauf dieses Innovationsprozesses während der Initiierungsphase des Modellprojekts bildet den Gegenstand der Ausführungen dieses Kapitels. Es geht darum, in diesem Forschungsfeld die Gründe für den Aufbau einer unternehmensübergreifenden ISDN-basierten Dienstleistungs- und Kommunikationsinfrastruktur herauszuarbeiten und die damit verbundenen Umsetzungsanforderungen und -schwierigkeiten aufzuzeigen.

Der Fokus unserer dahingehenden Rekonstruktion ist in der folgenden Darstellung daher zunächst auf die Entwicklung der Organisation der zwischenbetrieblichen Austausch- und Leistungsbeziehungen zwischen Handelszentrale und den verbundenen Einzelhandelsunternehmen und deren informationstechnischer Unterstützung gelegt. Diese kann nur vor dem Hintergrund der historischen Entwicklung und Veränderung des Unternehmensverbundes und seiner zentralen wettbewerbsstrategischen Herausforderungen und Funktionen angemessen verstanden werden (1.). Anschließend gehen wir am Beispiel von drei Pilotinstallationen auf konkrete Umsetzungs- und Gestaltungsaktivitäten bei der Implementierung des überbetrieblichen Datenverbunds ein (2.). Danach öffnen wir diesen Fokus auf die Ebene der Lieferantenstufe. In die schwierigen Bedingungen, unter denen sich - wie im vorherigen Teil dargestellt - die informationstechnische Umsetzung der Unternehmensvernetzung vollzieht, ordnen sich die Pilotinstallationen des elektronischen Datenaustausches zwischen der Einkaufskooperation und Industrieunternehmen und die damit verbundenen Vernetzungsinitiativen ein, die wir im abschließenden Kapitel behandeln werden (3.).

1. Mitglieder-Kunden-Netzwerkpartner: Entwicklungsschritte der Unternehmensvernetzung in einer Einkaufskooperation mittelständischer Handelsunternehmen

Das Modellprojekt zur Nutzung des Leistungsspektrums des diensteintegrierenden digitalen Fernmeldenetzes ISDN für eine stufenübergreifende Vernetzung schließt mit Blick auf die Aktivitäten der Einkaufskooperation als deren bislang prononciertester und qualitativ entwickeltester Ausdruck an die Entwicklung der informations- und kommunikationstechnischen Unterstützung der zwischenbetrieblichen Austausch- und Leistungsprozesse an, die bereits in der ersten Hälfte der siebziger Jahre im Grundsatz auf den Weg gebracht worden ist. Ungeachtet der Geradlinigkeit und der zumindest technischen Konsequenz dieser Entwicklung ist zu berücksichtigen, daß sich nicht nur die technisch-organisatorische Dimension der Unternehmenskooperation im Zeitverlauf weiterentwickelt und verändert hat, sondern daß die Unternehmenskooperation auch insgesamt - bis hin zu ihrer gesellschaftsrechtlichen Ausprägung - der Weiterentwicklung und Veränderung unterliegt.

Diesen Zusammenhängen wird in diesem Abschnitt nachgegangen, wobei hier an die im ersten Teil aufgezeigten (Entwicklungs-)Zusammenhänge durch eine Rekonstruktion der Entwicklung des Einkaufs- und Marketingverbundes und der strategischen Perspektiven des ISDN-Datenverbunds angeschlossen wird. Den Schwerpunkt bilden dabei die strategischen Optionen, die insbesondere auf seiten der Handelszentrale mit der Entwicklung und Organisation der informationstechnischen Unterstützung der zwischenbetrieblichen Austauschbeziehungen verbunden werden (1.1). Anschließend wird auf die von der Handelszentrale angebotenen Informationsverarbeitungs- und Transaktionsdienstleistungen, deren Konzeption im Rahmen des ISDN-Datenverbunds und die für die technische Entwicklung zentralen Akteure eingegangen (1.2). Die technische Konzeption des ISDN-Datenverbunds selber wird abschließend dargestellt (1.3).

1.1 Strategische Perspektiven eines elektronischen Datennetzes: Die Handelszentrale als "Spinne" im Netz der überbetrieblichen Informationsbeziehungen

Die Geschichte des Einkaufs- und Marketingverbundes mittelständischer Einzelhandelsunternehmen geht zurück bis zur Gründung einer Einkaufsgenossenschaft von Geschäftshäusern im Rheinisch-Westfälischen Raum im Jahre 1921. Das Warensortiment der Großeinkaufsgenossenschaft wird zehn Jahre später von Haushaltswaren auf Textilien und Lebensmittel ausgeweitet. Nun werden auch Textilfachgeschäfte und Kaufhäuser, insbesondere Einheitspreisgeschäfte, in die Genossenschaft aufgenommen, wodurch ein Einkaufsverband für alle Gegenstände des täglichen Bedarfs entsteht.

Der traditionelle Grundgedanke der Einkaufsgenossenschaften, die Bündelung von Aufträgen und damit von Marktmacht zur Erzielung günstiger Einkaufs- und Lieferkonditionen bei Herstellern und Lieferanten, nimmt bis heute einen zentralen Stellenwert in den Orientierungen der im Unternehmensverbund zusammengeschlossenen Einzelhandelsunternehmen ein. Trotzdem, oder gerade deshalb, darf nicht übersehen werden, daß die Funktionen der Handelszentrale einem fortdauernden Prozeß der Ausdifferenzierung, Erweiterung und Veränderung unterliegen. Dieser Prozeß kann wechselseitig als Voraussetzung und Folge des Größen- und Umsatzwachstums des Einzelhandelsverbundes sowie als Ausdruck eines aktiven und reaktiven Einbezugs von sich dynamisch entwickelnden Umwelt- und Wettbewerbsbedingungen in seine (Unternehmens-) Entwicklung und wettbewerbsstrategische Ausrichtung begriffen werden. Die zentralen Eckdaten dieser Entwicklung sind seit der Währungsreform zunächst einmal der Neuaufbau der Handelszentrale und ihrer westdeutschen Einkaufshäuser unter neuem Namen. In den fünfziger Jahren entwickelt sich der Einkaufsverband durch den Aufbau eigener Dienstleistungsabteilungen in Richtung einer Full-Service-Genossenschaft weiter, die ab Ende der sechziger Jahre verstärkt mit anderen west- und nordeuropäischen Einkaufsgruppen kooperiert und mit Hilfe weltweit angesiedelter Einkaufsvertretungen eine international orientierte Beschaffungspolitik betreibt.

Einige der im vorherigen Teil aufgezeigten neuen Entwicklungen in der Konsumgüterdistribution spiegeln sich in der aktuellen Marktpositionierung wider, die in einem veränderten Aufgabenverständnis der Handelszentrale zum Ausdruck kommt. Das Unternehmen versteht sich heute als "Spezialversorger für Kaufhausunternehmen", dessen spezielle Fähigkeiten in der Versorgung mit der richtigen Ware und der Beratung und Bereitstellung von Dienstleistungen für Einzelhandelsunternehmen bestehen. Das Unternehmen stellt dem kooperierten Einzelhandel als "externes Management" Handelsleistungen, insbesondere die Vermittlung von Waren und Sortimenten sowie Dienstleistungen, insbesondere in den Bereichen Marketing und Vertrieb sowie Unternehmensberatung zur Verfügung. Unveränderter Ausgangspunkt der Unternehmensaktivitäten bleibt die traditionelle Aufgabe, als Bündelung von Marktmacht für den Handel Verhandlungsaufgaben gegenüber den Lieferanten und die zentrale Bearbeitung von Verwaltungsfunktionen zu übernehmen. Das strategische Ziel, das von der Handelszentrale verfolgt wird, ist die Absicherung der Kundenbasis, indem diese durch verschiedene Maßnahmen in den Aktivitätsfeldern - Ausweitung und Spezialisierung des Sortiments, Ausbau des Beratungs- und Dienstleistungsgeschäftes - in stärkerem Maße gebunden werden. Ein Schritt in diese Richtung ist die Professionalisierung der Sortimentsaktivitäten, im Sportartikelbereich beispielsweise durch die Gründung einer Einkaufsgesellschaft für Sportfachgeschäfte.

Daraus leiten sich verschiedene Tätigkeitsbereiche bzw. Geschäftsarten ab, die den Kern der Unternehmensaktivitäten ausmachen:

- *Zentralregulierungsgeschäft/Direktgeschäft:* Hierbei handelt es sich um den angestammten Tätigkeitsbereich der Handelszentralen. Die kooperierten Handelsunternehmen bestellen bei den Vertragslieferanten zu den vereinbarten Konditionen. Die Handelszentrale übernimmt das Delkredere, d.h. sie bürgt für die Zahlung des Handelsunternehmens gegenüber dem Hersteller (Bankenfunktion). Die auf das einzelne Handelsunternehmen ausgestellten Rechnungen werden zentral reguliert, d.h. die Hersteller schicken ihre Rechnung gebündelt an die Handelszentrale, die diese dann auf die Kunden aufteilt (Clearingfunktion). Im Jahr 1992 wurden in dieser Geschäftsart 1.038,2 Mill. DM umgesetzt.

- *Eigengeschäft/Streckengeschäft:* Die Handelszentrale bestellt auf eigene Rechnung bei den Lieferanten und verkauft die Ware an die kooperierten Handelsunternehmen auf Musterungen (Verkaufsveranstaltungen). Dies schließt entweder eine eigene logistische Abwicklungsleistung ein, die durch ein Tochterunternehmen in der Rechtsform einer GmbH erbracht wird, oder die logistische Abwicklung erfolgt aus Gründen der Transportkostenersparnis durch den Lieferanten direkt zum Handel. Die Rechnungsabwicklung erfolgt hierbei wiederum zentral über die Handelszentrale. Allerdings wird die Rechnung auf die Einkaufszentrale ausgestellt, die dann die Aufteilung und Belastung der einzelnen Handelsunternehmen vornimmt.

- *Delkredere/Vermittlungsgeschäft:* Von geringer und abnehmender Bedeutung sind das reine Delkrederegeschäft, in dem die Handelszentrale auch für nicht gelistete Artikel gegenüber Vertragslieferanten Banken- und Clearingfunktion übernimmt und das Vermittlungsgeschäft, in dem lediglich Geschäftsbeziehungen zwischen Handelsunternehmen und Industrie herbeigeführt werden.

Als Mitgliedsunternehmen, die auf diese Leistungen zugreifen, sind dem Einkaufs- und Marketingverbund 1992 insgesamt etwa 900 Einzelhandelsbetriebe unterschiedlicher Vertriebsformen und -größen angeschlossen. Davon gehören 625 Betriebe zu den rund 400 westdeutschen Verbundmitgliedern, die im Geschäftsjahr 1992 nahezu 75 Prozent des Einzelhandelsumsatzes des Verbundes von insgesamt circa 7,1 Milliarden DM erzielten.

Zudem ist die Handelszentrale im Rahmen von Expansionsstrategien, insbesondere durch die Übernahme einer Kaufhaus-Gruppe und den direkten Einstieg in Kaufhausstandorte in Ostdeutschland seit 1992 selber auf der Ebene des Einzelhandels aktiv, auf der mittelfristig eine wirtschaftlich tragfähige Größenordnung angestrebt wird. Kennzahl ist hier ein Umsatzvolumen von etwa 500 Mill. DM. Das Engagement auf der Einzelhandelsstufe folgt dem Leitbild des selbständigen Kaufhausunternehmens, das eigenständig seine Sortimente gestaltet, d.h. zentrale, den Filialisten vergleichbare Eingriffe in die Geschäftsführung sind konzeptionell nicht vorgesehen. Damit gliedert sich der Handel als eines der drei Kerngeschäfte zukünftig in eine Großhandels-/Einkaufsfunktion und eine Einzelhandelsfunktion.

Die neue Positionierung der Handelszentrale als Dienstleistungsunternehmen wird zu Beginn der 90er Jahre mit dem Wandel der Rechtsform in eine Aktiengesellschaft und dem Gang an die Börse zum Ausdruck gebracht, was sich auch auf die Eigentümerstruktur und die Geschäftsbeziehungen ausgewirkt hat. Neben einem Warenhauskonzern, der zu einem Viertel am Stammkapital der Handelszentrale beteiligt ist, wandeln sich die 400 Unternehmerpersönlichkeiten einer Einkaufskooperation zu Aktionären und Kunden eines Verbund-Dienstleisters, womit ein anderes Unternehmensverständnis einhergeht. Mit dieser Veränderung des gesellschaftsrechtlichen Status und - in ersten Schritten - auch der Aktionärsstruktur der Handelszentrale werden ihr zumindest im Grundsatz erweiterte unternehmenspolitische Handlungsspielräume eröffnet, zugleich aber auch erweiterte Publizitäts- und Rechtfertigungspflichten geschaffen und der Erfolgszwang zur Erhaltung und Steigerung des 'Shareholder-Values' verstärkt.

Als zentrales und beständiges Datum in den Umweltbedingungen des Einkaufsverbundes muß das Wettbewerbsverhältnis zu den großen Warenhauskonzernen und anderen Großbetriebsformen des Handels gelten. Letztere weisen zumeist hohe Kostenvorteile auf, weil sie nicht nur aufgrund ihrer hohen Umsatzvolumina über eine vergleichsweise größere Marktmacht verfügen, wodurch sich teilweise erhebliche ökonomische Skaleneffekte realisieren lassen, sondern ebenso eine größere Organisationsmacht aufweisen. Dies gilt insbesondere in bezug auf die Möglichkeiten, in ihren Filialnetzen oder in ausgewählten Teilbereichen flexibel Markt- und Wettbewerbsstrategien umzusetzen. Die Planung der geschäftlichen Maßnahmen, die Ausrichtung der Angebots- und Sortiments- wie auch der Einkaufspolitik kann sich hierbei auf eine breite Informations- und Datenbasis stützen, die in den Filialen marktnah erzeugt wird und den Zentralabteilungen uneingeschränkt zur Verfügung steht

Im Vergleich dazu sieht sich die Handelszentrale aufgrund ihrer zweistufigen Organisationsform (Großhandel und Einzelhandel institutionell getrennt) entscheidend im Nachteil, wenn es im Wettbewerb um Informationsvorsprünge in den Bereichen Warenwirtschaft, Marktinformation und Finanzdisposition geht. Den unbestreitbaren Vorteilen des dezentralen Unternehmensverbundes, die insbesondere in den unternehmerischen Entscheidungs- und Verantwortungskompetenzen bei den Mitgliedsunternehmen gesehen werden, die in ihren Standortumfeldern über detaillierte Markt- und Wettbewerbskenntnisse verfügen, stehen erhebliche "Informationsverluste" gegenüber, die bis dato durch die Unterstützungs- und Dienstleistungsangebote der Handelszentrale nur ansatzweise aufgefangen werden können und denen durch den Aufbau eines ISDN-basierten strategischen Informationssystems begegnet werden soll.

Die Gründe, warum die Aktivitäten zum Aufbau eines ISDN-basierten Informations- und Kommunikationsnetzes für Handelsunternehmen überwiegend von der Handelszentrale getragen werden, lassen sich in vier Argumenten zusammenfassen:

(a) In dem Selbstverständnis, als Dienstleister für verbundene Handelsunternehmen tätig zu sein, bedeutet die informationstechnische Unterstützung der Abwicklung des Waren- und Finanzleistungsstroms zum einen den komfortablen und schnellen Datendurchsatz sowohl auf seiten der Einzelhandelsstufe als auch auf seiten der zuliefernden Industrieunternehmen. Dieser Leistungs- und Rationalisierungsaspekt bildet den operativen Kern für das strategische Ziel, durch die überbetriebliche Vernetzung waren- und finanzwirtschaftliche Steuerungsinformationen - von der Einzelhandelsstufe ausgehend - bereitstellen bzw. überhaupt erst gewinnen zu können. Dieser Zugriff ist auf den Ausgleich der Informationsvorsprünge der Zentralen der filialisierten Großbetriebsformen gerichtet. Der entscheidende Nachteil besteht darin, daß die Handelszentrale auf allen Prozeßebenen - Warenfluß, Informationsfluß, Finanzfluß - keinen oder nur einen schlechten Zugang zu den Informationsquellen "Betriebsstätte" und "Kunde" hat - und damit im Kern diesen Wettbewerbsnachteil selber nicht ausgleichen kann.

(b) Bezogen auf den Technikeinsatz in den verbundenen Handelsunternehmen ist zudem selber von spezifischen Bedingungsfaktoren auszugehen. Das ISDN ist zwar inzwischen ein bekanntes und verständliches technisches Konzept, das auch dem Handel als Anwender klare Optionen für die integrierte Übertragung von Daten, Sprache, Text und Bild bietet. Dennoch hat in der Handelspraxis die Anwendung des ISDN nur in wenigen Fällen die Pilotphase bereits hinter sich gelassen. Integrierte Konzepte der Bürokommunikation, ihre Verbindung mit der elektronischen Datenverarbeitung in prozeßorientierten Vorgangssteuerungssystemen und der elektronische Austausch von Daten zur Integration von Geschäftsprozessen sind Anwendungen des ISDN, deren Einführung nicht nur den Handelsunternehmen heute die größten Schwierigkeiten bereitet, sondern die in den meisten Unternehmen, wenn überhaupt, dann noch in den Kinderschuhen stecken.

(c) Mitverantwortlich für die Informationsnachteile ist auch die schwierige gesellschaftsrechtliche Konstruktion im Unternehmensverbund. Die Kunden können als rechtlich selbständige Unternehmen die bisher angebotenen Informationsverarbeitungs- und Beratungsdienstleistungen der Handelszentrale gegen Entgelt in einem vertraglich geregelten Rahmen in Anspruch nehmen - oder eben auch nicht. Ein klarer juristischer Anspruch der Handelszentrale auf die Verwendung der Kundendaten (Marktdaten) besteht hingegen nicht. Beim Stand der technisch-organisatorischen Geschäftsabwicklung, wie er sich vor der Umsetzung des ISDN-Vernetzungsprojektes darstellt, bleiben viele geschäfts- und planungsrelevante Kundendaten außerhalb des Informationssystems des Unternehmensverbunds oder aber finden hierin nur indirekt und in aggregierter Form Eingang.

(d) Im Unterschied zu den zentral geführten filialisierten Großbetriebsformen des Einzelhandels handelt es sich bei der Einkaufskooperation, die immer noch sehr stark durch ihre genossenschaftliche Herkunft geprägt ist, um eine in hohem Maße politische Veranstaltung, in der die Handelszentrale weder für die Kooperationspartner verbindliche Normen oder Handlungspflichten definieren, noch die Durchsetzung von im gemeinsamen Interesse liegenden Maßnahmen über Sanktionsmechanismen steuern kann. Die Kooperationspartner oder -mitglieder können prinzipiell je nach individueller Bewertung der wirtschaftlichen Situationen und Sachverhalte als Einzelunternehmen oder als Mitglied des Unternehmensverbundes entscheiden und handeln. Die Möglichkeiten der Handelszentrale zur Umsetzung geschäftsstrategischer Konzeptionen sind somit im Kern durch jedes einzelne Mitglied bzw. jeden einzelnen Kunden selbst begrenzt. In aller Regel finden sich somit kaum Ansatzpunkte, Maßnahmen in einem Zug mit einer größeren Gruppe von Mitgliedern umzusetzen. Hier ist eine organisatorisch effiziente Regelung der zeit- und kostenintensiven, zum Teil individuell ausgerichteten Überzeugungsarbeit notwendig, um die teilweise beträchtlichen Zeitunterschiede und Verzögerungen zwischen der Entwicklung und Formulierung von Konzeptionen und Strategien einerseits und ihrer kooperationsweiten Umsetzung andererseits handhaben zu können.

Dies macht deutlich, daß sich die Handelszentrale aus unterschiedlichen Gründen nicht nur die Koordination der waren- und finanzwirtschaftlichen Abläufe durch den Zugriff auf die Informationsbeziehungen und die Datenflüsse zwischen den Unternehmen erschließen will, sondern zugleich für das Unternehmen die Notwendigkeit besteht, dieser Problemstellung angemessene Formen einer überbetrieblichen Implementierung zu finden.

Das Instrument, das hierbei im Mittelpunkt steht, ist die Konzeption und der Aufbau eines Informationssystems für die Kommunikation zwischen Einzelhandel, Handelszentrale und Hersteller. Als Dienstleistungsangebot soll dieses System so leistungsfähig und wirtschaftlich sein, daß in erster Linie der Handel keine Veranlassung hat, eine eigene Informationsverarbeitung aufzubauen. Dies schließt insbesondere den Einsatz eines flexiblen Warenwirtschaftssystems ein, mit dem die Steuerungsaufgaben im Handel unterstützt werden. Gerade dieser Bereich ist ein gutes Beispiel dafür, inwieweit in der Informationsverarbeitungs- und Vernetzungsstrategie die Interessen der Handelszentrale einerseits und der Einzelhandelsunternehmen andererseits ineinandergreifen beziehungsweise aneinander gebunden sind. Gelingt es der Handelszentrale, den Einzelhandelsunternehmen leistungsfähige und komfortable Systeme beziehungsweise Softwaremodule für die Disposition, Bestellung, Abrechnung usw. anzubieten, die sich zu einer geschlossenen Warenwirtschaft mit artikelgenauer Bestandsführung ergänzen, dann entspricht ein solches System nicht nur den administrativen, informatorischen und transaktionellen Unterstützungsbedürfnissen der Einzelhandelsunternehmen. Mit einer möglichst flächendeckenden Implementation ist zugleich die Grundvoraussetzung geschaffen für die Bündelung und Kontrolle möglichst des gesamten Informationsflusses zwischen Einzelhandel und Lieferanten durch die Handelszentrale, die ihre eigenen Beschaffungs- und Vertriebswege nur auf der Basis solcher genaueren Informationen optimieren kann. Der Prozeß der Entwicklung und Verbesserung der Softwareanwendungen und Leistungsangebote, die den Einzelhandelsunternehmen von der Handelszentrale angeboten werden, erhält damit für die Initiierung des Vernetzungskonzeptes hohe Bedeutung und bestimmt die Schubkraft des Innovationsvorhabens wesentlich mit. Die *strategische Relevanz* dieses Vorhabens wird dadurch belegt, daß in bezug auf über die Hälfte des Einzelhandelsumsatzes der Mitgliedsunternehmen von knapp über 7 Milliarden DM in 1992 der Handelszentrale keine genauen Informationen darüber zugänglich sind, welche Ware hierfür disponiert und abverkauft wird. Infolgedessen fehlen hier wesentliche Informationsgrundlagen für Entscheidungen darüber, welche Ware beispielsweise ins eigene Lagergeschäft gehört und welche über das Streckengeschäft oder das Zentralregulierungsgeschäft gehandelt werden soll. Der Wert der Informationen über die Zusammensetzung des Umsatzvolumens von circa 4 Milliarden DM, das weitgehend unkontrolliert zwischen Einzelhandel und Lieferanten an der Handelszentrale vorbeiläuft, ist so hoch einzuschätzen, daß man nach Angabe der Handelszentrale im Gegenzug für den Zugriff auf diese Informationen die Dienstleistung der Konvertierung von Kundenaufträgen in beliebige Bestellsysteme der Lieferanten nahezu umsonst anbieten könnte.

Indem also die Handelszentrale auf den direkten Informationsweg zwischen Handel und Hersteller zugreifen will, erschließt sie sich für die eigenen Aktivitäten systematisch das Feld der Disposition des Waren- und Finanzflusses: die "Spinne im Netz", deren Aufgabe darin besteht, durch das technische und organisatorische Bereitstellen von Informationen die Ware sach- und zeitgerecht zu steuern und damit ganz wesentlich die Handelsunternehmen zu unterstützen (vgl. Abb. 7).

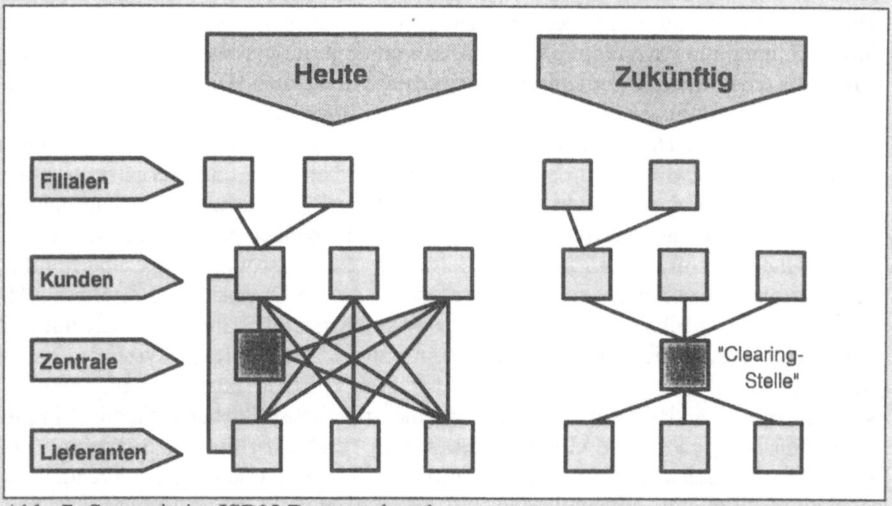

Abb. 7: Strategie im ISDN-Datenverbund

Bei der Implementierung eines solchermaßen vorgedachten strategischen Informationssystems ist jedoch aus Sicht der Handelszentrale zu berücksichtigen, daß es die aufgrund ihrer Ertragssituation begrenzten Möglichkeiten der meisten Mitgliedsunternehmen erforderlich machen, den notwendigen Wechsel der Informationssysteme bei den Mitgliedern nach Maßgabe der dort jeweils vorfindbaren Randbedingungen gestalten zu können. Als prinzipielle Randbedingungen, die, wie wir im Zusammenhang mit der Darstellung der im Projektzeitraum durchgeführten Pilotimplementationen noch genauer sehen werden, bei den verschiedenen Unternehmen unterschiedlich starke Gewichtungen aufweisen, wird verschiedenen Aspekten Bedeutung zugemessen:

(a) Die Einstiegskosten, also die Kosten für den Umstieg auf eine neues Informationssystem, müssen gering gehalten werden, um möglichst vielen Kunden diesen Wechsel finanziell zu ermöglichen. Dies betrifft in erster Linie die Kosten für die erforderliche Datenverarbeitungs- und Telekommunikations-Grundausstattung (Hardware).

(b) Die Neuinstallation bzw. der Wechsel auf das neue Informationssystem darf beim Kunden keine unmittelbaren organisatorischen Veränderungs- und Anpassungsmaßnahmen erforderlich machen und muß während des laufenden Geschäftsbetriebs durchgeführt werden können.

(c) Die Kosten der Nutzung der Dienstleistungen des neuen Informationssystems der Handelszentrale dürfen nicht höher sein als vor dem Wechsel.

(d) Dem Kunden muß der für ihn durch das neue Informationssystem erzielbare Nutzen vermittelt werden können, und zwar im Sinne einer individuellen Problemlösung und/oder durch die Präsentation künftig zu realisierender Anwendungen.

Diese Eckpunkte der Initiierung des neuen Informationssystems bei den Kunden lassen erkennen, daß die Handelszentrale hierbei zunächst von einer Implementationskonzeption unter Minimalbedingungen, das heißt einer einfachen Übertragung der vorhandenen Informationsverarbeitungsanwendungen auf neue Datenverarbeitungssysteme und der vorhandenen Kommunikationsverbindungen auf ISDN als Regelfall ausgeht. Das ISDN-Vernetzungsprojekt schließt damit in seiner ersten Umsetzungsphase unmittelbar und lückenlos an den vorhergehenden Stand der Vernetzung zwischen Handelszentrale und Einzelhandelsunternehmen an. Der hiermit verbundene Infrastrukturwechsel stellt insoweit eine technische Grundvoraussetzung für die Umsetzung der eigentlichen strategischen Netzwerkkonzeption dar.

1.2 ISDN als überbetriebliches Informationssystem: Leitbilder und Institutionen der Technikentwicklung in der Einkaufskooperation

Funktional betrachtet geht es bei dem überbetrieblichen Informationssystem um die Möglichkeiten, die sich aus der Anwendung von ISDN-Techniken für die Daten- und Kommunikationsorganisation mittelständischer kooperierter Handelsunternehmen ergeben. Leitbild der technischen Entwicklung ist die vollständige Integration aller Informationsprozesse zwischen der Handelszentrale und den Kunden. Der Kunde soll mit dem Informationssystem in die Lage versetzt werden, warenwirtschaftliche Auswertungen dezentral vorzunehmen, wobei er im Online-Betrieb auf die dazu erforderlichen Daten, Texte und Bilder zugreifen kann. Hier hat das Modellprojekt seinen zentralen Ansatzpunkt, um neue Formen der ISDN-technischen Unterstützung des Informationsflusses zu evaluieren:

(a) die Abwicklung und Steuerung der *waren- und finanzwirtschaftlichen Datenbewegungen zwischen Einzelhandel und Hersteller* durch die Übertragung von Daten und Bildern über die Handelszentrale

Alle Informationen, die direkt zwischen Einzelhandel und Hersteller ausgetauscht werden, bedienen sich heute im Regelfall herkömmlicher Kommunikationsmedien wie Brief, Telefon oder Telefax. Dies bedeutet nicht nur Zeitverzögerung, sondern auch hohe Abwicklungskosten durch Mehrfacherfassung und -kontrolle, weil ein elektronisches "Durchreichen" gleicher Stamm- und Bewegungsdaten nicht möglich ist. Ziel ist, unter Nutzung der ISDN-Möglichkeiten zur Übertragung von Daten und Bildern zu einer effektiveren und effizienteren Steuerung der Informationsströme zwischen Einzelhandel und Hersteller zu kommen. Im Ergebnis geht es um die Bereitstellung geeigneter Informationen für die Disposition der Ware und die Steuerung der Warenflüsse ebenso wie um die Disposition der eingesetzten Finanzmittel und die Steuerung von Finanzströmen.

Außerdem sind für die Zukunft zwei weitere Projekte als mögliche Bestandteile des ISDN-Datenverbundes und des Leistungsangebots der Handelszentrale angedacht:

(b) die Nutzung der ISDN-Technik zur Übertragung von digitalisierten und mit Texten ergänzten *Warenbildern als spezielle Produktangebote an den Einzelhandel* unter Einschluß der notwendigen Sprach- und Datenkommunikation

Angebote über kurzfristig zu disponierende Aktions- oder Postenware werden von der Handelszentrale in Papierform übermittelt, weil das Bild eine wesentliche Entscheidungsgrundlage bei der Disposition dieser Ware ist. Die Organisation dieses Abwicklungsprozesses vom Hersteller bis in den Handel und zurück ist hoch zeitaufwendig. Ziel ist, unter Nutzung der ISDN-Möglichkeiten zu einer Übertragung von digitalisierten und mit Texten ergänzten Warenbildern als Angebot an den Einzelhandel zu kommen, um im Ergebnis den Produktfluß zwischen Hersteller und Einzelhandel zu optimieren.

(c) die *optische Belegarchivierung* insbesondere von Rechnungen, die über ISDN-Verbindungen dezentral abrufbar sind

Die optisch erfaßten Rechnungen sollen entweder zentral vorgehalten werden, so daß sie von den Kunden im Bedarfsfall abgerufen werden können, oder aber auf CD-ROM gespeichert und den Kunden zur Verfügung gestellt werden. Nur im ersten Fall wird eine Datenkommunikation zwischen der Handelszentrale und den Kunden notwendig. Ob diese Möglichkeit realisiert werden kann, hängt von den rechtlichen Rahmenbedingungen ab, die noch nicht geklärt sind.

Alle neuen Verbindungen sollen ebenso wie alle bisher bestehenden zukünftig auf ISDN-Basis erfolgen. Der Anschluß von Kunden an das Informationssystem der Einkaufskooperation macht jedoch Investitionen auf Kundenseite erforderlich. Hinsichtlich der technischen Vernetzung mit den Einzelhandelsunternehmen bot sich das

ISDN als Netzinfrastruktur aus mehreren Gründen an, wobei die nachstehende Reihenfolge der Nennung keine Gewichtung beinhaltet.

(a) *Prinzipielle flächendeckende Verfügbarkeit in den alten Bundesländern zum Jahreswechsel 1993/94*

Die Verfügbarkeit von ISDN hat nach Angaben der Deutschen Bundespost Telekom zu diesem Zeitpunkt einen Stand erreicht, der die Aussage erlaubt, daß jedem Antragsteller ein ISDN-Anschluß zur Verfügung gestellt werden kann. Flächendeckung bedeutet jedoch in diesem Zusammenhang noch nicht, daß ISDN tatsächlich bereits als ubiquitäre Infrastruktur technisch implementiert wäre. Der technische Ausbau folgt vielmehr dem Auftragseingang für ISDN-Anschlüsse, so daß zwischen Antragstellung und Anschaltung je nach räumlicher Positionierung des Antragstellers unterschiedlich lange Wartezeiten bestehen. Im Projektzusammenhang betrugen diese Wartezeiten nach Auskunft mehrerer Einzelhandelsunternehmen zwischen einigen Wochen und mehreren Monaten bis - im Extremfall - zu einem halben Jahr. In diesen Fällen wird die Datenkommunikation zwischen Einzelhandel und Handelszentrale auch nach der Systemumstellung übergangsweise weiterhin über Datenmodems abgewickelt, wobei jedoch feststeht, daß hierin keine Alternative zur ISDN-Nutzung gesehen werden kann. Die im Zusammenhang mit dem durch die Handelszentrale begonnenen Ausbau der Informationsdienstleistungen zukünftig zu transferierenden Datenvolumina sind auf dieser Basis weder technisch noch ökonomisch sinnvoll zu bewältigen. Der Aspekt der Flächendeckung ist aus der Sicht der Handelszentrale zumindest in der Einführungsphase des unternehmensübergreifenden Netzwerkes in erster Linie dahingehend von Interesse, daß den interessierten Einzelhandelsunternehmen ISDN-Anschlüsse möglichst zeitnah zur Verfügung stehen sollten, um einen Übergangsbetrieb mit Datenmodems und spätere technische Umrüstarbeiten zu vermeiden. Da die Mitgliedsunternehmen der Handelszentrale bundesweit verteilt und teilweise in kleineren und mittleren Städten mit ländlichem Umfeld angesiedelt sind, wird hier jedoch zum Teil noch mit Verzögerungen gerechnet. Gegenüber der Verfügbarkeit von ISDN-Anschlüssen spielt hingegen die von der Teilnehmerzahl im ISDN abhängige Frage der Erreichbarkeit von Kommunikationspartnern via ISDN im Projektzusammenhang im Erhebungszeitraum keine Rolle, da es hier im wesentlichen um die Kommunikation zwischen der Handelszentrale und den Einzelhandelsunternehmen, also um die Realisierung von ISDN-LAN/WAN-Konfigurationen zwischen jeweils zwei Teilnehmern einer genau beschreibbaren Gruppe geht. Im Kern wird hierbei eine weitere ISDN-Insel mit einer genau beschreibbaren Teilnehmergruppe realisiert.

(b) Hohe Datenübertragungsrate

Das zukünftige Informationsdienstleistungsangebot des Mitgliederrechenzentrums der Handelszentrale umfaßt unter anderem die elektronische Übertragung von Lieferscheinen und Rechnungen, Warenstatistiken, Musterungskatalogen mit etwa 70.000 Artikeln pro Musterung sowie Warenbildern als Entscheidungshilfe für die kurzfristige Disposition von Aktions- und Postenware. Hierbei geht es also letztlich um große Datenmengen, die von der Handelszentrale an alle Kunden, die an den Informationsverbund angeschlossen sind, übertragen werden müssen. Bei der Datenfernübertragung mittels Datenmodems lassen sich bei der Übermittlung großer Datenmengen technische und ökonomische Probleme erkennen. Je nach zu übertragendem Datenvolumen ergeben sich selbst bei der Verwendung von High-Speed-Modems mit einer Datenübertragungsrate von 14,4 kbit/s lange Übertragungszeiten, die sich in entsprechend hohen Gebührenaufwendungen niederschlagen. Je nach Datenmenge resultieren hingegen allein durch die Nutzung des ISDN mit einer Basisübertragungsrate von 64 kbit/s je B-Kanal erhebliche Gebührenvorteile, wobei sich jedoch die Verfahren zur Datenkomprimierung und die Nutzung eines Clearingdienstes wie Telebox.400 als noch entscheidender erwiesen haben. Die Fortschritte bei den Datenkompressionsverfahren gestatten, je nach Strukturierung der zu übertragenden Daten, Nettodatenraten von 80 bis 500 kbit/s je B-Kanal. Von zentraler Bedeutung ist ISDN jedoch auch hinsichtlich der Übertragungsqualität und damit der Datensicherheit, die im analogen Telefonnetz als wesentlich geringer einzustufen sind. Letztlich stellt die Diensteintegration im ISDN die technische Grundlage für die integrierte Übermittlung von Bildern, Texten und Sprache zur multimedialen Warenpräsentation dar. Unter Berücksichtigung der Gebühren ist die Nutzung von ISDN gerade in den Bereichen wirtschaftlich, in denen in größerem Umfang Non-Voice-Anwendungen zwischen ISDN-Teilnehmern genutzt werden, wie dies zwischen der Handelszentrale und den Einzelhandelsunternehmen zukünftig geschehen wird.

(c) *Nutzung von Personal Computern für dezentrale Datenverarbeitung und mittels ISDN-PC-Karten als Kommunikationsendgeräte*

Die mangelnde Verfügbarkeit und die hohen Kosten von speziellen ISDN-Endgeräten, zum Beispiel Telefonanlagen, Komforttelefone, Telefaxgeräte, ist über einen längeren Zeitraum als einer der Engpaßfaktoren für die Verbreitung des ISDN angesehen worden. Mit der Verfügbarkeit vergleichsweise preiswerter ISDN-PC-Karten bietet sich die leistungsfähige und kostengünstige Möglichkeit, Standard-PCs auch als multifunktionale Kommunikationsendgeräte zu nutzen und lokale Netzwerke über ISDN miteinander zu verbinden. Für die Einzelhandelsunternehmen entsteht durch den Ersatz der bisherigen Systemplattform der mittleren Datentechnik durch ein PCbasiertes System[1] die Option, je nach eigenen Anforderungen und Möglichkeiten unternehmensinterne und filialübergreifende Vernetzungsstrukturen mit kommunikationsfähigen Arbeitsplätzen zu errichten. Für die weitere Entwicklung im Vernetzungsprojekt der Handelszentrale wird davon ausgegangen, daß in den Einzelhandelsunternehmen in der Regel Netzwerke installiert werden, in die zur Realisierung geschlossener Warenwirtschafts- und Controllingsysteme weitere Peripheriegeräte wie PC-Kassen und Etikettendrucker eingebunden werden können. Die Nutzung von Personal Computern beziehungsweise PC-Netzwerken hat darüber hinaus den Vorteil, daß den Einzelhandelsunternehmen hiermit die Nutzung der gesamten Produktpalette von Standard-Anwendungsprogrammen (Textverarbeitung, Tabellenkalkulation u.v.m.) zur Unterstützung eigener administrativer Aufgaben offensteht. Entsprechende Software wird den Einzelhandelsunternehmen von der Handelszentrale angeboten.

Die Realisierung des ISDN-basierten überbetrieblichen Informationssystems gegenüber den Mitgliedsunternehmen bzw. heutigen Kunden der Einkaufskooperation liegt in erster Linie in den Händen des Mitgliederrechenzentrums der Einkaufskooperation (MRZ). Da die datentechnische Unterstützung der Kunden durch die Handelszentrale seit mittlerweile fast 20 Jahren etabliert ist, wurde zu diesem Zweck ein eigenes Rechenzentrum gegründet, das technisch und organisatorisch weitgehend unabhängig von den internen Systemen der Handelszentrale arbeitet.

Das Mitgliederrechenzentrum löste 1974 ein System externer Buchhaltung und Beratung ab. Begonnen wurde mit 16 (Genossenschafts-)Mitgliedern, für die im wesentlichen die Lohn- und Gehaltsabrechnung abgewickelt wurde. Die Zeit von 1976-79 markiert die Ausbau- und Reifephase des Rechenzentrums. In dieser Zeit wurden alle Systeme bzw. Produkte entwickelt, die heute im Einsatz sind (Finanzbuchhaltung, Regulierung, Warenwirtschaftssystem mit Warenstatistik und kurzfristiger Erfolgsrechnung). Bei Beginn des Forschungsprojekts waren rund 82% der Kunden der Handelszentrale Kunden des Mitgliederrechenzentrums. Das Angebot konzentriert sich auf das mittlere Spektrum der Einzelhandelsunternehmen, wobei ganz kleine und ganz große nicht zu den Nutzern gehören. Allerdings ist man zunehmend bemüht, insbesondere auch die großen Kundenunternehmen anzusprechen. Die folgende Übersicht (Abb. 8) stellt die Kundenstruktur des Mitgliederrechenzentrums Anfang 1993 dar. Bei dieser Darstellung ist zu berücksichtigen, daß sich unter den 487 Kunden des Mitgliederrechenzentrums 185 Filialunternehmen befinden, deren Filialbetriebe jeweils als einzelne Kunden gezählt werden.

---

1 Vgl. ausführlich in diesem Teil den Abschnitt 1.3

Einzelhandelsumsatz [Mio. DM]	**Anzahl der MRZ-Kunden (Betriebe)**	**Prozent**
< 10	344	70,64
10 bis 20	66	13,55
20 bis 30	43	8,83
30 bis 40	11	2,26
40 bis 50	10	2,05
50 bis 100	9	1,85
> 100	4	0,82
Gesamt	**487**	**100,00**

Abb. 8: Kundenstruktur des Mitgliederrechenzentrums des Handelsverbunds

Vor Beginn des Pilotvorhabens verwendeten alle Kunden ein einheitliches Unisys-System, das vom Mitgliederrechenzentrum zentral eingekauft und an die Einzelhandelsunternehmen vertrieben wurde. Teilweise verwenden mehrere kleine Einzelhandelsunternehmen ein System gemeinsam. Zum Zeitpunkt der Einführungsentscheidung Mitte der 70er Jahre wies dieses System als einziges die für einen Datenaustausch zwischen Mitgliederrechenzentrum und Einzelhandelsunternehmen notwendige Funktionalität auf. Dieses System wurde zum Zeitpunkt der Einführung in der Einkaufskooperation ausschließlich von internationalen Banken und der US-Armee eingesetzt, also in Anwendungsbereichen mit einem hohen Vernetzungsbedarf. Die Anwendungen selber sind nahezu ausschließlich Eigenentwicklungen des Mitgliederrechenzentrums. Die Software wird - mit wenigen Ausnahmen zum Beispiel in der Finanzbuchhaltung- nicht für die interne Datenverarbeitung der Handelszentrale genutzt. Der Grund hierfür ist in dem für die Akzeptanz auf der Kundenseite teilweise entscheidenden Bemühen zu sehen, bewußt zwischen den internen und den kundenseitigen Anwendungen zu trennen, um gegenüber den Kunden absoluten Datenschutz zu dokumentieren.

Die im Verhältnis zu der Lieferantenseite[2] hohe Anschlußzahl von 82% der Kunden ist letztlich auf die Strategie des Mitgliederrechenzentrums zurückzuführen, Kunden mit Komplettlösungen auszustatten, wobei gleichzeitig ein relativ früher Einführungszeitpunkt von EDV-Systemen im Einzelhandel gewählt wurde. Hierdurch konnte sichergestellt werden, daß die Anpassungskosten relativ zu den Anschaffungskosten eher gering waren. Außerdem liegt der Preis für die Informationsverarbeitungsdienstleistungen in Höhe von maximal 0,1% vom Umsatz der Kunden deutlich unter dem Marktpreis, der für solche Dienstleistungen bei entsprechend ausgerichteten EDV-Dienstleistern entrichtet werden müßte.

2 Vgl. hierzu in diesem Teil das Kapitel 3.1.1.

Das Mitgliederrechenzentrum übernimmt zum großen Teil die Bearbeitung von Vorgängen, die sich erstens über alle Kundenunternehmen hinweg bündeln lassen und sich zweitens auf die Verarbeitung von Massendaten konzentrieren, wodurch der Einsatz von zentralen EDV-Strukturen ökonomisch sinnvoll wird. Zu diesen Anwendungen zählen die Lohn- und Gehaltsbuchhaltung sowie warenwirtschaftliche Auswertungen. Für diese Anwendungsformen ist charakteristisch, daß sich die benötigten Daten entweder im Zeitablauf kaum ändern (Lohnbuchhaltung), oder aber zentral erfaßt werden können (Finanzbuchhaltung und warenwirtschaftliche Auswertungen). Die Ursprungsdaten für die warenwirtschaftlichen Auswertungen werden aus den Rechnungen abgeleitet, die im Rahmen des Zentralregulierungsgeschäftes in der Handelszentrale auf EDV-Basis generiert werden. Das heißt, Bestandsdaten werden entweder zentral gehalten oder zentral erfaßt und verarbeitet. Darüber hinaus werden Bewegungsdaten zwischen Kunden und Handelszentrale auf elektronischem Wege ausgetauscht. Dies berührt die eigentliche Vernetzung. Die ausgetauschten Bewegungsdaten beziehen sich derzeit ausschließlich auf Aufträge der Kunden an die Handelszentrale oder die Lieferanten. Die Bestelldaten werden dezentral bei den Kunden generiert und vom Mitgliederrechenzentrum im Tagesrhythmus abgerufen. 90% aller Bestelldaten ruft die Handelszentrale auf diesem Wege bei den Kunden direkt ab. Das entspricht 50-100.000 Auftragspositionen am Tag, wovon 40-45.000 Aufträge im Eigengeschäft sind. Der Rest entfällt auf Bestellungen im Streckengeschäft. Für den elektronischen Bestelldatenverkehr ist die regelmäßige Aktualisierung der Artikelstammdaten bei den Kunden notwendig. Dies geschieht heute ebenfalls auf elektronischem Wege.

Zum gegenwärtigen Zeitpunkt ist noch unklar, ob es insbesondere im Zuge der weiteren Neuordnung der Unternehmensaktivitäten der Einkaufskooperation zu einer Ausgliederung des Mitgliederrechenzentrums unter einer eigenen Rechtsform kommen wird. Als Profit-Center der Handelszentrale plant das Mitgliederrechenzentrum, seinen Umsatz von 8 Mill. DM pro Jahr, der mit 27 Mitarbeitern erzielt wird, in den nächsten fünf Jahren zu verdoppeln. Diese Planung basiert auf der Erwartung einer Ausweitung und intensiveren Nutzung der Dienstleistungsangebote des Rechenzentrums durch die Mitgliedsunternehmen auf der Basis der neuen Systemplattform, deren Implementation bei den Mitgliedern zwar einerseits zunächst die technische Grundvoraussetzung für die Nutzung der neuen Serviceangebote und die Umsetzung der Informationsverarbeitungs-Strategie der Handelszentrale ist, andererseits aber durch den Verkauf von Hard- und Softwareausstattungen sowie Installations-, Beratungs- und Schulungsdienstleistungen und Wartungsverträgen auch ein beachtliches Umsatzpotential für das Mitgliederrechenzentrum beinhaltet. Zudem wird die Öffnung des Dienstleistungsangebotes für neue Kunden nachhaltig angestrebt. Dabei könnten im Idealfall vor allem auch weitere 'Multiplikatoren' angesprochen werden, z.B. andere Einkaufsverbände, zu denen zugleich eine unter marktstrategischen Gesichtspunkten wünschbare 'Megakooperation' eingegangen wird bzw. eingegangen werden könnte.

1.3 Informationstechnische Konzeption: Der ISDN-Datenverbund zwischen Einzelhandel und Handelszentrale

Beim Aufbau eines ISDN-Datenverbunds ist zu berücksichtigen, daß zwischen Handelszentrale und Einzelhandelsunternehmen seit Mitte der 70er Jahre elektronische Datenverarbeitung betrieben wird. In dem ISDN-Pilotprojekt sind demnach technische Vorgaben zu berücksichtigen. Dies ist insbesondere die bestehende hard- und softwaretechnische Architektur der Großrechnerwelt, auf der in weitgehend automatisierten Verfahren die Massendatenverarbeitung vorwiegend im Zentralregulierungsgeschäft durchgeführt wird.

Bei der Darstellung der technischen Konzeption des ISDN-Datenverbundes ist zwischen drei Ebenen zu unterscheiden: Netzwerkkonfiguration (a), Datenbankarchitektur (b) und Anwendungssoftware (c). Im internen Sprachgebrauch der Handelszentrale wird von der zukünftigen Informationsarchitektur des Unternehmens gesprochen.

(a) Netzwerkkonfiguration

Bei der Entwicklung der Informationsarchitektur der Handelszentrale sind eine Bedingung und zwei Ziele miteinander in Einklang zu bringen. Ausgangsbedingung ist ein Großrechner, auf dem die "Produktionssysteme", d.h. Standardprogramme für die technische Abwicklung der Zentralregulierung, installiert sind und ausgeführt werden. Ziel ist es, erstens für die daneben existierende heterogene Rechnerwelt der Handelszentrale - etwa 300 Personalcomputer in unterschiedlichster Ausstattung - eine einheitliche Struktur zu entwickeln und zum zweiten in diese Struktur die Rechnersysteme, die auf der Ebene der Einzelhandelsunternehmen zum Einsatz kommen, über ISDN datentechnisch einbinden zu können.

Der erste Schritt dazu ist, in der internen Informationsarchitektur für definierte Anwendungsfelder nur noch ausgewählte Rechnertechnik und festgelegte Standardsoftware zur Anwendung kommen zu lassen. Für den Standardarbeitsplatz bedeutet dies beispielsweise die Ausstattung mit einem Personalcomputer (Betriebssystem MS-DOS), der mit einem Standard-Textverarbeitungsprogramm und einem entsprechenden Tabellenkalkulationsprogramm ausgestattet ist. Sogenannte Informationsarbeitsplätze, also diejenigen Tätigkeitsfelder, die aus unterschiedlichen Gründen auf Datenbanken zugreifen, werden hingegen mit graphischen Benutzeroberflächen ausgestattet. Daneben werden Work-Stations für spezielle Aufgaben, insbesondere im Druckwesen eingesetzt. Alle Rechner sind über ein lokales Netzwerk (vor allem DECNET unter dem Protokoll IPX) miteinander vernetzt. Ob neben diesem Netzprotokoll weitere zum Einsatz kommen werden (bspw. TCP/IP), wird in der Intiierungsphase zwar diskutiert, aber noch nicht entschieden. Über ein entsprechendes Gateway sind das lokale Netz und der Großrechner miteinander verbunden.

Beim Angebot der hardwaretechnischen Ausstattung der Einzelhandelsunternehmen lassen sich drei Basisausrüstungsvarianten voneinander unterscheiden: das Einplatzsystem mit Kommunikation, die Netzwerklösung und der Kommunikationsrechner für Fremdsysteme.

Das kommunikationsfähige Einplatzsystem ersetzt insbesondere bei kleineren Einzelhandelsunternehmen die bisher genutzten Unisys-Rechner, soweit hieran nur eine einzelne Eingabestation angeschlossen war. Das Einplatzsystem besteht aus einem Standard-Personalcomputer mit Betriebssystem MS-DOS sowie einer ISDN-PC-Karte und Kommunikationssoftware.

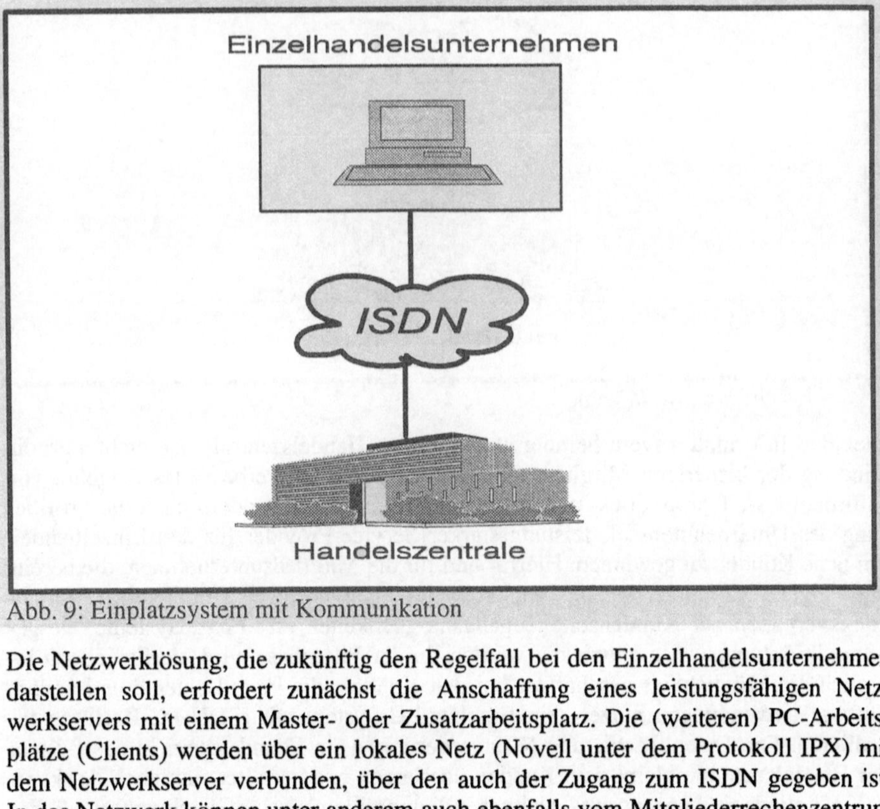

Abb. 9: Einplatzsystem mit Kommunikation

Die Netzwerklösung, die zukünftig den Regelfall bei den Einzelhandelsunternehmen darstellen soll, erfordert zunächst die Anschaffung eines leistungsfähigen Netzwerkservers mit einem Master- oder Zusatzarbeitsplatz. Die (weiteren) PC-Arbeitsplätze (Clients) werden über ein lokales Netz (Novell unter dem Protokoll IPX) mit dem Netzwerkserver verbunden, über den auch der Zugang zum ISDN gegeben ist. In das Netzwerk können unter anderem auch ebenfalls vom Mitgliederrechenzentrum der Handelszentrale angebotene PC-Kassen und Zeiterfassungsterminals für die Personalabrechnung eingebunden werden.

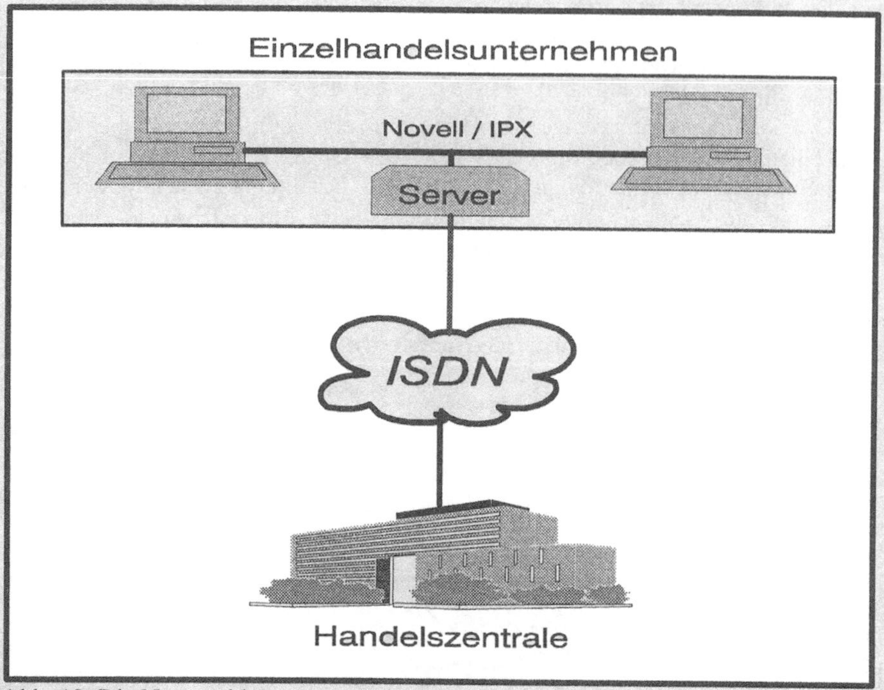

Abb. 10: Die Netzwerklösung

Ziel der Informationsverarbeitungsstrategie der Handelszentrale ist nicht nur die Bindung der bisherigen Mitgliedsunternehmen durch ein verbessertes Angebot von Informations-, Transaktions- und Servicedienstleistungen, sondern auch die Profilierung des Unternehmens als leistungsstarker Service-Provider für den Einzelhandel, um neue Kunden zu gewinnen. Hierfür und für die Mitgliedsunternehmen, die bereits über eigene Computersysteme und Anwendungen verfügen, mußten im Vernetzungsvorhaben zur Kundenseite Zugangsmöglichkeiten für "Fremdsysteme" vorgesehen beziehungsweise entwickelt werden. In der Pilotphase wird hierfür jedoch lediglich die Möglichkeit geschaffen, bei den Kunden, die Fremdsysteme und andere Softwareanwendungen nutzen, ein Einplatz-PC-System mit ISDN-PC-Karte zu installieren. Die Datenübertragung (Konvertierung) vom Fremdsystem in das System der Handelszentrale bleibt dem Kunden überlassen und gestaltet sich nach Auskunft des Mitgliederrechenzentrums weitgehend unproblematisch. Gleichwohl muß berücksichtigt werden, daß an dieser Schnittstelle Arbeitsaufwand entsteht, der aber offenbar durch den Nutzen der Teilnahmemöglichkeit am Netzwerk der Handelszentrale mehr als überkompensiert wird. Während des Projektzeitraums lagen der Handelszentrale bereits mehrere Bestellungen für entsprechende Systeme vor. "Externalisiert" beziehungsweise zum jetzigen Zeitpunkt nicht gelöst wird damit das Problem, bei unterschiedlichen Netz- und Protokollstrukturen auf seiten des Kunden (beispielsweise Anwendung des Betriebssystems UNIX unter anderen Netzprotokollstrukturen) leistungsfähige Router zur Verfügung zu stellen, die die ISDN-Verbindungen insbesondere im On-Line-Betrieb angemessen unterstützen.[3]

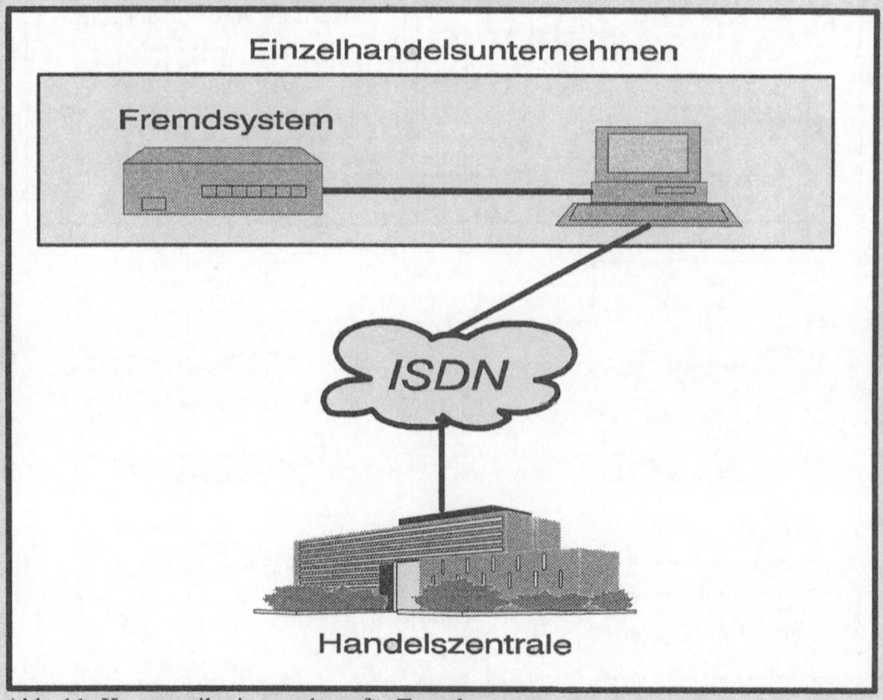

Abb. 11: Kommunikationsrechner für Fremdsysteme

Der Aufbau von Datenverbindungen zu den Lieferanten stellt sich bei Projektbeginn - technisch gesehen - vergleichsweise einfach dar. Hier werden voraussichtlich die (Bestell- und Rechnungs-)Daten wie bisher auch über eine Clearing-Stelle übermittelt. Aufgrund der als begrenzt angesehenen technischen Leistungsfähigkeit des bisherigen Datennetzes werden Versuche durchgeführt werden, hier über ISDN-Verbindungen eine höheres Leistungspotential auf einer effizienteren technischen Basis zu realisieren.[4] Die nachstehende Abbildung zeigt die schematische Darstellung der geplanten Ausbaustufe der Netzwerkkonfiguration (vgl. Abb. 12).

3 Vgl. zum Problemgehalt dieser Entscheidung Biervert, Monse, Brewing u. Bruns 1993, Kap.1, Abschnitt 3.2.

4 vgl. dazu ausführlich in diesem Teil das Kapitel 3.2.

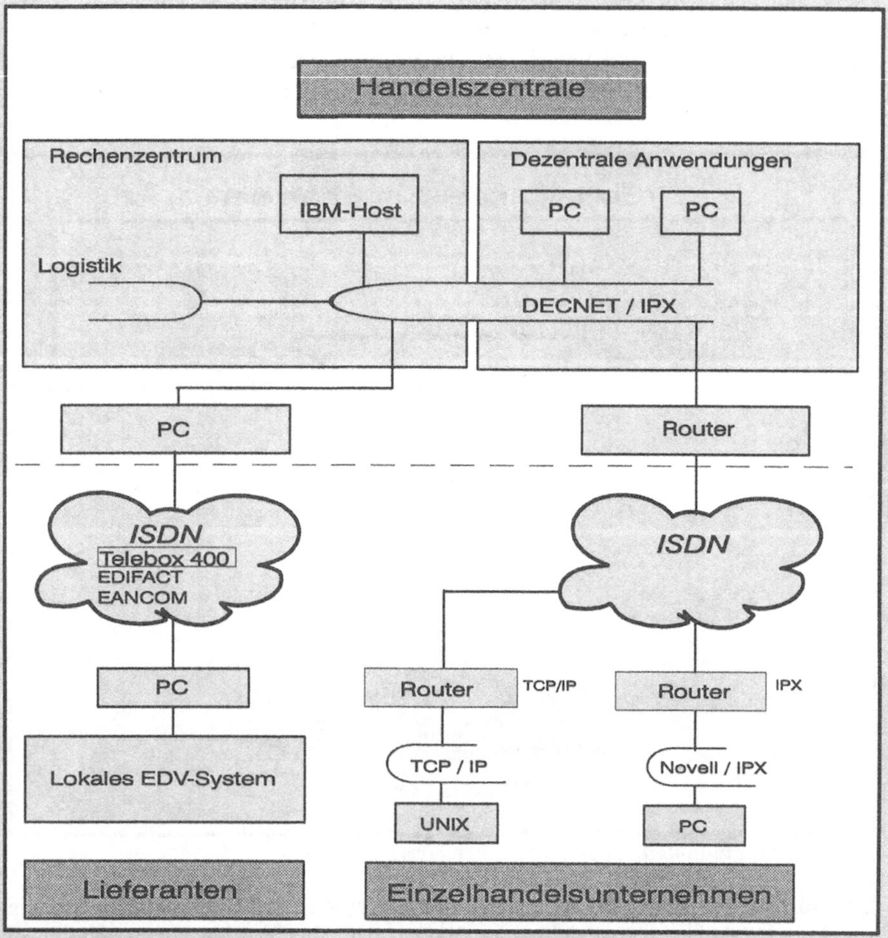

Abb. 12: Die Netzwerkkonfiguration im ISDN-Pilotvorhaben

(b) Datenbankarchitektur

Die Entwicklung der Datenbankarchitektur ist nicht minder von den bestehenden Strukturen geprägt, d.h. sie muß in der Lage sein, Daten mit den Datenbanken der "Produktionssysteme" des Großrechners auszutauschen. Die gleiche Erfordernis gilt für die Datenbank der separaten Logistiksteuerung. Da auf der Stufe der Einzelhandelsunternehmen ebenfalls bereits eine Datenbank-Software für Personal-Computer im Einsatz ist, sind auch hier Grenzen gesetzt.

Um einen strukturierten Datentransfer zwischen den verschiedenen Datenbanken möglich zu machen, kommt bei der Neuentwicklung der Informationsarchitektur in der Handelszentrale eine über den Markt "standardisierte", d.h. vergleichsweise verbreitete und mit einer hohen Schnittstellenqualität ausgestattete Datenbank-Software zum Einsatz. Die auf der Einzelhandelsstufe sich im Einsatz befindende Datenbank-Software weist diese Leistungsmerkmale nach Aussagen des Unternehmens nicht auf. Es ist im Kern die Aufgabe, über diese Datenbank zwischen den verschiedenen Netz- und Anwendungsstrukturen zu "vermitteln" (vgl. Abb. 13).

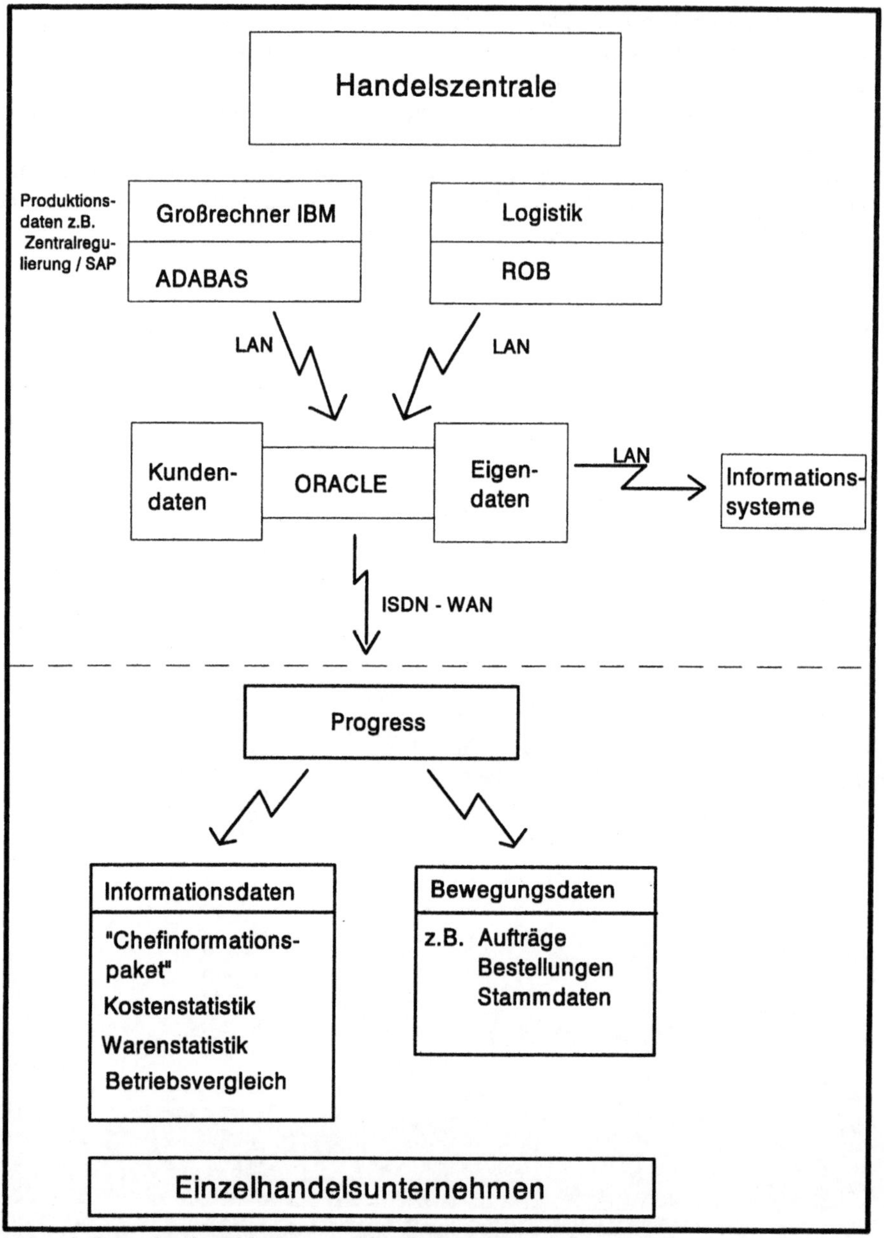

Abb. 13: Datenbankarchitektur aus der Sicht der Handelszentrale

In der Handelszentrale wird dies durch die Ausstattung der Informationsarbeitsplätze unterstützt, da mit den neu eingesetzten Personalcomputern auf eine für den Anwender einfache, weil graphisch unterstützte Art und Weise das Öffnen aller für seine Zwecke notwendigen Datenbanken möglich ist. Entscheidend ist hier die Ordnung der Zugriffsrechte auf die Daten. Zu unterscheiden ist zwischen den Daten, die als Kundendaten Eigentum der Einzelhandelsunternehmen sind, und denjenigen Daten, die die Handelszentrale aus der eigenen Geschäftsabwicklung über die Einzelhandelsunternehmen gewinnt. Beide Datenbereiche untergliedern sich. Aufgrund vertraglicher Regelung ist ein Teil der Kundendaten mit einem Einsichtsrecht versehen, d.h. es ist der Handelszentrale gestattet, diese Daten in die eigene Informationsarbeit einzubeziehen. Auf der anderen Seite verfügt die Handelszentrale selber über interne Daten, beispielsweise die Umsatzstrukturen verschiedener Kunden, die der Einzelhandelsstufe nicht zugänglich sind, und andere Bereiche, in denen Daten "öffentlich" gemacht werden, also die Einzelhandelsstufe die Möglichkeit hat, Daten für die eigene Informationsarbeit aufzunehmen. Die eindeutige Abgrenzung dieser Datensegmente durch technische Vorkehrungen, institutionelle Strukturen (Trennung von Rechenzentrum der Zentrale und Mitgliederrechenzentrum) und die Regelung der Zugriffsrechte auf das "Dateneigentum" hat im Verhältnis zwischen Handelszentrale und den Unternehmen der Einzelhandelsstufe einen hohen Stellenwert. Die Möglichkeiten der Integration von internen Datenbanken und den Datenbanken des Mitgliederrechenzentrums in einem verteilten System zu erwägen bedeutet daher immer zugleich, daß das Problem des Datenschutzes dann neu gelöst werden muß.

Die Datenübermittlung zum Einzelhandel erfolgt in der Pilotphase im File-Transfer über ISDN. Für die Verwendung der Daten gibt es definierte Ein- und Ausgangsfelder, um eine einfache Weiterverarbeitung in der Kundendatenbank zu ermöglichen. Der Aufbau einer Client-Server-Architektur ist insbesondere aus Gründen einer eindeutigen Adressierung der Daten bei den zu erwartenden großen Teilnehmerzahlen nach Einschätzung der Handelszentrale mit einem nicht mehr tragfähigen rechnertechnischen "Verwaltungsaufwand" verbunden. Im Rahmen der Datenbankarchitektur ist für die Erreichung der Ziele im unternehmensübergreifenden ISDN-Datenverbund ein erster Schritt die Übermittlung von Bewegungsdaten, also beispielsweise Aufträge und Bestellungen. In einem zweiten Schritt geht es um - mit der Anwendung in der Handelszentrale vergleichbare - Informationsdaten, beispielsweise Daten für Waren- und Kostenstatistiken, die heute lediglich per Listenausdruck bereitgestellt werden. Hier wird es in Zukunft die Möglichkeit geben, den Kunden entsprechende Daten für ihre Informationsarbeit auf den eigenen Rechnern bereitzustellen.

(c) Anwendungssoftware

Die Implementierung der Anwendungssysteme orientiert sich an den Aufgabenfeldern, die die Handelszentrale für die Mitgliedsunternehmen beziehungsweise die Kunden übernimmt: der Vermittlung von Standardware, der Vermittlung von modischer Ware und dem Postengeschäft. In diesen Aufgabenfeldern werden dem Einzelhandel, neben grundlegenden Softwareprogrammen wie der Zentralregulierung oder in Zukunft der optischen Belegarchivierung, aufgabenspezifische Anwendungssysteme zur Verfügung gestellt. Im Bereich der Standardware sind dies beispielsweise Softwaremodule zur Unterstützung der Regaloptimierung, der Standard-Diposition und des Katalog- und Angebotswesens. Im Anwendungsbereich Mode handelt es sich beispielsweise um ein Anwendungspaket zur Unterstützung des Abverkaufs modischer Artikel oder zu deren Disposition und Auftragserfassung. Bestell- und Rechnungsdatenaustausch sind entsprechend den unterschiedlichen Anforderungen der Aufgabenfelder ausgelegt.

Für diese Anwendungsformen hat das Mitgliederrechenzentrum eine Reihe von (Dienstleistungs-)Produkten für die Kunden entwickelt, die im folgenden kurz dargestellt werden.

Kurzfristige Erfolgsrechnung (KER) und Warenstatistik

Die wertmäßige Auswertung erfolgt anhand der gestellten Rechnungen und reicht bis auf die Ebene der Warenobergruppen. Eingeschlossen ist eine Limitauswertung, bei der für jede Warengruppe der noch zur Verfügung stehende finanzielle Spielraum errechnet wird. Auf Wunsch wird eine finanz- und warenwirtschaftliche Beratung angeboten. Der Erstellungsrhythmus wird vom Kunden bestimmt.

Die Warenstatistik ist eine mengenmäßige Auswertung nach verschiedenen Kenngrößen, z.B. Umsatz, Handelsspannen und die Lagerumschlagsgeschwindigkeit. Der Rhythmus der Erstellung und die Art der Auswertung wird vom Kunden selbst (oder in Zusammenarbeit mit dem MRZ) festgelegt.

Integriertes Waren-Dispositions-System (IWDS)

Mittels eines mobilen Datenerfassungsgerätes (MDE) kann anhand der Regalauszeichnung die Disposition im Standardbereich weitgehend automatisiert werden. Bei Unterschreiten der Bestellmenge (generell 6 Stück pro EAN) wird die Bestellnummer (EAN oder Herstellernummer oder andere) eingelesen. Die Bestellungen eines Tages werden am Abend von der Handelszentrale per Datenfernübertragung abgerufen. Beim Einzelhandelsunternehmen bleiben alle mit IWDS getätigten Dispositionen gespeichert, wodurch die Möglichkeit besteht, Entscheidungen für die Sortimentsgestaltung auf der Grundlage einer längerfristigen Beobachtung des Bestellverlaufs eines jeden Artikels zu treffen. In diesem Bereich kommt es zum Wettbewerb mit der Bestellerfassung durch den Außendienst der Hersteller. Die Unterstützung der Dispositionsaufgaben im Einzelhandel stellt insoweit nicht nur ein Serviceangebot der Handelszentrale dar, sondern dient aus deren Perspektive auch der Ausweitung des Zentralregulierungsgeschäfts und der Beschaffung von Informationen über die Bestellverläufe von Artikeln, auf deren Basis Entscheidungen zur Optimierung des Sortiments und der Logistik im Eigengeschäft (Lager-/ Streckengeschäft) getroffen werden können. Hierdurch realisierbare Preisdifferenzen können letztlich auch den Mitgliedsunternehmen wieder zugute kommen. Derzeit nutzen 100 Kunden das System. Die notwendigen Stammdaten werden von der Handelszentrale aus per Datenfernübertragung gepflegt, wodurch der manuelle Pflegeaufwand bei den Einzelhandelsunternehmen auf ein Minimum reduziert wird.

Textil Aktuell

Anhand der Abverkaufsdaten im Textilbereich kann eine Auswertung nach Preisgruppe, Größe und Lieferant (Warenuntergruppe) vorgenommen werden, d.h. es gibt ein Modul, das bei den Kunden installiert wird, die es dann nach eigenem Ermessen nutzen. Eine Auswertung nach Farben und Qualitäten ist für die Ausbaustufe geplant.

Auftrag Mode

Auftrag Mode ist das Pendant zum IWDS im Textilbereich. Dieses Programm wurde für die Auftragsbearbeitung und Auftragsüberwachung von textilen Artikeln entwikkelt und stellt gleichzeitig das Basissystem für die geschlossene Warenwirtschaft des Mitgliederrechenzentrums dar. Das Programm berücksichtigt unterschiedliche Formen der Einkaufsorganisation und stellt verschiedene Varianten für den Aufbau der Warengruppenstruktur zur Verfügung.

Wird das Programm auf einem tragbaren Personalcomputer installiert, kann Auftrag Mode für die direkte Bestellung auf Warenmusterungen und Messen eingesetzt werden. Die Bestellungen werden nach der Eingabe in den tragbaren PC auf das Bestellsystem der Handelszentrale übertragen. Die Artikelstammdaten werden für jede Musterung durch das Mitgliederrechenzentrum neu erstellt.

Die Hauptfunktionen des Programms liegen in der Dispositionserfassung, der Dispositionsfreigabe, der Auftragsbearbeitung, dem Orderabstrich und der Dispositions- und Auftragsüberwachung. Im Dispositionsteil werden zunächst die zu bestellenden Artikel erfaßt. Dabei kann festgestellt werden, welche Kalkulationen sich ergeben und wie die Preislagen besetzt wären, wenn die Bestellung wie eingegeben erteilt würde. Mit der Dispositionsfreigabe werden die Dispositionen in Aufträge umgewandelt. Hierbei können Auftragsbelege für die Lieferanten gedruckt oder bei bestimmten Lieferanten oder Artikeln die Aufträge per ISDN oder Modem-DFÜ weitergegeben werden. Mit einem Modul zur Auftragsbearbeitung kann der Auftragsbestand bearbeitet werden, zum Beispiel um Liefertermine zu ändern oder Artikel zu stornieren. Die Funktion Orderabstrich wird bei der Warenlieferung verwendet, um den Wareneingang zu erfassen und die Aufträge aus dem Auftragsbestand zu entfernen. Im Programmteil zur Überwachung des Dispositions- und Auftragsbestands können schließlich Auswertungen nach Warengruppen, Lieferanten, Preislagen, Größen, Saisons, Aktionen, Liefermonaten und überschrittenen Lieferterminen vorgenommen werden.

Arbeitszeiterfassung und -verrechnung

Zur Abrechnung und Überwachung der Arbeitszeiten im Einzelhandel wurde ein Softwaremodul entwickelt, das die zeit- und kostenaufwendige Arbeit mit Stempelkarten und Karteien ablösen soll. Die Abrechnung der Arbeitszeiten im Einzelhandel wird durch verschiedene Faktoren erschwert. Hierzu zählen die Entkoppelung von Ladenöffnungszeiten und Arbeitszeiten, der zunehmende Einsatz von Teilzeitarbeitskräften, die Anpassung der Arbeitszeiten an den Umsatzverlauf und die notwendige Abrechnung von Zuschlägen aufgrund tariflicher oder gesetzlicher Regelungen, beispielsweise für den langen Donnerstag. Das Zeiterfassungssystem arbeitet mit Zeiterfassungsterminals, die über das lokale PC-LAN in Einzelhandelsunternehmen mit dem PC verbunden sind, auf dem die Arbeitszeitüberwachung und -abrechnung vorgenommen wird. Bei filialisierten Unternehmen können die entsprechenden Daten aus den Filialen per Datenfernübertragung beziehungsweise über das ISDN direkt der Zentrale verfügbar gemacht werden. Mit Hilfe dieses Systems ist es relativ einfach möglich, völlig unterschiedliche und auf den Einzelnen zugeschnittene Arbeitszeiten festzulegen, die sich an dem unterschiedlichen Umsatzverlauf innerhalb eines Tages und innerhalb einer Woche, aber auch an individuellen Anforderungen orientieren können. Durch die Be- und Abrechnungsfunktionen des Systems erhält man auch ohne das manuelle Führen verschiedener Statistiken jederzeit einen aktuellen Stand hinsichtlich Überstunden, Resturlaub und Krankheitstage. Die Belastungsspitzen bei der Personalabrechnung zum Monats- und Jahresende können auf diesem Wege nahezu vollständig abgebaut werden.

Insgesamt zielt das überbetriebliche Informationssystem darauf, für den Einzelhandel eine leistungsfähige und wirtschaftliche Informationsverarbeitung bereitzustellen. Dies zeigt sich deutlich in seiner Konzeption, die jedoch voraussetzt, daß die Handelszentrale neue Systemkomponenten für eine effektive Nutzung der ISDN-Techniken realisieren kann. Dazu gehören insbesondere die Datenintegration mit den Einzelhandelsunternehmen, bei der die Handelszentrale als "Kommunikationskopf" fungiert, aber auch die Konvertierung der eigenen Daten in ein unternehmensübergreifendes Datenformat, um den elektronischen Bestell- und Rechnungsdatenaustausch über ISDN mit Herstellerunternehmen weiter verbessern zu können.

2. Auf dem Weg zum überbetrieblichen ISDN-Datenverbund in der Einkaufskooperation: Umsetzungs- und Gestaltungsaktivitäten in der Pilotphase

Gemessen an der gängigen Unternehmenspraxis wird mit der von der Handelszentrale initiierten ISDN-Anwendung für den elektronischen Geschäftsverkehr ein Entwicklungsniveau im unternehmensübergreifenden Datenverbund markiert, bei dem es nicht nur um einen Sprung im technologischen Sinne geht. Das ISDN bildet zwar die technische Basis, für die die Fragen einer rationellen und kostengünstigen Datenübermittlung zu klären sind. Als ebenso bedeutsam werden die Qualität der Informationen und die möglichen Einsparungseffekte einer effizienten Koordination administrativer und logistischer Abläufe eingeordnet. In der operativen Perspektive geht es hier um bekannte Aspekte wie das Erreichen von Zeit- und Kostenvorteilen durch die Beschleunigung von Geschäftsvorgängen oder die Vermeidung von Bearbeitungsfehlern und Medienbrüchen. Die Hauptzielsetzungen des ISDN-Projektes sind jedoch strategischer Natur. Dies gilt zumindest für die Handelszentrale als Initiator, wie die Ausführungen im vorhergehenden Kapitel gezeigt haben. Ihr geht es um die Optimierung des Produktflusses von Lieferanten zu den Einzelhändlern und um die Bereitstellung geeigneter Informationen für den Einzelhandel, um die eigenen waren- und finanzwirtschaftlichen Dispositions- und Steuerungsmöglichkeiten zu verbessern. Eine solches Vernetzungskonzept berührt und verändert die internen organisatorischen Abläufe in den beteiligten Unternehmen, bzw. hat diese Änderung mit der Anpassung von Planungs-, Steuerungs- und Kontrollmechanismen zur Voraussetzung. Dies ist aber ohne entsprechende Aushandlungs- und Vereinbarungsprozesse nicht vorstellbar. Es sind insbesondere diese beiden Aspekte und ihre gegenseitige Verschränkung, um deren Evaluation es bei der Betrachtung der zwischenbetrieblichen Vernetzung zwischen Handelszentrale und Einzelhandelsstufe geht.

Beide Aspekte sind aufeinander bezogen und werden entsprechend in den nachfolgenden Abschnitten zum Thema der Analyse der Initiierungsphase des ISDN-Datenverbundes auf der Handelsseite gemacht. Hierzu werden zunächst die zentralen Ergebnisse umfangreicher Erhebungsgespräche auf der Einzelhandelsstufe im Unternehmensverbund vor der Einführung von ISDN-Techniken zusammengefaßt. Diese beziehen sich in erster Linie auf die betriebswirtschaftlichen und technisch-organisatorischen Ausgangsvoraussetzungen und Problemlagen dieser Unternehmen und die daraus resultierenden Anforderungen und Nutzenerwartungen an das Vernetzungsprojekt der Handelszentrale (2.1). Die Ablauforganisation des Gestaltungsprozesses, so wie sie im ursprünglichen Konzept vorgesehen war, und welche Form die Interessenaushandlung tatsächlich angenommen hat, wird daran anschließend behandelt (2.2). Ergänzt und vertieft werden die dabei gewonnenen Ergebnisse zur Realisierung eines ISDN-basierten strategischen Informationsnetzwerkes zwischen Handelszentrale und Verbundmitgliedern durch die Ergebnisse einer begleitenden Untersuchung des hierzu unumgänglichen Systemwechsels bei drei Einzelhandelsunternehmen des Unternehmensverbundes (2.3). Die von einem beachtlichen Set von Voraussetzungen abhängigen Potentiale, Perspektiven und möglicherweise auch Grenzen des überbetrieblichen ISDN-Einsatzes zwischen den in der Form einer Einkaufskooperation verbundenen Unternehmen werden in einem abschließenden Kapitel dieses Teils analysiert und zusammengefaßt (2.4).

2.1 Umsetzungsbedingungen: Zur Ausgangssituation auf der Einzelhandelsebene

Das Ziel der Erhebung bei den Einzelhandelsunternehmen bestand in einem ersten Teil darin, die (markt-)ökonomischen und die technisch-organisatorischen Ausgangssituationen der Unternehmen zu erfassen, die sich für eine Teilnahme an der Pilotphase des überbetrieblichen Vernetzungsprojektes entschieden hatten und bei denen im Rahmen der Projektlaufzeit mit Pilotimplementationen gerechnet werden konnte (2.1.1). Darüber hinaus sollten die konkreten Nutzenerwartungen, die diese Unternehmen mit dem Vernetzungsprojekt verbinden, in Erfahrung gebracht werden (2.1.2). Schließlich sollte untersucht werden, inwieweit die Einzelhandelsunternehmen über Vorstellungen und Möglichkeiten verfügen, die Netzwerkanwendungen organisatorisch zu integrieren und zu nutzen (2.1.3).

2.1.1 Wettbewerbsstrategische Herausforderungen und Zielsetzungen der Einzelhandelsunternehmen

Die ökonomische Ausgangssituation der in die Erhebung einbezogenen Unternehmen war durchgängig durch ein kontinuierliches, teilweise sogar sprunghaftes Umsatzwachstum während der letzten Jahre gekennzeichnet. Zum Erhebungszeitpunkt machten sich jedoch bereits erste Stagnationseffekte bemerkbar. Mit Ausnahme eines Unternehmens rechneten alle Befragten für die kommenden Jahre mit einer stagnierenden oder rückläufigen Umsatzentwicklung und damit verbunden mit einem sich tendenziell verschärfenden Wettbewerb bei nachlassender Konsumneigung.

Als unmittelbare Wettbewerber am Markt sind die filialisierten Großbetriebe (Handelskonzerne), der Textilfacheinzelhandel und die Verbrauchermarktketten von besonderer Bedeutung. Hohe strategische Wettbewerbsvorteile werden dabei insbesondere den Warenhauskonzernen eingeräumt, die über eine größere Marktmacht teilweise günstigere Preis-Leistungs-Relationen realisieren können, schneller auf Markttrends reagieren beziehungsweise solche Trends aufgrund ihrer Omnipräsenz am Markt und der zentralen Planung und Umsetzung von Marketingstrategien und Werbeaktivitäten in den Massen- und Publikumsmedien selber setzen oder beeinflussen können. Hier können insbesondere im Bereich der Großtextilien und der Markenartikel höhere Ertragspotentiale bei der Ware realisiert werden.

Ihre eigenen Wettbewerbsstärken sehen die befragten Unternehmensvertreter demgegenüber vor allem darin, daß sie aufgrund ihrer dezentralen Organisationsform eine marktnahe Sortiments- und Nischenpolitik betreiben können, bei der in bezug auf die Gegebenheiten an jedem einzelnen Standort dezentral über die Sortimentsgestaltung und die realisierbaren Verkaufspreise entschieden werden kann und Umsatzpotentiale filialbezogen eruiert und genutzt werden können. Hierbei ermöglichen die unternehmensintern kurzen Entscheidungswege im Prinzip eine hohe Flexibilität.

Die so von den befragten Unternehmensleitern benannten wettbewerbsstrategischen Herausforderungen und Zielsetzungen schließen natürlich zunächst unmittelbar an die gegenwärtige Markt- und Wettbewerbssituation der Einzelhandelsunternehmen an. Für die Zukunft wird es als entscheidend angesehen, diese organisatorischen Vorteile weiter auszubauen und durch eine verbesserte informations- und kommunikationstechnische Unterstützung verstärkt auszuschöpfen. Hierbei stehen in erster Linie die klassischen Faktoren wie die Preisstellung und die Sortimentsgestaltung zur Disposition, jedoch wird immer deutlicher, daß diese Faktoren allein für sich genommen noch nicht wettbewerbsentscheidend sind. Die Ausnutzung von wettbewerbswirksamen Gestaltungsspielräumen bei der Offertpreisstellung und der Sortimentspflege ist auf die Verfügbarkeit zeitnaher und artikelspezifischer Informationsgrundlagen angewiesen, für die zu einem großen Teil erst in dem laufenden Vernetzungsprojekt die technischen und organisatorischen Grundlagen realisiert werden. Hinsichtlich der Preisgestaltung wird es jedoch zunehmend als wenig erfolgversprechend angesehen, sich dem Marktgeschehen gegenüber stets nur reaktiv-anpassend zu verhalten. Hier wird es als entscheidender erachtet, selbst eine aktivere Rolle zu übernehmen, das heißt, über eine innovative Produkt- und Sortiments- sowie eine aggressive Preispolitik das Markt- und Wettbewerbsgeschehen selbständig mitzugestalten, anstatt diesem vielfach nur durch die Anpassung von Preisen, Mengen und Sortimentsstrukturen hinterherzulaufen.

Gleichwohl sind die Handlungsmuster in den mittelständischen Einzelhandelsunternehmen in einem vergleichsweise stärkeren Maße durch reaktive Vorgehensweisen geprägt. Dies liegt an der intensiven und flächendeckenden Marketingaktivität der Warenhauskonzerne, die weitaus eher in der Lage sind, Konsumtrends zu beeinflussen oder aufzuspüren und in ein Warenangebot umzusetzen. Demgegenüber müssen die Unternehmen sich erst in die Lage versetzen, eine produktive distributive Leistungsfähigkeit zu erreichen, selbst kurzfristige Markttrends noch in absatzfähige Sortimente umsetzen zu können. Hierbei setzen die Unternehmen auf neue Leistungsmerkmale: die Beherrschung der logistischen Kosten und die Effektivität der warenwirtschaftlichen Disposition. In den Unternehmen unseres Samples wird der Neueinführung von Informations- und Transaktionsdienstleistungen auch eine besondere Bedeutung in bezug auf die Möglichkeiten der Disposition von Posten- und Aktionsware beigemessen. Der Anteil dieser kurzfristig zu disponierenden Warenangebote nimmt ständig zu und erreicht schon heute Größenordnungen von bis zu einem Drittel des Gesamtumsatzes. Dieser Anteil soll zukünftig weiter gesteigert werden, da man davon ausgeht, daß ein interessantes, ständig variierendes und preisaggressives Angebot notwendiger Bestandteil eines modernen Unternehmensimages ("Erlebniskaufhaus") und wichtiger Wettbewerbsfaktor im Sinne der Kundenbindung und der Abschöpfung von Spontankaufpotentialen ist. Von großer Wichtigkeit ist in diesem Bereich die Geschwindigkeit des mehrstufigen Informations- und Dispositionsprozesses zwischen den Einzelhandelsunternehmen und der Handelszentrale. Dieser Prozeß umfaßt unter anderem die Information der Einzelhandelsunternehmen über die Postenangebote, wobei aufgrund der notwendigen Aufbereitung der Angebotsschreiben und der Postwege zwischen Lieferanten, Handelszentrale und Einzelhandelsunternehmen zeitliche Verzögerungen entstehen, die zukünftig durch die Nutzung der ISDN-Möglichkeiten zur Übertragung von digitalisierten und mit Texten ergänzten Warenbildern als Angebote an den Einzelhandel aufgefangen werden sollen. Entsprechende Anwendungen konnten während der Projektlaufzeit noch nicht implementiert werden, es existieren jedoch bereits erste Module für die multimediale Warenpräsentation.

Die in die Erhebung einbezogenen Unternehmen haben zwischen 16.000 und 85.000 Artikel zu disponieren. Diese Zahl, die von anderen Unternehmen noch übertroffen wird, deutet bereits nachhaltig darauf hin, daß die Dispositionsleistung allein mit dem "Händchen des Einkäufers", dem Gespür und der Erfahrung des Einzelhändlers und einfachen Verfahren der Abverkaufsauswertung nicht mehr zu erbringen ist. Die durchschnittliche Bezugsquote, also der Anteil am Non-food-Einzelhandelsumsatz, den die Mitgliedsunternehmen auf freiwilliger Basis von der Handelszentrale beziehen, betrug im Jahr 1992 bei Textilien 75,8 Prozent und bei Hartwaren 86,4 Prozent, woraus sich insgesamt ein Wert von 80,8 Prozent errechnet. Dieser hohe Wert verdankt sich einerseits den günstigeren Einkaufspreisen, die die Einzelhandelsunternehmen über die Handelszentrale realisieren können, andererseits aber auch der preisgünstigen informationstechnisch basierten Unterstützung der Disposition sowie der warenwirtschaftlichen und administrativen Aufgaben der Einzelhandelsunternehmen durch die Handelszentrale, die von einem Großteil der Mitgliedsunternehmen unter organisatorischen und Kostengesichtspunkten nicht selbständig wahrgenommen werden kann. Vor diesem Hintergrund ist die einhellige Auffassung der Befragten, daß ein möglichst noch größerer Teil des Warenbezugs über die Handelszentrale abgewickelt werden sollte. Insgesamt ist die Einkaufspolitik der Einzelhandelsunternehmen überwiegend auf die Beschaffung über die Handelszentrale konzentriert, da der eigene Erfolg im Wettbewerb in einem hohen Maße von deren Marktstärke abhängig ist. Das über die Handelszentrale beziehbare Warenspektrum und die Struktur der angebotenen Sortimente wird jedoch als verbesserungswürdig angesehen. Hierbei geht es vorrangig um eine Integration ertragsstärkerer Sortimente und textiler Markenartikel in die Angebotsstruktur der Einzelhandelsunternehmen, welche traditionell stärker in den (kundenbringenden) niedrigen und Mittelpreislagen angesiedelt ist. Diese Divergenzen zwischen den Sortimentsanforderungen der Einzelhandelsunternehmen und der Angebotsstruktur der Handelszentrale deuten einmal mehr auf die Notwendigkeit einer Integration und angebotsorientierten Auswertung von Markt- beziehungsweise Abverkaufsinformationen durch die Handelszentrale im unternehmensübergreifenden Informationsnetzwerk hin. Für das eigene Warengeschäft der Handelszentrale und die Bindung der (Umsätze der) Mitgliedsunternehmen wird die Möglichkeit des Erkennens und der Reaktion auf Veränderungen in der Konsumentennachfrage und auf sich schleichend vollziehende Entwicklungen in der Struktur der vom Einzelhandel gehaltenen Sortimente zu einem immer bedeutsameren Erfolgsfaktor. So hatte sich beispielsweise in der nahen Vergangenheit gezeigt, daß ein beträchtlicher Anteil der Waren, die die Mitgliedsunternehmen selbst bei "eigenen" Lieferanten und folglich nicht über die Handelszentrale orderten, den Bereichen Sportbekleidung, Tonträger und Modeschmuck zuzuordnen waren. Hier reagierte die Handelszentrale durch die Gründung eigener Tochtergesellschaften für den Sportbekleidungs- und Tonträgervertrieb und den Abschluß einer Kooperationsvereinbarung mit einem stark expandierenden Modeschmuckhersteller.

Festzuhalten ist insgesamt, daß die strategische Bedeutung der unternehmensübergreifenden Vernetzung in erster Linie seitens der Handelszentrale thematisiert und in ein technisches Konzept umgesetzt wird, wohingegen die Einzelhandelsunternehmen in einem vergleichsweise stärkeren Maße an den operativen Leistungs- und Nutzenpotentialen der vom Mitgliederrechenzentrum der Handelszentrale angebotenen beziehungsweise zukünftig im Netzwerk anzubietenden Anwendungen und Services interessiert sind. Die strategische Bedeutung der Datenintegration zwischen Einzelhandel und Handelszentrale sowie des Aufbaus datentechnischer Verbindungen zur Lieferantenseite wird dabei von den der Handelszentrale angeschlossenen Einzelhandelsunternehmen durchaus erkannt und in ihrer Umsetzung grundsätzlich unterstützt. Für den Einzelhandel sind hierbei unter Nutzenaspekten vier Argumente von besonderer Bedeutung:

- Die bisherige Organisation des direkten Informationsaustausches zwischen Einzelhandel und Herstellern über herkömmliche Kommunikationsmedien wie Brief, Telefon oder Telefax führt zu einem unnötig hohen administrativen Arbeits- und Kostenaufwand sowie zu Zeitverzögerungen bei der warenwirtschaftlichen Abwicklung, da ein elektronisches "Durchreichen" gleicher Stamm- und Bewegungsdaten nicht möglich ist.

- Die Vielzahl der proprietären Bestellsysteme der Hersteller führt dazu, daß sich die Einzelhandelsunternehmen zunehmend weniger frei in der Lieferantenwelt bewegen können, da sie nicht über die technischen und personellen Möglichkeiten verfügen, die entsprechenden Auftragsdaten in ihrer Warenwirtschaft zusammenzufügen.

- Hier bietet sich im Rahmen des Vernetzungsprojekts die Möglichkeit der einheitlichen elektronischen Bestellung und Abwicklung über die Handelszentrale, wodurch der Einzelhandel eine größere Freiheit bei der Lieferantenauswahl erhielte, da alle Daten auch unmittelbar in der eigenen Warenwirtschaft erfaßt werden.

- Die vierte Argumentationslinie stellt auf die Möglichkeit des Einzelhandels ab, relativ einfach und kostengünstig Informationsverarbeitungs- und Kommunikationsnetzwerke in der Gestalt von PC-LANs einzurichten, um betriebsinterne oder filialübergreifende Infrastrukturen für Disposition, Warenwirtschaft und Controlling zu schaffen und damit auch die Organisation des internen Informationswesens zu effektivieren.

Letzteres liegt nicht nur im genuinen Interesse der Einzelhandelsunternehmen, die Erfassung der Bewegungsdaten bei den Einzelhandelsunternehmen stellt gleichsam eine Voraussetzung dar für die strategisch intendierte Datenintegration zwischen Einzelhandel und Handelszentrale. Letztlich ist hiermit die Erwartung verbunden, daß die Handelszentrale hierdurch eine weitergehende Bündelung von Aufträgen und eine Optimierung der eigenen Sortiments- und Beschaffungspolitik sowie der Vertriebswege im Eigengeschäft realisieren kann, wodurch den Einzelhandelsunternehmen günstigere Einkaufs- und Lieferkonditionen verschafft werden könnten. Vor diesem Erwartungshintergrund hat die Befragung bei den Mitgliedsunternehmen ergeben, daß hier überwiegend eine hohe Bereitschaft dazu besteht, der Handelszentrale die eigenen Unternehmensdaten zur Verfügung zu stellen.

In den genannten Punkten zeigt sich einerseits die notwendige Gleichgerichtetheit, andererseits aber auch die unterschiedliche Akzentuierung der Interessen der Einzelhandelsunternehmen und der Handelszentrale in bezug auf die strategischen Ziele und die operativen Nutzenpotentiale des Vernetzungsvorhabens. Aus der Perspektive der Handelszentrale hat die bisherige Organisation der direkten Kommunikation zwischen Einzelhandel und Herstellern zur Folge, daß in bezug auf über die Hälfte des im Handelsverbund repräsentierten Einzelhandelsumsatzes keine genauen Informationen darüber verfügbar sind, welche Ware welcher Lieferanten hierfür im Einzelhandel disponiert und abverkauft wird. Dieses Informationsdefizit erschwert der Handelszentrale eine marktnahe Sortimentspolitik ebenso wie gesicherte Entscheidungen über Beschaffungs- und Vertriebswege im Eigengeschäft.

Hinsichtlich der Beschaffung der relevanten Informationen des Einzelhandels versucht sich die Handelszentrale vermittels der unternehmensübergreifenden Vernetzung in den Stand einer Konzernzentrale zu versetzen, ohne daß die angeschlossenen Einzelhandelsunternehmen hierdurch an Selbständigkeit verlieren. Noch deutlicher in diese Richtung weist der Aufbau eines eigenen Einzelhandels und das Vorhaben der Entwicklung eines Franchising-Konzepts durch die Handelszentrale.

2.1.2 ISDN: Operative Nutzenerwartungen und Rationalisierungspotentiale

Aus der Perspektive der Einzelhandelsunternehmen kommt den mit den neuen beziehungsweise verbesserten (Netzwerk-)Anwendungen verbundenen operativen Nutzenerwartungen und Rationalisierungspotentialen eine zentrale Bedeutung bei der Entscheidung für die Teilnahme am ISDN-Pilotvorhaben zu.

Der Schwerpunkt dieser Nutzenerwartungen bezog sich im Erhebungszeitraum weniger auf grundsätzliche Neuerungen, wie sie seitens der Handelszentrale beispielsweise mit der ISDN-Übertragung von kommentierten Warenbildern für die kurzfristige Disposition von Postenangeboten geplant werden, als vielmehr auf die immanente Verbesserung der bisher schon angebotenen Informations- und Transaktionsdienstleistungen beziehungsweise der dahinterstehenden Softwareanwendungen[5] und der Weiterentwicklung und Integration dieser Anwendungen zu einem geschlossenen Warenwirtschaftssystem. Die Verbesserungserwartungen beziehen sich dabei in erster Linie auf die Schließung von Schnittstellen und die Beseitigung von Medienbrüchen, die bisher einen hohen manuellen administrativen Arbeitsaufwand und Zeitverzögerungen in der internen und zwischenbetrieblichen Organisation der Warenabwicklung bedingten. Die Probleme der Mehrfacherfassung und des mehrfachen Abgleichs von Daten beziehungsweise Formularen wie Bestellungen, Lieferscheinen und Rechnungen einerseits und der tatsächlichen Warenbewegung andererseits begleiten den Handelsprozeß in vielen Fällen noch von der Disposition über die Lieferung bis zur Abverkaufsauswertung. Der Weiterentwicklung der Anwendungen des Mitgliederrechenzentrums werden hier seitens der Einzelhandelsunternehmen hohe Anforderungen und Erwartungen entgegengebracht, die auch auf konkrete Rationalisierungseffekte im Sinne der Personal- und Kosteneinsparung gerichtet sind. Insgesamt zeigt sich in diesem Zusammenhang, daß es zur Seite des Endanwenders, in diesem Falle der Einzelhandelsunternehmen, entscheidend auf die Qualität und den betriebswirtschaftlichen Nutzen der möglichen und realisierten Anwendungen ankommt, wenn die Diffusion einer Netzwerklösung gefördert werden soll.

5 Zur Darstellung der einzelnen Anwendungen vgl. Abschnitt 1.3 in diesem Teil.

Das *Primat der Lösung von Anwenderproblemen über die rein technische Systemlösung* ist indes keine neue Erfahrung, sondern vielmehr durchgängig im gesamten bisherigen Prozeß der ISDN-Diffusion belegt (FTK 1993). Im Pilotprojekt der Handelszentrale kommt jedoch als differenzierendes Merkmal im Fall des *unternehmensübergreifenden* ISDN-Einsatzes hinzu, daß auf der Seite der Einzelhandelsunternehmen die *operativen Rationalisierungspotentiale* als Entscheidungskriterium für die Netzwerkteilnahme überwiegen, während - wie wir noch sehen werden - auf der Seite der Herstellerunternehmen in erster Linie *strategische Vorbehalte* einer solchen Teilnahme entgegenstehen. Die interorganisationalen Beziehungen zwischen Handelszentrale und Einzelhandel tragen seit jeher, und das heißt auch unabhängig von der konkreten technischen Ausgestaltung, den Charakter einer strategischen Interessenkoalition beziehungsweise eines strategischen Unternehmensnetzwerkes. Vor diesem Hintergrund sind bei der Umsetzung des Vernetzungsvorhabens auf der Einzelhandelsseite auch keine interessenbedingten Engpässe zu erwarten. In Ansätzen problematisch erscheint hier eher die notwendige organisatorische Integration der Netzwerkanwendungen bei den Einzelhandelsunternehmen, für die es bislang noch keine übertragbaren Konzepte und Lösungsangebote gibt. Daß in diesem Bereich noch erheblicher Handlungsbedarf besteht, hat sich auch in den Gesprächen mit den Vertretern von Einzelhandelsunternehmen deutlich gezeigt.

2.1.3 Organisatorische Fragen der Systemimplementation und -nutzung im Einzelhandel

Mit der technischen Installation der neuen Systembasis (PC-LAN) und der Anschaltung der ISDN-Anschlüsse bei den Einzelhandelsunternehmen wird ein zwar notwendiger und wichtiger, aber dennoch nur *erster* Schritt in der Umsetzung der Informationsverarbeitungsstrategie der Handelszentrale vollzogen. Aus einem vergleichbaren Prozeß der Einführung ISDN-basierter Informations- und Kommunikationsanwendungen zwischen einem mittelständischen Einzelhandelsunternehmen und seinen Filialen wissen wir, daß neben der technischen Lösung der Unternehmensvernetzung vor allem die organisatorische Integration der Leistungspotentiale neuer Technologien langwierige Lern- und Gestaltungsprozesse in den anwendenden Unternehmen erfordern kann, um Technik und Organisation zu einem effizienten Leistungssystem miteinander zu verbinden.[6]

In den Gesprächen mit Vertretern der Einzelhandelsunternehmen, die an einer frühzeitigen Teilnahme am Vernetzungsprojekt interessiert waren, wurde deutlich, daß sich auf der Einzelhandelsebene im Kern zwei unterscheidbare Vorstellungen über Vorgehensweisen in bezug auf die Systemimplementation und die organisatori-

6 Vgl. ausführlich dazu Biervert, Monse, Brewing u. Bruns 1994, Teil C.

sche Integration der im Netzwerk verfügbaren Anwendungen herauskristallisieren lassen:

(a) Ein Teil der Einzelhandelsunternehmen geht - richtigerweise - davon aus, daß mit dem technischen Systemwechsel zunächst einmal nur die Grundlage für die spätere Nutzung der verbesserten beziehungsweise neuen Informations- und Transaktionsdienstleistungen und -anwendungen gelegt wird, die zu einem größeren Teil noch nicht verfügbar sind. Vor diesem Hintergrund verharren die Unternehmen teilweise in einer "wait-and-see"-Position und in der eher zweifelhaften Gewißheit, die organisatorischen Lern- und Gestaltungsschritte nach und nach als Reaktion auf die jeweils verfügbar werdenden Dienste und Anwendungen vollziehen zu können. Hierin und in der Einschätzung, daß es nach der Systemimplementation in erster Linie auf eine zügige technische Weiterqualifikation der Mitarbeiter ankomme, damit das System effizient genutzt werden könne, kommt ein mangelndes Problembewußtsein in bezug auf die organisatorischen Herausforderungen des Innovationsprozesses zum Ausdruck.

(b) Im Unterschied zu dieser ersten analytisch faßbaren Gruppe von Einzelhandelsunternehmen existieren bei anderen Unternehmen zum Teil bereits sehr konkrete Vorstellungen hinsichtlich der im Zuge der Vernetzung anzustrebenden organisatorischen Techniknutzungsformen. Es sind hier vor allem solche Unternehmen, die in der nahen Vergangenheit ein deutliches Größen- und Umsatzwachstum erlebt haben und stärker filialisiert wurden, die sich nun gezwungen sehen, sich auf teilweise sehr hohen Umsatzniveaus, die in den vergangenen Jahren erreicht wurden, zu konsolidieren. Die interne Organisation ist in den Wachstumsphasen oftmals vernachlässigt worden, so daß hier teilweise erheblicher Nachholbedarf in bezug auf den Ausbau des innerbetrieblichen und filialübergreifenden Informationswesens für die Warenwirtschaft und das Controlling besteht. Bei diesen Unternehmen wird das Vernetzungsangebot der Handelszentrale in erster Linie dazu genutzt, diese Aufgaben mit Hilfe der angebotenen Systemkomponenten zur LAN-WAN-Vernetzung ihrer Filialen zu lösen, wobei die Organisation der administrativen Funktionen oftmals vollständig revidiert werden muß.

In allen Fällen wird seitens der befragten Unternehmen jedoch erheblicher Unterstützungsbedarf bei der technisch-organisatorischen Neugestaltung artikuliert, wodurch stark wachsende Anforderungen an die Beratungs- und Unterstützungskompetenz der Handelszentrale entstehen. Der Unterstützungsbedarf richtet sich dabei auf alle Phasen der Systemimplementation von der technischen Installation über die Schulung der Mitarbeiter bis hin zur Organisationsberatung. Entsprechende Konzepte können von den Einzelhandelsunternehmen zumeist nicht selbständig entwickelt werden, sind jedoch auch bei der Handelszentrale noch nicht verfügbar. Hier muß überlegt werden, in welcher Weise man die Erfahrungen und Ergebnisse von Pilotimplementationen auswerten, bündeln und den Mitgliedern im Einzelhandel verfügbar machen kann, um zu einer zügigen Diffusion der neuen Systemplattform und der Anwendungen und Services zu gelangen. Dies gilt um so mehr, als die Handelszentrale versucht, möglichst ein Komplettangebot an Informations- und Abrechnungsdienstleistungen bei den Einzelhandelsunternehmen unterzubringen, also auch solche Funktionalitäten und Anwendungen zu vermarkten, mit denen ein unter Umständen größerer Teil der Mitglieder bisher überhaupt noch keine Erfahrungen sammeln konnte.

2.2 Zur Ablauforganisation des Gestaltungsprozesses auf der Handelsseite: Probleme und Aufgaben des Projektmanagements

Ebenso wie in bezug auf die Konzeption der technischen Anwendungslösungen ist die Handelszentrale am ehesten in der Lage, Abstimmungs- und Gestaltungsprozesse zu initiieren und zu moderieren und die Teilnahmebereitschaft und -voraussetzungen bei den Einzelhandelsunternehmen zu fördern. Aus der Beobachterperspektive muß es der Handelszentrale auch im eigenen Interesse vordringlich darum gehen, in einem frühzeitigen aktiven Dialog mit den Einzelhandelsunternehmen die Akzeptanz- und Anwendungsbedingungen der Netzwerklösung zu eruieren und sicherzustellen, um günstige Ausgangsvoraussetzungen für eine flächendeckende Implementation der Netzwerklösung im Einzelhandel zu schaffen. Die möglichst zügige Verbreitung des neuen Systems in den Einzelhandelsunternehmen ist als eine der Grundvoraussetzungen für die Realisierung der von der Handelszentrale strategisch intendierten Datenintegration anzusehen.

Zu Beginn des Begleitforschungsprojektes wurde seitens der Projektverantwortlichen der Handelszentrale die Möglichkeit einer politischen Gestaltungslösung in Betracht gezogen. Auf Vorstandsebene wurde zunächst die Gesamtstrategie des ISDN-Vorhabens und dessen Umsetzung entwickelt und konkretisiert. In den Vorstandsgesprächen und von den für das Projekt verantwortlichen Ressort- und Fachabteilungsleitern wurden die Möglichkeiten einer Institutionalisierung der Kooperation zwischen der Handelszentrale und den Einzelhandelsunternehmen im Rahmen des ISDN-Pilotprojekts in Betracht gezogen. Im Ressort Informationsverarbeitung der Handelszentrale wurden im Zusammenhang mit dem Pilotprojekt interne Arbeitsgruppen für die Aufgabenbereich "Auftrag", "Stammdaten", und "Reklamationen" eingerichtet. Während intern bereits eine Produktmarketing-Gruppe mit Planungen zur Förderung der Umsetzung des Projekts auf der Kundenseite befaßt war, existierten Planungen für eine enge und effiziente Zusammenarbeit mit den Einzelhandelsunternehmen im ISDN-Projekt nur in ersten Ansätzen. Die bestehenden Erfahrungsaustauschgruppen und Arbeitskreise erschienen aufgrund ihrer Aufgabengebiete und Funktionsweisen wenig geeignet, in unveränderter Form als Gestaltungs- und Kontrollgremien im Rahmen des Pilotprojekts agieren zu können. Deshalb wurde ursprünglich die Einrichtung eines sogenannten Anwenderbeirates unter Hinzuziehung von Vertretern des bestehenden Mitgliederausschusses und des Arbeitskreises 'Warenwirtschaft' vereinbart. Dieser Beirat, in dem des weiteren die Pilotanwender, die zuständigen Fachabteilungen und Arbeitsgruppen der Handelszentrale vertreten sein sollten, sollte ab Beginn des Implementationsprozesses regelmäßig tagen und zur konkreten Ausformulierung von Implementations- und Nutzungsmodellen beitragen.[7]

Eine entsprechende Institutionalisierung eines multilateralen Arbeitskreises beziehungsweise Anwenderbeirates wurde jedoch in der Projektlaufzeit nicht realisiert, und dieses Vorhaben kann zum Ende des Begleitforschungsprojektes als gescheitert betrachtet werden. Die Gründe für dieses Scheitern sind selbst wiederum als Ergebnisse politischer Prozesse und strategischer Vorbehalte anzusehen. Die in bereits bestehenden Arbeitskreisen mit den Mitgliedsunternehmen praktizierte Kooperation ließ einerseits aus der Sicht der Projektverantwortlichen der Handelszentrale an Effizienz stark zu wünschen übrig. Andererseits wurde keine den bestehenden Gruppierungen gegenüber opportune Möglichkeit gesehen, einen völlig neuen Arbeitskreis zu etablieren, in dem in erster Linie die innovativen und das Pilotprojekt unterstützenden und befördernden Einzelhandelsunternehmen vertreten sein sollten. Um nun nicht einen weiteren Arbeitskreis einzurichten, der sich zu einem Großteil aus den Mitgliedern der bestehenden Gruppen zusammensetzen würde, wurden die entsprechenden Aktivitäten in die bereits existieren Arbeitskreise, insbesondere den Mitgliederausschuß und den Arbeitskreis 'Betriebswirtschaft und Organisation' verlegt. Hierbei fand jedoch gleichzeitig eine inhaltliche Veränderung und Rücknahme der ursprünglich geplanten Konzeption des Anwenderbeirates statt. Die Arbeitskreise, in denen das ISDN-Pilotprojekt zum Gegenstand gemacht wurde, wurden seitens der Projektverantwortlichen einerseits als Informationsquellen genutzt, um nähere Informationen über spezifische Anwendungsbedürfnisse der Einzelhandelsunternehmen zu erhalten, beispielsweise in bezug auf spezifische betriebs- und warenwirtschaftliche Auswertungen und Kennziffern, die in den neuen Anwendungsprogrammen verfügbar sein sollten. Andererseits dienten diese Gruppen als Foren engagierter Einzelhändler, in denen geprüft werden konnte, inwieweit die den Kunden anzubietenden Leistungen wie Hardware, Anwendungen, Installationen, Wartungsverträge und dergleichen vom Leistungsumfang und Preis auf der Kundenseite auf Akzeptanz stoßen würden. In dieser Hinsicht dienten diese Arbeitskreise zugleich als Informations- und Meinungsmultiplikatoren.

Die dergestalt zunehmende Vermeidung einer breiter angelegten kooperativen Produkt-, Leistungs- und Nutzungsformenentwicklung mit den Einzelhandelsunter-

7 Vgl. zur Gesamtkonzeption Abb. 2.

nehmen ist teilweise sicherlich auch einem sich entwickelnden neuen Selbstverständnis der Handelszentrale als Service-Provider für den Einzelhandel geschuldet, der definierte Leistungen in der Breite vermarktet. Übersehen werden sollte dabei jedoch nicht, daß die angebotenen EDV-Dienstleistungen eben auch auf die strategischen Zwecke der Handelszentrale selbst zugeschnitten und von daher schon im Grundsatz nicht beliebig veränderbar sind.

Das "Management des Gestaltungsprozesses" reduzierte sich im konkreten Fall zum einen auf die Ausschöpfung möglichst vieler Gelegenheiten und Wege zur Information der Einzelhandelsunternehmen über die grundsätzliche Bedeutung der Umsetzung der Informationsverarbeitungsstrategie und die hierzu angebotenen Systeme, Anwendungen und Services und zum anderen auf eine Intensivierung der einzelfallbezogenen Kundenberatung, die im Kern der Verkaufs- und Implementationsvorbereitung bei den Kunden diente.

2.3 Piloten und Prototypen I: Ansatzpunkte der Netzwerkgestaltung auf der überbetrieblichen Ebene

Vor dem Hintergrund dieser Implementierungs- und Diffusionspolitik war es die Absicht der Handelszentrale, die Erfahrungen von Pilotanwendern in geeigneter Form an die Mitgliedsunternehmen weiterzugeben. Den entsprechenden Pilotimplementationen, von denen wir in diesem Abschnitt drei eingehender darstellen werden, kamen dabei spezifische Funktionen zu.

Den Pilotinstallationen wurde zunächst nicht der Stellenwert eines technischen Praxistests beigemessen. Hier mußte vielmehr davon ausgegangen werden, daß bereits das Angebot gegenüber den Einzelhandelsunternehmen als Kunden des Mitgliederrechenzentrums technisch ausgereift und auf ihre Belange zugeschnitten sein muß. Hierbei war zu berücksichtigen, daß ein Teil der Kunden bereits seit längerem auf die Verbesserung des Informationswesens insgesamt wie auch auf die Verbesserung einzelner Anwendungen und auf die Verbindung dieser Anwendungen zur geschlossenen Warenwirtschaft drängte. Andererseits mußte aufgrund der Erfahrungen, die man mit der aufgrund des Drängens der Kunden zu frühen Herausgabe des zentralen Anwendungsmoduls 'Auftrag Mode' (noch für die früher genutzten Unisys-Systeme) gemacht hatte, der Wechsel der Systemplattform solange hinausgeschoben werden, bis ein hoher Qualitätsstandard der Anwendungsprogramme für die MS-DOS-Systeme erreicht werden konnte. Deshalb wurde das System und die Anwendungen durch das Mitgliederrechenzentrum der Handelszentrale in bezug auf ihre Einsatzfähigkeit unter Praxisbedingungen ausführlich überprüft und optimiert. Gerade dieser Umstand führte jedoch dazu, daß sich der ursprünglich für den Anfang des Jahres 1993 vorgesehene Beginn der Systemauslieferung an die Kunden bis zur Jahresmitte verzögerte.

Nach der Umstellung der Anwendungsprogramme des Mitgliederrechenzentrums (von der Unisys-Systemplattform auf PC/MS-DOS) begann die Handelszentrale ab Mitte 1993 mit dem Vertrieb der neuen Systemkomponenten an die Einzelhandelsunternehmen, denen entsprechend der informationstechnischen Konzeption Angebote für Einplatz- oder Netzwerklösungen unterbreitet wurden. Trotz umfangreicher Informationsaktivitäten und Präsentationen des neuen Systems und der Anwendungen vor Kunden anläßlich von Warenmusterungen wurde zunächst auf einen Vorstoß in Richtung auf eine möglichst zügige Verbreitung des Systems verzichtet.

Die vorrangige Funktion der Pilotinstallationen lag darin, den Kunden gegenüber die entsprechenden Fortschritte, den Beginn der Umsetzung und die Qualität der Lösung nicht nur durch ein Produkt- und Leistungsangebot zur Kenntnis zu geben, sondern anhand unmittelbar nachvollziehbarer, funktionierender Lösungen im Einzelhandel zu demonstrieren, um damit die Kaufentscheidungsprozesse bei den potentiellen Kunden zu initiieren. Letztlich können die Pilotinstallationen damit nicht nur als erster Einstieg in die Diffusion des neuen Systems angesehen werden, die entsprechenden Unternehmen nehmen vielmehr auch die Rolle von Multiplikatoren ein.

Bei zwei Unternehmen, die sich aus unterschiedlichen Gründen für eine frühzeitige Adaption der Netzwerklösung entschieden hatten, konnte in mehreren Gesprächen zumindest die technische Systemumstellung und der Planungs- und Erwartungshorizont in bezug auf die Systemnutzung begleitet beziehungsweise eruiert werden. Als günstig hat es sich dabei erwiesen, daß diese beiden Unternehmen zwei völlig unterschiedliche Typen mit verschiedenartigen Herangehensweisen und Zielvorstellungen im Vernetzungsprojekt darstellen, die stellvertretend für viele Einzelhandelsunternehmen im Unternehmensverbund stehen können. Eine etwas andere Stellung für das gesamte Vernetzungsprojekt hat die dritte Pilotinstallation, die im folgenden ebenfalls dargestellt wird. In diesem Unternehmen hat im Rahmen eines eigenen ISDN-Modellprojekts[8] eine weitreichende Reorganisation der warenwirtschaftlichen Entscheidungsabläufe stattgefunden, bei der systematisch die Frage nach der An- und Einbindung externer Geschäftspartner in diese Unternehmensentwicklung gestellt wurde. In diesem Zusammenhang hat es zwischen diesem Mitgliedsunternehmen und der Handelszentrale eine Reihe von Gesprächen in der Initiierungsphase der Vernetzungsstrategie gegeben, die wesentlich in deren konzeptionelle Grundlagen mit eingeflossen sind.

8 Vgl. hierzu den Forschungsbericht Biervert, Monse, Brewing u. Bruns 1994.

2.3.1 Pilotinstallation A: Der Anschluß an das ISDN als Zukunftsoption

Bei dem ersten Pilotunternehmen handelt es sich um ein kleines mittelständisches Einzelhandelsunternehmen mit insgesamt 4 Filialen, die zusammen eine Gesamtverkaufsfläche von 2.400 m² aufweisen.

Das Unternehmen mit der Rechtsform einer Kommanditgesellschaft (KG) erzielt als Nahversorgungskaufhaus mit relativ schmalen Sortimenten im unteren Preissegment und den Mittelpreislagen einen Jahresumsatz von 14 Mill. DM und konnte in den vergangenen Jahren ein kontinuierliches Wachstum verzeichnen. Der Umsatz verteilt sich jeweils zur Hälfte auf den Textil- und den Hartwarenbereich. Von den 45 Mitarbeiterinnen und Mitarbeitern des Unternehmens arbeiten nur zwei im kaufmännisch-administrativen Bereich, wobei der Inhaber des Unternehmens zentrale Aufgaben der Disposition, des Einkaufs, der Auftragsbearbeitung und des Controllings zu einem Großteil selbst wahrnimmt. Hierdurch verfügt das Unternehmen über extrem kurze Entscheidungswege, ein an die Person des Inhabers gebundenes Gespür für Umsatzmöglichkeiten und die Möglichkeit, über eine individuellere Kundenbetreuung eine Stammkundschaft zu pflegen und zu halten. Bei einem wachsenden Umsatzanteil von Posten- und Aktionsangeboten (bis zu 30 Prozent) hat sich diese Kundennähe bisher als sehr erfolgreich erwiesen, ist jedoch kaum durchgängig durchhaltbar und nicht als systematische Entscheidungsgrundlage anzusehen. Es wird durchaus eingeräumt, daß ein Teil der Einkaufsentscheidungen aus dem Gefühl heraus getroffen wird beziehungsweise getroffen werden muß und es hierzu zunehmend aktueller Informationsgrundlagen bedarf, insbesondere auch über Abverkäufe bei Artikeln, die nachdisponiert werden können.

Als Nahversorgungshaus nimmt bei diesem Unternehmen ein günstiges Preis-Leistungs-Verhältnis einen wichtigen Stellenwert im Wettbewerb ein. In den vertretenen Sortimentsbereichen besteht ein harter Preiswettbewerb mit den Filialen der Warenhauskonzerne und den Verbrauchermärkten. Ein besonders günstiger Warenbezug stellt für das Unternehmen den zentralen Wettbewerbsfaktor überhaupt dar. Dies ist auch einer der Gründe dafür, daß das komplette Warenangebot mit etwa 40.000 zu disponierenden Artikeln über die Handelszentrale bezogen wird. Hierfür ist jedoch auch die Tatsache mitverantwortlich, daß es die personellen und finanziellen Kapazitäten des Hauses geradezu unumgänglich machen, einen möglichst großen Teil der administrativen Aufgaben von der Handelszentrale übernehmen zu lassen.

Ausschlaggebend für das Interesse an einer frühzeitigen Teilnahme am Vernetzungsprojekt war in diesem Unternehmen ein Bedarf an weiterentwickelten Anwendungen der Warenwirtschaft, insbesondere für die Funktionen der Auftragsbearbeitung und der Lagerbewirtschaftung, um die Lagerumschlagsgeschwindigkeit besser kontrollieren und steuern zu können. Diese Aufgaben konnten unter den gegebenen Personalbedingungen nicht mehr zufriedenstellend bearbeitet werden und erforderten einen hohen Arbeitsaufwand und Wochenendarbeit des Inhabers. Darüber hinaus wurde mit der Anschaffung der neuen Systemplattform die Option verbunden, zukünftig aktuelle Abverkaufsauswertungen und Warenstatistiken sowie Marktinformationen über die Kundendatenbank (Kunden-Infothek) der Handelszentrale zu erhalten, um auf dieser Basis eine systematische Sortimentspflege betreiben zu können. Letztlich sollten diese Funktionen ohne zusätzliches Personal bewältigt werden können.

Bei den technischen Ausgangsvoraussetzungen des Unternehmens erwies es sich als günstig, daß in der Unternehmenszentrale bereits ein ISDN-Basisanschluß und eine ISDN-Nebenstellenanlage (Telekom Octopus M) vorhanden waren, so daß hier das vorhandene Unisys-System problemlos gegen einen PC mit ISDN-Karte ausgetauscht und dieser an das ISDN angeschaltet werden konnte. In den Filialen des Unternehmens werden zunächst weiterhin die vorhandenen Rechner genutzt, und zwar hauptsächlich zur Auftragserteilung via Datenfernübertragung an die Handelszentrale. Der Datenaustausch zwischen den Filialen und der Zentrale geschieht zunächst weiterhin über Telefax. Die nachstehende Abbildung gibt einen Überblick über die Informationsverarbeitungs- und Kommunikationsinfrastruktur des Unternehmens vor und nach der Pilotimplementation.

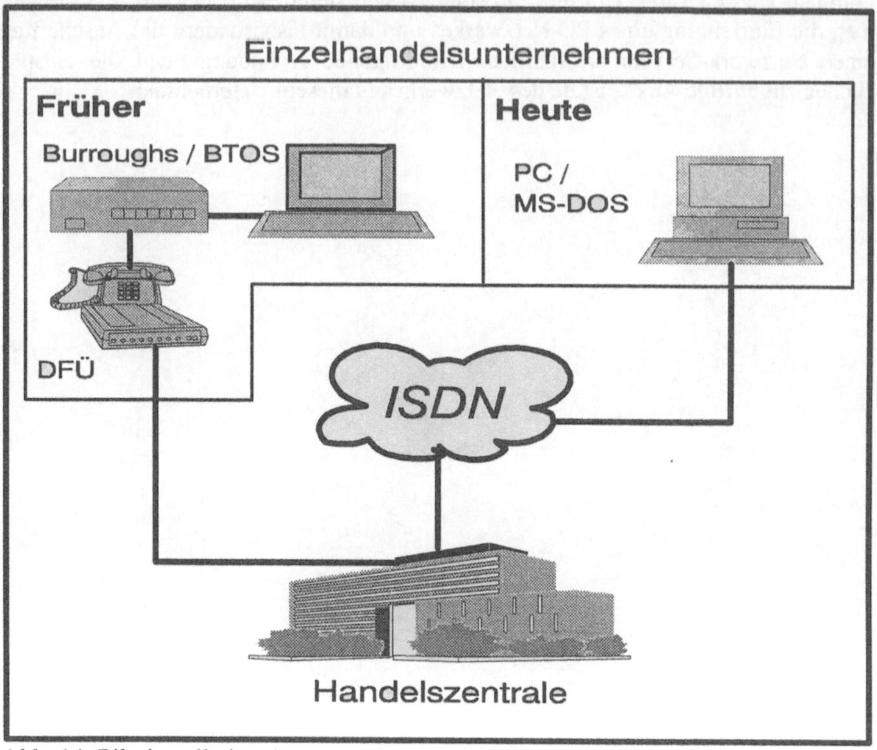

Abb. 14: Pilotinstallation A

Die Pilotinstallation in diesem Unternehmen gestaltete sich auch insoweit weitgehend unproblematisch, als daß zunächst die gleichen Anwendungen auf der neuen Systembasis genutzt werden, die auch vorher schon in Gebrauch befindlich waren. Insoweit reduzierte sich der Qualifikationsbedarf bei den Mitarbeiterinnen in der kaufmännischen Verwaltung des Unternehmens auf eine kurze Einweisung durch einen Mitarbeiter des Mitgliederrechenzentrums der Handelszentrale. Für die Zukunft wird jedoch auch hier ein steigender Qualifikationsbedarf hinsichtlich der Nutzung der oben genannten neuen Anwendungen und der Nutzung des PC-Systems für eine Vielzahl der täglichen administrativen und Sekretariatsaufgaben wie Textverarbeitung, Tabellenkalkulation, Geschäftsgrafik, Adreßverwaltung und anderes mehr erwartet. Hier ist geplant, die Mitarbeiterinnen schrittweise an die neuen Anwendungen heranzuführen und die Schulungsangebote der Handelszentrale zu nutzen.

Schon relativ kurze Zeit nach der Implementation des ersten PC zeigte sich bei dem Unternehmen ein Bedarf an weiteren Netzwerkarbeitsplätzen. Insbesondere soll demnächst ein Chefarbeitsplatz (Informationssystem) eingerichtet werden, wobei vorstellbar ist, daß zu diesem Zweck ein tragbarer Personalcomputer eingesetzt wird, der auch zur Auftragserfassung bei Warenmusterungen der Handelszentrale mitgenommen werden kann. Um diese Lösung zu realisieren, wird jedoch im Unternehmen die Einrichtung eines PC-Netzwerkes und damit insbesondere die Anschaffung eines Netzwerk-Servers erforderlich. Die folgende Abbildung zeigt die entsprechende zukünftige Ausbaustufe des Netzwerkes in diesem Unternehmen.

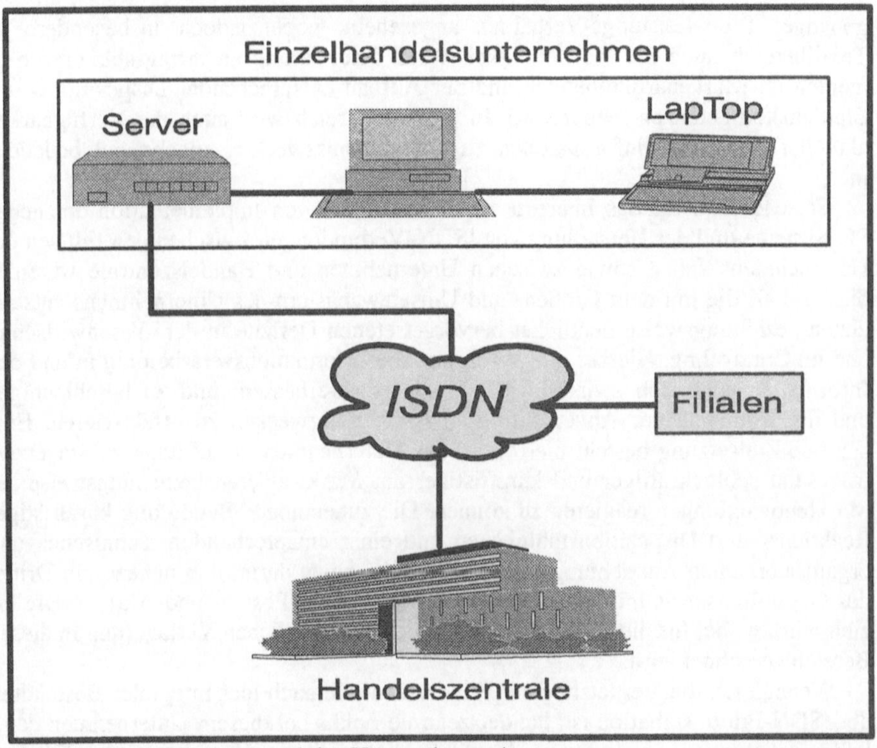

Abb. 15: Geplantes Netzwerk im Unternehmen A

2.3.2 Pilotinstallation B: Überbetriebliche Vernetzung als technisch-organisatorischer Entwicklungsprozeß

Im Unterschied zu der ersten Pilotinstallation mußte bei einem zweiten Pilotanwender von ganz anders gelagerten Ausgangsvoraussetzungen und Zielsetzungen ausgegangen werden. Bei diesem zweiten Unternehmen handelt es sich um ein mittelständisches Einzelhandelsunternehmen, das in der nahen Vergangenheit sowohl eine stürmische Umsatzentwicklung von 15 Millionen DM in 1990 auf 50 Millionen DM in 1993 erlebt hatte als auch stark filialisiert wurde. Von den inzwischen sieben Filialen befinden sich drei in den jungen Bundesländern. Das Unternehmen, das unter der Rechtsform einer GmbH & Co. KG firmiert, verfügt über eine Gesamtverkaufsfläche von 7000 m² und beschäftigt 200 Mitarbeiterinnen und Mitarbeiter, davon 9 im kaufmännischen und Verwaltungsbereich.

Das Warensortiment des Unternehmens verteilt sich jeweils zur Hälfte auf den Textil- und den Hartwarenbereich. Als zentraler Wettbewerbsfaktor wird hier ein günstiges Preis-Leistungs-Verhältnis angesehen, wobei jedoch insbesondere im Textilbereich auch die Notwendigkeit einer Orientierung an ertragsstärkeren Segmenten im Markenartikelbereich und der Aufbau entsprechender Dispositions- und Einkaufskompetenzen betont wird. In diesem Bereich wird auch die Verfügbarkeit aktueller Abverkaufsinformationen zu Dispositionszwecken zunehmend bedeutsamer.

Entscheidend für das Interesse an einer frühzeitigen Implementation der neuen PC-Systeme und der Herstellung von ISDN-Verbindungen zwischen den Filialen des Unternehmens selbst sowie zwischen Unternehmen und Handelszentrale waren in diesem Fall die mit dem Größen- und Umsatzwachstum des Unternehmens entstandenen beziehungsweise deutlicher hervorgetretenen Defizite in der Warenwirtschaft und im Controlling. Hierbei ging es darum, die Informationsverarbeitung in und den Informationsaustausch zwischen den Filialen zu verbessern und zu beschleunigen und die Kontrolle der Abverkäufe zu Dispositionszwecken zu effektivieren. Eine zentrale Zielsetzung besteht hier darin, das Unternehmen in die Lage zu versetzen, insgesamt schlagkräftiger und kurzfristiger am Markt agieren beziehungsweise auf Marktentwicklungen reagieren zu können. Die zunehmende Bedeutung kurzfristiger Reaktions- und Dispositionsfähigkeiten und einer entsprechenden technischen und organisatorischen Ausrichtung zeigt sich bereits heute darin, daß nahezu ein Drittel des Gesamtumsatzes mit kurzfristig zu disponierender Posten- und Aktionsware erzielt wird, wobei für die Zukunft mit einer weiteren deutlichen Verlagerung in diesen Bereich gerechnet wird.

Wenngleich die Vernetzung zur Handelszentrale auch hier integraler Bestandteil der ISDN-Pilotinstallation ist, lag der zentrale Fokus bei diesem Unternehmen deutlicher im Bereich der inner- und zwischenbetrieblichen Vernetzung der Filialen. Diese Fokussierung kommt auch darin zum Ausdruck, daß in diesem Fall nicht nur eine erste technische Anpassungsleistung an die Systemvorgaben der Handelszentrale vollzogen wurde, sondern vielmehr konkrete Umsetzungsschritte in bezug auf die organisatorische Neugestaltung von Unternehmensprozessen in Angriff genommen wurden.

In technischer Hinsicht existierte vor dem Beginn des Vernetzungsprojekts in der Unternehmenszentrale und einer weiteren Filiale jeweils ein Unisys-Rechner mit einem Arbeitsplatz, von dem aus im wesentlichen die Bestellungen per Datenfernübertragung an die Handelszentrale übertragen wurden. Der Datenaustausch zwischen der Unternehmenszentrale und den übrigen Filialen bediente sich mit einem entsprechend hohen Arbeitsaufwand herkömmlicher Medien wie Brief, Telefon und Telefax. Das Vernetzungsprojekt setzt in diesem Unternehmen in der Zentrale und der größten Filiale an, wo jeweils lokale PC-Netze installiert wurden, die über einen Netzwerkserver an das ISDN angeschlossen sind. Geplant ist für den weiteren Ausbau der Einbezug aller Filialen in diese Vernetzungsstruktur. Bedeutet die datentechnische Vernetzung aller Filialen schon einen deutlichen Entwicklungssprung für dieses Unternehmen, so wird die zukünftig geplante Einbindung eines Auszeichnungssystems mit Etikettendruckern und von Scannerkassen in die lokalen Filialnetzwerke einen weiteren wesentlichen Schub in Richtung auf die Realisierung einer geschlossenen Warenwirtschaft und artikelgenauer, bestandsführender Systeme verursachen.

Der Leitung des Unternehmens, und dies hat sich im vorliegenden Fall als günstig erwiesen, war von vornherein weniger an einer technischen Suboptimierung einzelner Arbeits- und Kommunikationsvorgänge als vielmehr an einer *technisch-organisatorischen Neugestaltung unternehmensinterner und unternehmensübergreifender Gesamtprozesse* gelegen. Die Planungen gehen dahin, jede Filiale als selbständiges Profit-Center zu führen, was jedoch keine vollständige Dezentralisierung aller Entscheidungsbefugnisse und Kontrollfunktionen bedeutet. Im Zuge der organisatorischen Neugestaltung wird vielmehr gleichzeitig in der Unternehmenszentrale eine Controllingstelle eingerichtet, von der aus jederzeit auf die Daten der Filialen zugegriffen werden kann. Die Dispositionsentscheidungen können dezentral in den Filialen getroffen und die entsprechenden Aufträge über ISDN an die Handelszentrale übertragen werden. Das technische System läßt hier jedoch auch die Option einer konsolidierten Abwicklung der Aufträge über die Zentrale des Einzelhandelsunternehmens zu. Die nachstehende Abbildung zeigt einen schematischen Überblick über die Pilotinstallation im Unternehmen B.

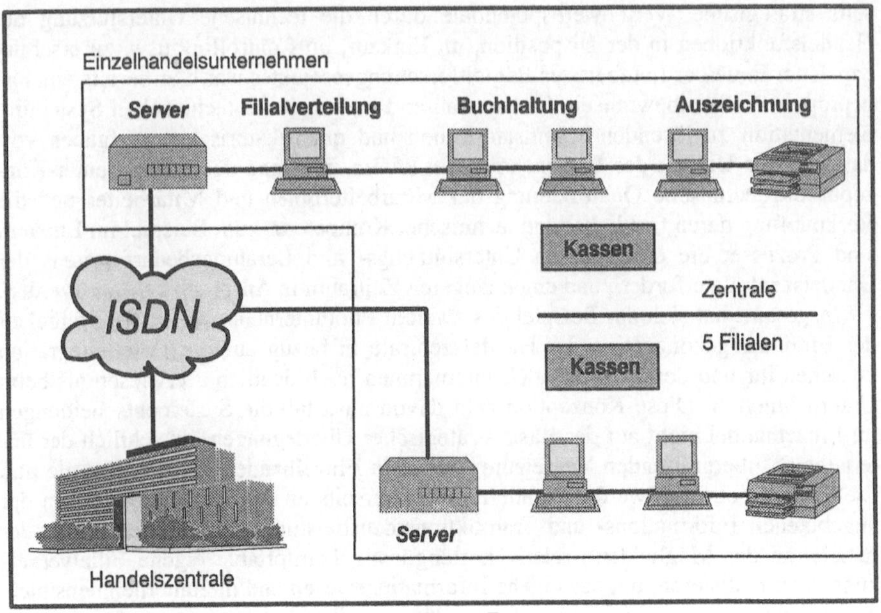

Abb. 16: Vernetzungslösung im Unternehmen B

Unabhängig von dem konkreten technisch-organisatorischen Realisierungsstand der Netzwerklösung in diesem Unternehmen läßt sich zusammenfassen, daß das Pilotprojekt der Handelszentrale hier zu einer relativ umfassenden Neugestaltung der inner- und zwischenbetrieblichen Informationsverarbeitung und Kommunikation führt und im Kern zum Aufbau einer eigenen informations- und kommunikationstechnischen Infrastruktur für die Warenwirtschaft und das Controlling genutzt werden soll. Die starke Orientierung des Unternehmens an der notwendigen Verbesserung der inner- und zwischenbetrieblichen Informationsverarbeitungsprozesse und die seit über 20 Jahren bestehenden Kooperations- und Geschäftsbeziehungen zum Mitgliederrechenzentrum der Handelszentrale führen auch hier dazu, daß die strategischen Optionen der *unternehmensübergreifenden Vernetzung* zwischen Handelszentrale, Einzelhandel und Lieferanten nicht thematisiert werden. Von Interesse erscheinen in dieser Hinsicht nahezu ausschließlich die Möglichkeiten der effizienteren und administrativ aufwandsarmen Bestellung, Auftragsbearbeitung, Lieferungsabwicklung und Abrechnung.

Im Unterschied zum Unternehmen A konnte im zweiten Pilotunternehmen von einer relativ deutlich formulierten organisationsbezogenen Zielvorgabe ausgegangen werden, die darauf abstellt, Betriebsorganisation und Netzwerktechnik sowie Netzwerkanwendungen gezielt aufeinander abzustimmen, um einerseits operative Rationalisierungspotentiale im administrativen Arbeitsbereich zu realisieren und andererseits strategische Wettbewerbspotentiale durch die technische Unterstützung der Handelsfunktionen in der Disposition, im Einkauf, im Controlling usw. zu erschließen. Zum Ende der Laufzeit des Begleitforschungsprojektes war hier bereits ein ausgeprägtes Problembewußtsein für die während und nach der technischen Systemimplementation zu lösenden organisatorischen und qualifikatorischen Aufgaben vorhanden. Der Umbau der Unternehmensstrukturen im Sinne des Profit-Center-Konzepts, die technische Qualifizierung der Mitarbeiterinnen und Mitarbeiter und die Verknüpfung deren fachlicher und technischer Kompetenz, zum Beispiel im Einkauf, sind Prozesse, die einen hohen Unterstützungs- und Beratungsbedarf seitens der Handelszentrale erfordern und einen längeren Zeitraum in Anspruch nehmen werden.

Insgesamt hat sich am Beispiel des zweiten Pilotunternehmens die Tragfähigkeit der Einführungskonzeption der Handelszentrale in bezug auf die Datenintegration zwischen ihr und den Einzelhandelsunternehmen noch deutlicher erwiesen als beim Unternehmen A. Diese Konzeption geht davon aus, daß die Systementscheidungen im Einzelhandel nicht auf der Basis strategischer Überlegungen hinsichtlich der unternehmensübergreifenden Vernetzung zwischen Einzelhandel, Handelszentrale und Lieferanten getroffen werden, sondern sich einerseits an den Nutzenpotentialen der angebotenen Informations- und Transaktionsdienstleistungen orientieren und andererseits an der Möglichkeit, relativ kostengünstig komfortable eigene Filialvernetzungen zu realisieren, um das eigene Informationswesen und die unternehmensinternen beziehungsweise filialübergreifenden Kommunikationsprozesse zu effektivieren. Auf diesem Weg wird mit der Verbesserung und technischen Unterstützung des Informationsmanagements in den Einzelhandelsunternehmen zugleich die grundlegende Voraussetzung für die Datenintegration zwischen Einzelhandel und Handelszentrale geschaffen. Hier zeigt sich besonders deutlich, daß die organisatorische Einbindung und die organisationale Nutzung der Netzwerkanwendungen einen hohen Stellenwert nicht nur in bezug auf die Nutzenrealisierung im Einzelhandel, sondern in bezug auf den Erfolg des Vernetzungsprojekts der Handelszentrale insgesamt aufweisen.

2.3.3 Pilotinstallation C: Überbetriebliche Vernetzung als Element eines umfassenden Reorganisationsprojektes

Die überbetriebliche Vernetzung zwischen einem filialisierten Handelsunternehmen und der Handelszentrale, die Bestandteil eines umfassenden Reorganisationsprojektes ist, unterscheidet sich in mehrfacher Hinsicht von den beiden anderen Pilotinstallationen, die in den beiden vorangehenden Abschnitten dargestellt wurden. In technischer Hinsicht repräsentiert der hier realisierte elektronische Datenaustausch die Netzwerkkonfiguration für Fremdsysteme, die von seiten der Handelszentrale als (dritte) Option zum Einstieg in den ISDN-Datenverbund eröffnet wird. Organisatorisch gesehen ist die Anwendung von ISDN-Techniken in diesem Unternehmen in eine umfassende Reorganisation insbesondere der warenwirtschaftlichen Abläufe eingebunden. Im Zuge dieses Innovationsprozesses[9] ist das Unternehmen zugleich Mitinitiator des Modellprojektes der Handelszentrale. Als Mitglied der Einkaufskooperation und aufgrund umfangreicher eigener Erfahrungen im Rahmen des eigenen Modellvorhabens gab es frühzeitig Kontakte im Hinblick auf die Konzeption der Anwendung des ISDN im Rahmen zwischenbetrieblicher Vernetzungsstrategien. Aus dieser Sicht kommt diesem Unternehmen in der Initiierungsphase und bei der Vernetzungskonzeption eine wichtige Rolle zu.

Das als Textilkaufhaus positionierte Handelsunternehmen steht mit seinen breiten Randsortimenten u.a. im Hartwarenbereich im unteren bis mittleren Preissegment in unmittelbarem Wettbewerb zu den Betriebsstätten der Großbetriebsformen des Handels und den häufig preisorientierten Kleinbetriebsformen, beispielsweise den Boutiquen. Seine Marktpositionierung ist an der zeitgerechten Ansprache der angezielten Marktsegmente mit einer optimalen Bündelung des Angebotes orientiert. Im Vergleich zur beständigen, qualitativ hochwertigen Sortimentspräsentation hat das preisaggressive, sich ständig wandelnde Produktangebot einen hohen Stellenwert, um sich im Wettbewerb zu behaupten. Die Entwicklung des Unternehmens läßt sich am besten mit zwei Begriffen umschreiben: *Expansion und Innovation.*

---

9 Vgl. hierzu ausführlich den Forschungsbericht von Biervert, Monse, Brewing u. Bruns 1994.

- Die geschäftlichen Aktivitäten des Unternehmens sind durch ihre stetige Ausdehnung gekennzeichnet. Grundlage dafür ist der Ausbau des Filialnetzes durch den Erwerb oder die Neugründung von Filialen. Aus einem Bestand von 10 Filialen im Jahre 1986 wuchs das Unternehmen auf inzwischen 25 Filialen im Jahre 1994. Ziel ist es, bis zum Jahr 1999 die Zahl von 40 Filialen zu erreichen. Branchenstatistiken weisen das Unternehmen mit einer Umsatzgröße von circa DM 300 Mill. damit unter den 50 größten Handelsunternehmen der Bekleidungsbranche in der Bundesrepublik Deutschland aus.

- Die Phase der Expansion läßt sich gleichzeitig kennzeichnen durch das Entstehen und Heranreifen des Einkaufs- und Vertriebskonzeptes "Vom Bekleidungsgeschäft zum Textil-Kaufhaus". Im Sortimentsprofil steht das Aktionsgeschäft im Vordergrund. Handlungsmaxime ist, daß "kein Artikel zweimal durch das Haus geht". Preisbewußter (Groß-)Einkauf und knappe Kalkulationen sind die betriebswirtschaftlichen Grundlagen, um ein aus qualitativ guten, aber preisgünstigen Artikeln bestehendes Sortiment realisieren zu können.

Diese Entwicklungslinien sind Kennzeichen der Umbruchphase, in der sich das Unternehmen befindet. Im Übergang von einer Pionierunternehmung zu einer Wachstumsunternehmung stellen sich neue unternehmenspolitische Herausforderungen, insbesondere im Hinblick auf die Leitungs- und Steuerungskapazität in den Feldern der warenwirtschaftlichen Steuerung. Mit der Marktpositionierung und mit dem schnellen Wachstum der Unternehmung ist der Bedarf an qualifizierten Entscheidungen und fundierter betriebswirtschaftlicher Steuerung gestiegen. Das personenorientierte Führungs- und Steuerungsmodell mit seinen informellen Regelungen und vielfältigen Formen der persönlichen Abstimmung stößt in der funktionalen Unternehmensstruktur des Familienunternehmens mit dem Unternehmenswachstum an seine Grenzen.

Kritische Erfolgsgröße des Unternehmenshandelns ist die organisatorische Absicherung der Bindung der Einkaufsentscheidungen an den Warenverkauf in den Filialen. Vor der Einführung von ISDN-Techniken kommt dieses Grundprinzip aufbauorganisatorisch in der Doppelfunktion der Einkäufer - alle Einkäufer haben eine zweite Funktion inne, zum Beispiel Filialleitung oder Einkaufsabwicklung - zum Ausdruck und wird in den betrieblichen Abläufen durch informelle Koordinationsformen, flache hierarchische Strukturen und eine als offen wahrgenommene Kommunikations- und Entscheidungskultur erreicht. Im Zuge des Unternehmenswachstums führt die Ausdehnung der Warenvolumens in den Sortimentsbereichen und die damit verbundene Aufteilung der Warenbereiche auf mehrere Einkäufer zu einer Erhöhung des Koordinationsbedarfes, der allein auf der Grundlage direkter Kommunikation nicht mehr zu bewältigen ist. In der Konsequenz entstehen unmittelbar Engpaßsituationen, die in verkaufsbezogenen Vorgängen und logistischen Abläufen insbesondere durch Personaleinsatz und ad hoc-Organisation bewältigt werden müssen. Zugleich werden durch die größere Anzahl von Dispositionen beim Wareneinkauf besonders für umsatzstarke Zeiträume warengruppenübergreifend Lagerbestände aufgebaut. Dies führt zu erheblichen und ungleichmäßigen Ausschlägen in der Kapitalbedarfskurve, wodurch in hohem Maße Finanzkapital gebunden wird.

Die Notwendigkeit, unter den geänderten Umfeldbedingungen "Eingriffe" in die organisatorischen Abläufe vorzunehmen, läßt sich an den aufgezeigten ökonomischen Effekten ermessen. Ebenso wird deutlich, daß die Technisierung von Informations- und Kommunikationsprozessen allein keine ausreichende Problemlösung sein kann, sondern es um eine grundlegende Neuordnung der Unternehmensorganisation geht. Der unternehmenspolitische Leitgedanke des Innovations- und Reorganisationsprozesses ist es, im Zuge der Anwendung der ISDN-Technik die organisatorischen und personellen Leistungspotentiale in der Unternehmung zu entwickeln und die Unternehmensabläufe neu auszurichten.

Durch den Einsatz des ISDN als technische Infrastruktur der Informations- und Kommunikationsorganisation strebt das Unternehmen an, dem entstandenen Handlungsdruck zu begegnen. Es ist das Ziel, durch diesen Technikeinsatz in dem Unternehmen *selber* den Waren- und Informationsfluß bis an die Datenkasse zu erschließen, um durch dessen Darstellung zu einer schnelleren Anpassung und Umsetzung von Markt- und Unternehmensstrategien zu kommen. Gerade in diesem Punkt hebt sich das Vernetzungskonzept zwar nicht von den strategischen Intentionen, wohl aber von den operativen Realisierungen der Handelszentrale ab. Diese sind zumindest im Verlaufe der Pilotphase in erster Linie darauf ausgerichtet, das Vernetzungskonzept für den Regelfall zu entwickeln, der vorsieht, daß die von der Handelszentrale angebotene Systemkomponenten und Anwendungen auf der Einzelhandelsstufe genutzt werden. Da dies in dieser Pilotinstallation nicht der Fall ist, sind nicht unerhebliche Medienbrüche die Konsequenz, die bereits auf der Ebene der Netzwerkkonfiguration beginnen. Beispielsweise kommen in dem filialisierten Handelsunternehmen ein anderes Betriebssystem (UNIX) und ebenso andere Netzprotokollstrukturen (Ethernet mit TCP/IP) als in der Netzwerkkonfiguration der Handelszentrale zur Anwendung.

Unter dem Leitbild der "Warenwirtschaft auf dem Tisch des Einkäufers" wird in dem Handelsunternehmen das formulierte Ziel in zweifacher Hinsicht konkretisiert:

1. Durch die Rationalisierung administrativer Abläufe wird die Bewältigung der mit dem Unternehmenswachstum verbundenen zusätzlichen Aufwandsgrößen in der Unternehmensverwaltung angestrebt. Hier geht es um eine optimale Kostenstruktur, weil "der Mensch als Leistungsfaktor zu teuer ist".

2. Gleichzeitig sollen mit Hilfe der ISDN-Techniken die innerbetrieblichen Informations- und Kommunikationsprozesse transparent und die betrieblichen Abläufe neu strukturiert werden. Um zu einer effektiveren Gestaltung der warenwirtschaftlichen Entscheidungen zu kommen, wird "in die Köpfe der Mitarbeiter" investiert.

Die Zusammenführung der Datenwelt mit der Kommunikationswelt in einem Netzwerk der Unternehmenskommunikation ist aus der Sicht des Handelsunternehmens der entscheidende Innovationsschritt. Die dafür vorgesehene technische und anwendungsbezogene Verknüpfung von Daten- und ISDN-Kommunikationstechnik zwischen der Zentrale des Unternehmens und allen Filialen - in der Form einer vernetzten digitalen Nebenstellenanlage - kann nicht nur für den Handelsbereich als ein innovatives Pilotprojekt gelten. Auch hier wird deutlich, daß im Kontext der überbetrieblichen Vernetzung das informations- und kommunikationstechnische Konzept weit über den "Regelbedarf" der Mitgliedsunternehmen bzw. Kunden der Handelszentrale hinausreicht. Insoweit hebt sich die Situation in diesem Unternehmen nicht unerheblich von derjenigen ab, in der sich die Vielzahl der Unternehmen befindet, für die die bereits skizzierten "kleinen" Vernetzungslösungen in Frage kommen.

Netztechnisch gesehen heißt dies, daß die Datensysteme des Unternehmens in der Zentrale und in den Filialen über einen ISDN-Telekommunikationsverbund miteinander vernetzt sind. Im Frühjahr 1991 wurde mit der Zusammenschaltung von drei digitalen Nebenstellenanlagen über ISDN-fähige Übertragungsleitungen der DBP Telekom (PCM30-Strecken mit einer Übertragungskapazität von 64 Kbit/s) die Basis für das unternehmensweite Kommunikationsnetz geschaffen. Heute sind neben der Hauptverwaltung alle Filialen in das Kommunikationsnetz einbezogen. ISDN-Router bilden die Verbindungsbrücke zwischen den digitalen Nebenstellenanlagen und der Rechnerwelt (vgl. Abb. 17).

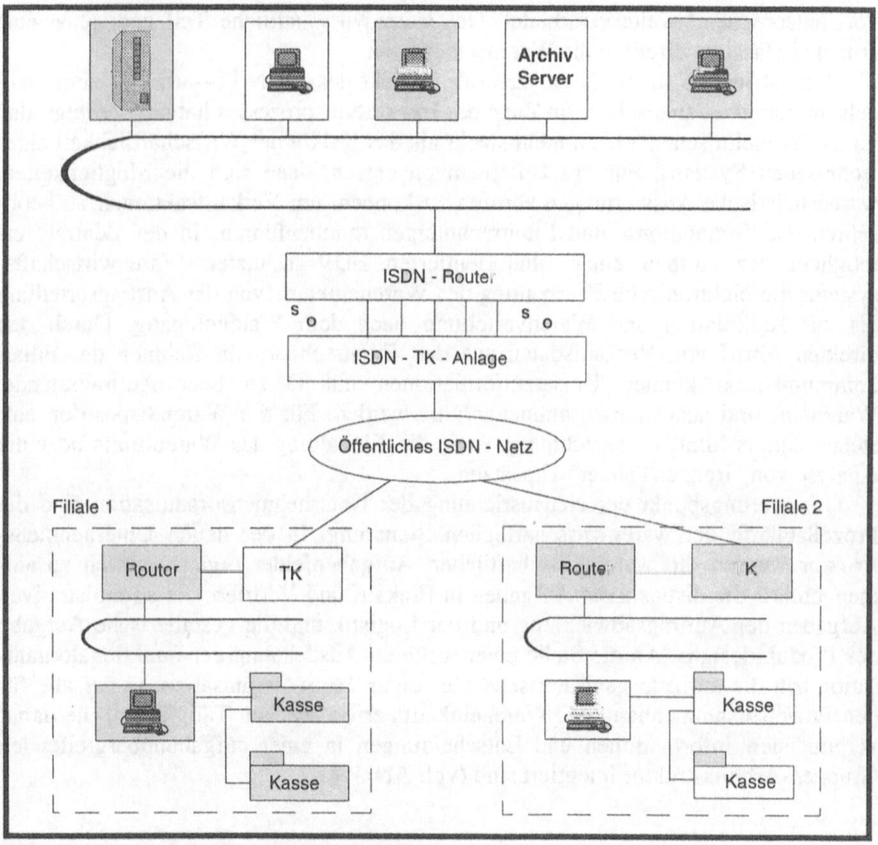

Abb. 17: Filialkommunikation mit ISDN

Auf der Ebene der datentechnischen Anwendungen steht neben der weitgehenden Automatisierung der Kassenabrechnung ein filialorientiertes EDV-gestütztes Warenwirtschaftssystem im Mittelpunkt der technischen Entwicklung.

Die Automatisierung der zeit- und (personal-)kostenintensiven Verfahren der Filialdatenkommunikation erfolgt wesentlich unter dem Aspekt der rationellen Gestaltung administrativer Unternehmensabläufe und der (internen) Schaffung neuer personaler Kapazitäten für das Unternehmenswachstum. Aus den Filialen wird täglich die waren- und finanzwirtschaftliche Auswertung der Verkaufsdaten in Form einer klassischen "Stapelübertragung" an die Zentrale übermittelt. Über die ISDN-Nebenstellenanlage wird eine Datenverbindung im öffentlichen ISDN-Netz zur Zentrale aufgebaut, über die die Datenübertragung erfolgt. Der finanzwirtschaftliche Teil wird durch ein zentrales Kassenabrechnungssystem für die Buchhaltung bereitgestellt und dort entsprechend weiterverarbeitet. Der warenwirtschaftliche Teil geht ohne eine erneute Erfassung direkt in die Warenstatistik ein.

Dies ist jedoch nicht als der zentrale Aspekt des ISDN-Einsatzes in dem Handelsunternehmen anzusehen. Im Zuge des Innovationsprozesses hat sich gezeigt, daß hinter der technischen Vision mehr steckt als das Kalkül der Wirtschaftlichkeit eines technischen Systems. Für das Unternehmen entscheidend sind die Möglichkeiten, warenstatistische Auswertungen abrufen zu können, um Verkaufsaktionen zu beobachten und Simulations- und Limitrechnungen durchzuführen. In der Zentrale ermöglicht der Aufbau eines filialorientierten EDV-gestützten Warenwirtschaftssystems die elektronische Bearbeitung des Wareneinkaufs von der Auftragserteilung bis zur Kalkulation und Warenverteilung nach dem Wareneingang. Durch den direkten Abruf von Verkaufsdaten aus den Filialrechnern im Rahmen der Filialkommunikation können Umsatzinformationen mit Daten über Auftragsstände, Warenein- und ausgänge zusammengeführt werden. Für die Warendisposition entstehen daraus Simulationsrechnungen wie die Einhaltung des Warenlimits oder die Analyse von "Renner/Penner"-Umsätzen.

Orientierungspunkt der Neuausrichtung der Unternehmensorganisation sind die Prozeßabläufe der warenwirtschaftlichen Steuerung. In der neuen Unternehmensstruktur werden die warenwirtschaftlichen Aufgabenfelder organisatorisch zusammengeführt: die dispositiven Aufgaben in Einkauf und Vertrieb, die administrativen Aufgaben der Auftragsabwicklung und der Logistik und die gestalterische Aufgabe des Produktdesigns. An die Stelle einer weiteren Ausdehnung der Funktionalorganisation tritt die aufbauorganisatorische Idee einer Team-Organisation, in der alle für den Prozeßzusammenhang des Wareneinkaufs erforderlichen Tätigkeiten, die damit verbundenen Informationen und Entscheidungen in einer aufgabenübergreifenden Gruppen-Arbeitsstruktur integriert sind (vgl. Abb. 18).

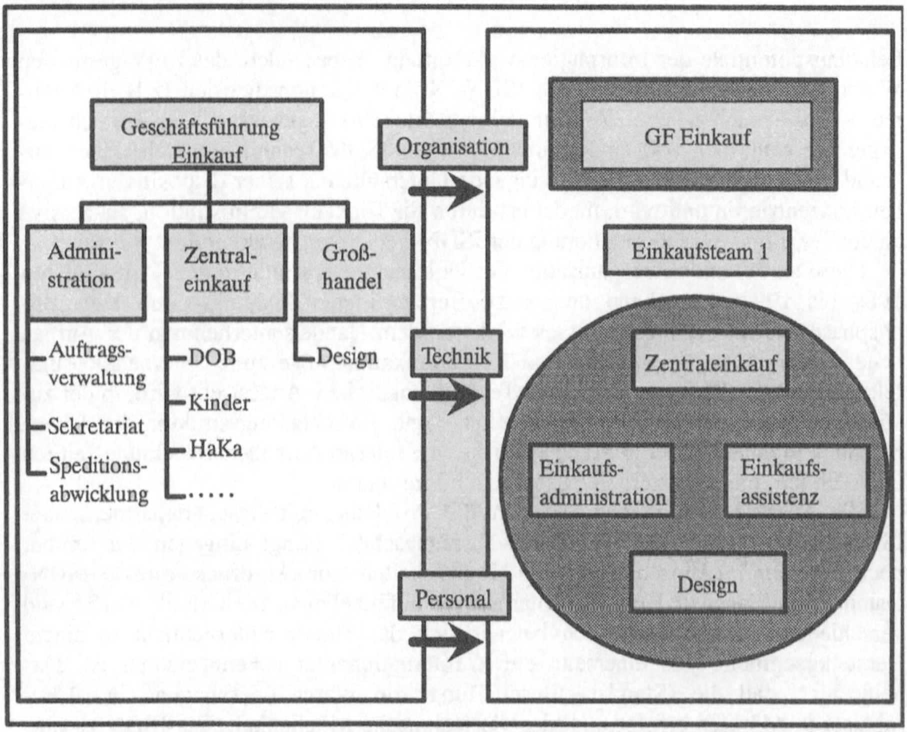

Abb. 18: Reorganisation warenwirtschaftlicher Abläufe im Handelsunternehmen C

Es ist die Aufgabe aller Mitarbeiter eines Teams, gemeinsam die Gesamteinkaufsplanung ihrer Warengruppe zu entwickeln, um auf einer breiteren Informationsbasis zu Themen, Kollektionen und Aktionen zu kommen und diese umzusetzen. Die Tätigkeit des Einkaufens ist zwischen einem Einkäufer und einem Assistenten neu geordnet und aufgeteilt. Der Einkäufer ist überwiegend für die Sortimentsentwicklung und Warenbeschaffung verantwortlich, während die Tätigkeiten der Verkaufsbeobachtung, Vertriebsunterstützung und - kontrolle vorrangig in die Hände des Assistenten gelegt sind. Die *Koordination* der Aufgaben erfolgt durch die warenbezogene Zusammenführung der Tätigkeitsfelder im Team. Im Zuge der Reorganisation der Unternehmensabläufe werden alle verwaltenden Tätigkeiten für eine Warengruppe in der Stelle der Einkaufsadministration zusammengeführt (insbesondere Auftragsverwaltung, Lieferschein- und Rechnungskontrolle). Hier ist die Neuordnung der Tätigkeiten durch Aufgabenintegration und die Gesamtverantwortung für die Sachbearbeitung und die operative Koordination im Team (interner und externer Ansprechpartner, Terminkoordination) gekennzeichnet.

Die Anwendung der ISDN-Techniken ist in ihrem Kern bei den unterstützenden Tätigkeiten der Einkaufsadministration angesiedelt. Deren um die Entscheidungsvorbereitung erweitertes Aufgabenfeld ist in einem stärkeren Maße als bisher auf die

Leistungspotentiale der Informationsverarbeitung, insbesondere des EDV-gestützten Warenwirtschaftssystems, und von ISDN- Kommunikationsdiensten (z.B. Rufnummern- und Sprachspeicher, Anrufumleitung, Makeln) angewiesen. Das Bereichsmanagement kann sich vollständig auf die mit der ISDN-Technik mögliche, aber aufgrund der Arbeitsstruktur nicht zwingende Unterstützung seiner dispositiven Aufgaben konzentrieren und wird, moderiert durch die Einkaufsadministration, sukzessive an die Text- und Sprachorientierung der ISDN-Techniken herangeführt.

Diese umfassende Reorganisation des Unternehmens wurde in dem Zeitraum von 1989 bis 1993 weitgehend umgesetzt. Bereits in der Planungs- und Konzeptionsphase des Innovationsprozesses wird von dem Handelsunternehmen der Aufbau neuer Informationsbeziehungen und Kommunikationswege zum Unternehmensumfeld als eine der Optionen der ISDN-Technik angesehen. Angestrebt wird, in der zukünftigen Informations-, Kommunikations- und Entscheidungsstruktur der Unternehmung in einem höheren Maße als bisher die interne Aufgabenabwicklung zeitlich und sachlich mit den externen Partnern zu koordinieren.

Die Aussage "Wir haben leider größte Probleme, mit Geschäftspartnern über ISDN zu kommunizieren und Daten auszutauschen" bringt hingegen die (immer noch bestehende) Einschätzung der Möglichkeiten zum Ausdruck, direkte ISDN-Datenverbindungen zu Herstellerunternehmen aufzunehmen. Die Gründe hierfür sind verschiedener Natur. Sicherlich bewegt sich das Handelsunternehmen in einem Herstellersegment, das einerseits durch Internationalität gekennzeichnet ist. Das heißt hier, daß die (Standard-)Beschaffung von Waren überwiegend in südeuropäischen Märkten erfolgt und hier die technische Möglichkeit, das ISDN zu nutzen, noch nicht gegeben ist. Insbesondere in Spanien, Portugal und Italien befindet sich das ISDN überwiegend noch in der Pilotphase (König 1992). Gleichzeitig haben Gespräche mit Herstellerunternehmen gezeigt, die in Pilotprojekten bereits Erfahrungen mit dem elektronischen Datenaustausch insbesondere mit Warenhauskonzernen gesammelt haben und für die als Standard-Lieferanten des Unternehmens die Rahmenbedingungen für eine überbetriebliche Vernetzung als gut erscheinen, daß die Aktivitäten eher wieder zurückgenommen als ausgebaut worden sind, es mithin eine große Zurückhaltung bei der Investition in Vorhaben dieser Art gibt.

Auch die Realisierung einer Datenkommunikation via ISDN zu einem Finanzdienstleister, um die täglich anfallenden Zahlungsvorgänge auf dem technischen Wege direkt abwickeln zu können, wird von dem Handelsunternehmen angestrebt. Eine weitere Option des elektronischen Datenaustausches ist der Abruf von Standarddaten für die Warenwirtschaft, beispielsweise Devisenkurse, und die Finanzwirtschaft, beispielsweise Kontenauszüge, aber auch Kapitalmarktsätze, um hier automatisch buchen zu können und gleichzeitig Kapitalbedarfsrechnungen unter Berücksichtigung aktueller Bankkonditionen durchführen zu können. Wenngleich bereits Gespräche über technische Rahmenbedingungen stattgefunden haben, ist auch hier ein vergleichbar schlechter Konkretisierungsgrad zu verzeichnen.

Entsprechend konzentrieren sich die Bemühungen auf den Auf- und Ausbau einer elektronischen Kommunikationsverbindung zur Einkaufskooperation, um warenwirtschaftliche und finanztechnische Daten übertragen zu können. Aufgrund der unterschiedlichen Dynamik, von der die beiden Innovationsprozesse in dem Handelsunternehmen und zur Handelszentrale auch aufgrund der institutionellen Rahmenbedingungen getragen werden, ist der realisierte Datenaustausch noch einige Schritte von dem ursprünglichen angestrebten Ziel entfernt, mit der Hilfe von Sprach- und Datenkommunikation neue rechtliche und organisatorische Abwicklungsformen zu finden, um die warenwirtschaftlichen Dispositionsspielräume qualitativ und quantitativ zu erweitern. Im Zuge dieses Datenaustausches und im Unterschied zu den beiden vorangegangen Pilotinstallationen zeigt sich, daß hier erst mit der Möglichkeit, die strategischen Optionen der unternehmensübergreifenden Vernetzung thematisieren zu können, von einem weiteren Qualitätssprung in Richtung einer stärkeren technisch-organisatorischen Integration der Unternehmensabläufe ausgegangen werden kann. Dies setzt jedoch zuallererst eine breite und stabile, d.h. funktionsfähige Basis der Installation von Anwendungen in der Einkaufskooperation insgesamt, und nicht zuletzt entsprechende Datenverbindungen zu Herstellerunternehmen voraus. Heute werden lediglich Datenübertragungen im Rechnungs- und Bestellverkehr realisiert, deren konkrete Umsetzung aufgrund der in dem Handelsunternehmen vorhandenen informationstechnischen Kompetenz keine Schwierigkeiten bereitet hat.

In der vergleichenden Betrachtung der untersuchten Pilotinstallationen wird deutlich, daß hinsichtlich der Vernetzung zwischen Handelszentrale und Einzelhandelsunternehmen insgesamt relativ günstige Ausgangsvoraussetzungen für die Einrichtung des elektronischen Geschäftsverkehrs auf ISDN-Basis und die zwischenbetriebliche Datenintegration bestehen. Das Vernetzungsprojekt der Handelszentrale ist mit seinem strategischen Kern zwar nicht auf die Rationalisierungspotentiale eines schnelleren und komfortablen Datendurchsatzes vom Einzelhandelsunternehmen zum Lieferanten und umgekehrt ausgerichtet. Dieser bildet jedoch mit die operative Voraussetzung, damit durch die Vernetzungslösung die Potentiale der Einführung integrierter Warenwirtschaftsysteme und Controllinganwendungen erschlossen werden können.

Der Stand des Pilotvorhabens befindet sich - mit Blick auf die Mitglieder des Unternehmensverbundes beziehungsweise die Kunden der Handelszentrale - am Ende der Laufzeit des Begleitforschungsprojektes in einer Umsetzungsphase, die schwerpunktmäßig die Realisierung der zwischenbetrieblichen Vernetzung zwischen Handelszentrale und Kunden auf ISDN-Basis zum Gegenstand hat. Aus den jeweils möglichen Hard- und Software- sowie Dienstleistungsangeboten, die allen Kunden prinzipiell in gleicher Weise und zu gleichen Konditionen offeriert werden, wird mit jedem Kunden im Einzelfall die ihn interessierende beziehungsweise die für ihn relevante Lösung zusammengestellt. Dabei konzentrieren sich die Aktivitäten in der gegenwärtigen Umsetzungsphase auf die Installation der neuen Netzwerkkonfiguration und den aufsetzenden Anwendungen in den Einzelhandelsunternehmen sowie auf den Ersatz der bisher praktizierten Datenfernübertragung via Datenmodem durch ISDN-Verbindungen über das digitale Fernmeldenetz der DBP Telekom durch den Einsatz von ISDN-PC-Karten. Vor dem Hintergrund der zukünftig geplanten Anwendungen, die neben der weitergehenden Elektronisierung des zwischen- und überbetrieblichen Informationsflusses zwischen Kunden und Handelszentrale einerseits und zwischen Handelszentrale und Lieferanten andererseits eine Datenintegration in gemeinsamen Datenbanken (z.B. für Stammdaten) beinhalten sollen, ist für die Zukunft ein rapider Anstieg der mit den Kunden auszutauschenden Datenvolumina abzusehen. Spätestens diese Entwicklung erfordert den Übergang von der modemgestützten Datenfernübertragung zum ISDN aus technischen, organisatorischen und Kostengründen, da der Austausch größerer Datenmengen mit einer Vielzahl von Kunden unter den Gesichtspunkten der Datensicherheit, der Übertragungsqualität und -dauer sowie des Gebührenaufwandes im herkömmlichen Datenfernübertragungsbetrieb nicht mehr möglich sein wird.

Für die Gesamtgestaltung der informations- und kommunikationstechnischen Netzwerkarchitektur ist die von der Handelszentrale im Informations-Wettbewerb verfolgte Unternehmensstrategie ausschlaggebend. Diese strukturiert für die Regelanwendungen die Ausformulierung der Technik- und Dienstleistungsangebote an die Kunden vor, fungiert zuallererst aber als *Ermöglichungsbedingung* für eine aus der Sicht der Einzelhandelsunternehmen vorrangig operativ funktionale Nutzung des Informations- und Datenverbunds. Zugleich ist das Konzept des überbetrieblichen ISDN-Datenverbunds die Ausgangsbasis für die zukünftige Gestaltung der zwischenbetrieblichen Aufgabenverteilung, der Neuverhandlung von Informationsnutzungsrechten und der Verteilung von Kosten und Nutzen des Vernetzungsprojektes zwischen den Netzwerkteilnehmern. Mit dem Blick auf eine zukünftige praktische Umsetzung dieser Konzeption zeigt insbesondere der Vergleich der beiden ersten Pilotinstallationen mit dem umfangreichen Reorganisationsprojekt in dem filialisierten Handelsunternehmen, wo die Schwierigkeiten einer erfolgreichen Implementierung zu lokalisieren sind. Wenn auch nicht zu erwarten ist, daß die Innovationsprozesse in allen Fällen die hier beschriebene Reichweite erhalten werden, so wird beziehungsweise muß dennoch die Einführung bestandsführender, artikelgenauer Systeme in den meisten der angeschlossenen Einzelhandelsunternehmen in organisatorischer Hinsicht revolutionären Charakter annehmen. Die Integration der technischen Systemkomponenten in organisatorische Anwendungslösungen bei den Einzelhandelsunternehmen gerät damit zu einem relevanten Handlungsfeld bei der Umsetzung der Vernetzungsstrategie der Handelszentrale. Vor diesem Hintergrund war es für die auf die Bedingungen der Realisierung einer unternehmensübergreifenden Vernetzung gerichtete Pilotphase von großem Interesse, die Ausgangsvoraussetzungen und Nutzenerwartungen bei den Einzelhandelsunternehmen zu evaluieren und eine erste Abschätzung ihrer Möglichkeiten zur organisatorischen Integration der künftigen Anwendungen vorzunehmen.

2.4 Zwischenergebnis: Unternehmensvernetzung im ISDN-Datenverbund

Für die durch das ISDN-Modellvorhaben der Einkaufskooperation strategisch initiierte unternehmensübergreifende Vernetzung ist festzuhalten, daß sie aus der Sicht des zentralen Akteurs, der Handelszentrale, nicht auf die operativen Leistungs- und Rationalisierungspotentiale eines elektronischen Geschäftsverkehrs zwischen Einzelhandel, Großhandel (Handelszentrale) und Herstellerunternehmen und umgekehrt gerichtet ist. Der für den Einzelhandel sicher operativ wirksame und auch angestrebte schnelle und komfortable Datendurchsatz bis zur Industrie ist die Option, um in strategischer Absicht zu einer optimalen Gestaltung der eigenen waren- und finanzwirtschaftlichen Steuerungsprozesse zu gelangen. Die Handelszentrale wird und muß aus Gründen der eigenen Marktpositionierung (und die der angeschlossenen Handelsunternehmen) versuchen, die Sortimente des Einzelhandels zukünftig auf der Basis verbesserter Informationsgrundlagen zugunsten des eigenen Großhandelsgeschäfts stärker zu steuern. Ein zentraler Punkt ist die *Kontrolle des Direktgeschäfts zwischen Einzelhandel und Lieferanten*, indem dieses auf elektronischem Wege über die Handelszentrale abgewickelt werden soll. Von hier aus wird auch klar, warum ein direkter elektronischer Geschäftsverkehr zwischen Einzelhandel und Herstellern ohne Einbezug der Handelszentrale im Rahmen dieses Vernetzungskonzepts nicht unterstützt wird.

Der ISDN-Datenverbund und die Strategie der Unternehmensvernetzung sind in unterschiedlicher Weise an die Geschäftsfelder der Handelszentrale und an die strategische Positionierung im Rahmen der Großhandels- und Warenvermittlungsfunktion für den Einzelhandel und als Informations-Dienstleister rückgebunden. Es werden von seiten der Handelszentrale dabei durchaus unterschiedliche taktische Ziele verfolgt:

- unter dem Aspekt markt- und wettbewerbsstrategischer Leistungsfähigkeit: Die Bereitstellung aktueller betriebs- und warenwirtschaftlicher Steuerungs- und Kontrollinformationen ist Voraussetzung für die Sicherung der Markt- und Wettbewerbsposition und den Ausgleich des strategischen Informationsnachteils gegenüber den Zentralen der Großbetriebsformen des Handels.

- unter dem Aspekt der Stärkung der unternehmerischen Basis: Eine aktive Verhinderung einer Abschmelzung der Kundenbasis soll durch die Verstärkung der Kundenbindung auf der Basis gemeinsamer EDV- und Kommunikationssysteme erreicht werden.

- unter dem Aspekt der Erschließung neuer Geschäftsfelder: Für die Akquisition neuer Kunden ist eine Profilierung der Handelszentrale als professioneller Informations- und EDV-Dienstleister für Einzelhandelsunternehmen notwendig.

Bei der Errichtung des überbetrieblichen Netzwerkes greifen die taktischen Optionen jedoch nicht in jedem Fall lückenlos ineinander und können, bei einer genaueren Betrachtung, nicht mehr überschneidungsfrei formuliert werden. So ist es beispielsweise aus der Perspektive der Großhandelsfunktion keineswegs ausreichend, den Kunden im Sinne eines Mehrwertdienstleisters elektronische Informations- und Abrechnungsservices als eigenständige Produkte anzubieten, da es hier gerade auf die Verfügbarkeit und Verwendung der Kundendaten (Marktdaten) für die Optimierung des eigenen Großhandelsgeschäftes ankommt. Datenverarbeitung, Datenkommunikation und Datenverwendung sind in dieser Hinsicht stets als strategisch gekoppelt anzusehen.

Zieht man hier die Strategieperspektive des Einzelhandels hinzu, dann zeigt sich, daß das Vernetzungskonzept, das technisch als Dezentralisierung und Ersatz proprietärer durch offenere Systeme wahrgenommen wird, insgesamt durchaus zentralistische Strategieelemente enthalten *kann*, über deren Realisierungschancen und Problemträchtigkeit jedoch zum Ende der Projektlaufzeit noch keine gesicherte Aussage möglich ist. Hierzu trägt bei, daß die Handelszentrale sich gegenüber den Einzelhandelsunternehmen stets als Dienstleister gegenüber Kunden zu verhalten hat. Der unmittelbare Nutzen der unternehmensübergreifenden Vernetzung *für den Einzelhandel* steht dementsprechend im Mittelpunkt aller Präsentationen und Argumentationen in bezug auf das Vernetzungsprojekt.

Es kommt aber auch zum Ausdruck, daß auf seiten der Handelszentrale eine klare, auf die Fläche gerichtete Vermarktungsstrategie in bezug auf die Netzwerkkonfiguration noch aussteht und insgesamt, darauf verweist insbesondere die Pilotinstallation in dem filialisierten Handelsunternehmen, nicht ohne Schwierigkeiten zu realisieren ist. Obwohl versucht wird, den Einzelhandelsunternehmen möglichst das komplette Spektrum von Anwendungen zu verkaufen, wird hier in aller Regel im Einzelfall über die zu nutzenden Anwendungen entschieden. Gerade weil im Kern ein relativ feststehendes Produkt- und Leistungsspektrum angeboten wird, ist zu berücksichtigen, daß die Implementierung solchermaßen standardisierter Systeme und Anwendungen ein hohes Maß an individueller Beratungs- und Überzeugungsarbeit bei den Einzelhandelsunternehmen erfordert.

In Verbindung mit der vergleichenden Betrachtung der Pilotinstallationen führt dies zu der Frage nach den bedeutsamen und im Rahmen der Implementierung des ISDN-Datenverbunds von den Akteuren (in diesem Modellvorhaben insbesondere von der Handelszentrale) zu bewältigenden Problemstellungen, die als kritische Faktoren für eine Unternehmensvernetzung interpretiert werden können. Diese lassen sich unter den eingangs formulierten Leitfragen ordnen:

(1) Wie können neue Gestaltungsoptionen, die sich mit dem Einsatz der ISDN-Techniken zur Daten-, Text- und Bildübertragung in den überbetrieblichen Leistungsprozessen ergeben, zwischen den Unternehmen realisiert werden ?

In dem hier im Mittelpunkt stehenden Kontext einer multilateralen Vernetzung in einer Einkaufskooperation können die Entwicklungen in der Telekommunikation und der elektronischen Datenverarbeitung von den mittelständischen Handelsunternehmen nur in Ausnahmefällen selber sachgerecht bewältigt werden. Als Gründe hierfür können beispielsweise eine nicht ausreichende technische Qualifikation und die häufig schwierige Ertragssituation dieser Unternehmen, die umfangreiche Eigeninvestitionen nicht zuläßt, angesehen werden. In bezug auf die Akzeptanz und Umsetzbarkeit neuer technischer Informationssysteme ist dieser Ausgangspunkt für die multilaterale Vernetzung auf der Basis von ISDN-Techniken in mehrfacher Hinsicht von Bedeutung:

- Neue technische Systeme müssen anschlußfähig sein an eingefahrene operative Strukturen, d.h. an die bestehende Praxis der Informationsverarbeitung und des Datenaustauschs zwischen den Unternehmen. Hierfür stellen in dem ISDN-Modellprojekt die bereits bestehenden Formen der Datenfernübertragung zwischen Handelszentrale und Einzelhandelsunternehmen eine günstige Ausgangsbasis dar. Den beteiligten Einzelhandelsunternehmen sind hierdurch sowohl die Vorzüge des elektronischen Geschäftsverkehrs, aber auch dessen Grenzen auf der Basis der bisher verwendeten Techniken bekannt. Darüber hinaus ist der Wechsel der technischen Systemplattform für diese Unternehmen weitaus weniger aufwendig als beispielsweise der erstmalige Einstieg in die elektronische Datenverarbeitung und -kommunikation. Der Systemwechsel *kann* von den Einzelhandelsunternehmen zunächst auch ohne weitergehende organisatorische Anpassungsmaßnahmen vollzogen werden, da zunächst einmal die gleichen Anwendungen zur Verfügung stehen, die bisher schon genutzt wurden.

- Dieser Aspekt erscheint jedoch für die Teilnahmeentscheidung selber eher von untergeordneter Bedeutung, da es gerade neue Anwendungsformen und die mit der Möglichkeit zur ISDN-basierten Filialvernetzung verbundenen Nutzenerwartungen sind, die die Einzelhandelsunternehmen realisieren wollen. Insoweit ist die Weiterverfügbarkeit der gewohnten Anwendungen zwar als Einstiegserleichterung, nicht aber als wesentliches Entscheidungskriterium zu werten. In Verbindung mit dem ersten Punkt bedeutet dies auch, daß konkrete Vor- und Dienstleistungen erbracht werden müssen, um beispielsweise das ISDN-Netz bezüglich seiner Kosten und seiner technischen Leistungsfähigkeit zu evaluieren oder die erforderlichen technischen Anwendungen den Handelsunternehmen als Dienstleistung zur Verfügung stellen zu können.

- Es geht zugleich um die organisatorischen Voraussetzungen einer erfolgreichen Technisierung und Standardisierung der Informationsbeziehungen zwischen den Unternehmen. Dies berührt die Abstimmung in den Aufbau- und Ablaufstrukturen und Entscheidungsverfahren der an einem elektronischen Datenverkehr beteiligten Unternehmen. Bei der Implementation und Anwendung eines überbetrieblichen Informationssystems kommt es entscheidend darauf an, die organisatorischen Voraussetzungen für eine optimale Ausnutzung des Leistungs- und Nutzenpotentials des datentechnischen Netzwerks und der hierüber verfügbaren Anwendungen zu generieren. Die Möglichkeiten der Handelsunternehmen, in eigener Regie langwierige und kostenintensive Lern- und Gestaltungsprozesse zu initiieren und durchzuführen, sind zumeist eng umgrenzt. Das zeigt sich einerseits an dem bisher erreichten begrenzten Innovationspotential der beiden Pilotinstallationen A und B. In umgekehrter Perspektive wird am Beispiel der Pilotinstallation in dem filialisierten Handelsunternehmen deutlich, mit welchen Anstrengungen auch im Hinblick auf die Gestaltung des Innovationsprozesses eine erfolgreiche Reorganisation verbunden ist. Die Bereitschaft zu organisatorischen Entwicklungsmaßnahmen ist unter den gegebenen Markt- und Wettbewerbsbedingungen zwar vergleichsweise groß, aber obwohl die sachgerechte organisatorische Einbettung der Systeme und Applikationen im eigenen Interesse der Einzelhandelsunternehmen liegt, sind gerade hier Unterstützungsleistungen von seiten der Handelszentrale notwendig, um auch auf der Ebene des Einzelhandels den innovativen "Quanten"-Sprung zu schaffen. Das Bedarfsspektrum reicht von direkten Beratungs- und Unterstützungsleistungen über die Bereitstellung von Informationen und Schulungsleistungen, die die selbständige Handlungsfähigkeit der Unternehmen erhöhen können, bis hin zur Organisation und Moderation des Wissens- und Erfahrungsaustausches zwischen den Einzelhandelsunternehmen.

Führt man die drei Argumente zusammen, dann geht es neben der Konzeption und Installation eines technischen Systems um die Notwendigkeit der Bereitstellung von externem Management in bezug auf die anwendungsorientierte Systemintegration. Dafür ist eine grundsätzliche Entscheidung darüber erforderlich, ob diese Aufgabe und die damit verbundenen Tätigkeiten im Sinne einer effizienten und zeitnahen Umsetzung der Informationsverarbeitungsstrategie als Bestandteil des Systemvertriebs betrachtet wird oder als eigenständige und kostenpflichtige Dienstleistung, die als Unternehmensberatung angeboten und ökonomisch funktionalisiert werden kann. Dies ist eine Frage, die in der Einkaufskooperation von der Handelszentrale noch nicht abschließend beantwortet wurde. Gerade weil es die Qualität der und die Nutzenerwartungen in bezug auf die avisierten Anwendungen sind, die die Diffusion der technischen Systeminfrastruktur befördern, wird die Vernachlässigung gerade des letztgenannten Aspekts zwar nicht zum Scheitern eines elektronischen Datenaustausches führen. Die angestrebte Unternehmensvernetzung ist jedoch ebensowenig zu erwarten, wenn nicht auf diesem Wege das immer bestehende Spannungsverhältnis zwischen technischen Lösungen einerseits und betriebswirtschaftlichen Anwenderproblemen andererseits bewältigt wird.

(2) Wie wird die Zusammenarbeit und der Interessenausgleich zwischen den Beteiligten organisiert?

Das Bereitstellen eines ISDN-Dienstleistungsangebotes durch die Handelszentrale bedeutet nicht, daß damit ohne weiteres der strategische Nachteil der gesellschaftsrechtlichen Konstruktion "Kooperation selbständiger Unternehmen" aufgehoben wird. Durch dieses Dienstleistungsangebot wird zwar zu einem nicht unerheblichen Teil der ansonsten notwendige Abstimmungsbedarf für ein strategisches Informationssystem gesenkt. Der Kommunikationsaufwand bleibt im Vergleich zu den Filialisten dennoch höher, da die Anwendung der ISDN-Technik nicht durch "Anweisung" durchgesetzt werden kann, sondern durch Information, Beratung und durch attraktive Preise überzeugt werden muß.

- Zunächst bedeutet dies, daß die erforderlichen Investitionen, hier insbesondere der Einzelhandelsunternehmen, durch die Nutzenpotentiale und Problemlösungskapazitäten der Unternehmensvernetzung und der hierüber verfügbaren Anwendungen und Serviceangebote rechenbar sein müssen. Dies bezieht sich nicht nur auf die reinen Technikkosten, sondern auch auf die Frage, ob und inwieweit ein - wie in diesem Fall mit dem PC-basierten und modular ausbaufähigen System für Einzelhandelsunternehmen - wesentlich erweitertes Nutzungs- und Gestaltungsspektrum in bezug auf dezentrale Anwendungen und den Auf- und Ausbau eigener unternehmensinterner und filialübergreifender Vernetzungen vorhanden ist.

- Zur Reduzierung des unter den gegebenen Bedingungen normalerweise zu erwartenden hohen Abstimmungsbedarfs zwischen der Handelszentrale und den Einzelhandelsunternehmen über die System- und Anwendungsgestaltung trägt ein fertiges Produkt- und Dienstleistungsangebot bei, weil zumindest in den Grundzügen die Anforderungen der Einzelhandelsunternehmen an die Funktionalität der Anwendungen und die Ausgestaltung des Dienstleistungsangebotes dabei zu berücksichtigen sind, um die Vernetzungslösung dem Anwender gegenüber mit unmittelbaren Nutzenaspekten verbinden zu können. Konkret wurden in der Einkaufskooperation die Erfahrungen aus der ständigen Kundenbetreuung seitens des Mitgliederrechenzentrums und aus den verschiedenen Arbeitskreisen der Handelszentrale, in denen die Handelsunternehmen vertreten sind, genutzt.

- Der Erfolg einer solchen Vorgehensweise hängt jedoch wesentlich davon ab, ob es einen "Vertragspartner" für das Dienstleistungsangebot gibt. In den Pilotimplementationen hat sich gezeigt, daß hier eher nur in den Fällen, in denen auf Seiten des Einzelhandels eine Technikeinsatzkonzeption in ihren Grundzügen entwickelt wird oder vorhanden ist, günstige Voraussetzungen für die Nutzung der Leistungspotentiale der ISDN-Anwendungen und deren Integration in die organisatorischen Abläufe im Sinne einer innovativen Umgestaltung und Reorganisation vorliegen. Mit Blick auf den Gesamtprozeß führt dies eher zu positiven Anwendungserfahrungen als ein reiner Verkauf von Technik, der erheblichen planerischen und organisatorischen Nachholbedarf induziert. Wenn lediglich - zumindest dem Prinzip nach - ein maßstabsgetreuer Austausch eines neuen gegen ein altes System vorgenommen wird, bleiben die Ausbau- und Nutzungsperspektiven eben unbestimmt. Von hier aus gesehen erscheint die Annahme plausibel, daß die Übersetzung operativer Rationalisierungsvorteile in strategische Optionen des Technikeinsatzes zwischen den beteiligten Unternehmen Technikeinsatz- und -nutzungskonzeption *auf beiden Seiten* zur Bedingung hat.

- Entsprechend ist es wenig überraschend, daß sich die gesellschaftsrechtliche Konstruktion "Verbund eigenständiger Einzelhandelsunternehmen" hinsichtlich der Unternehmensvernetzung mit ISDN keineswegs als entscheidender Engpaßfaktor herausgestellt hat. Das Dienstleistungsangebot und die Möglichkeit der Einzelhandelsunternehmen, über die Teilnahme am Vernetzungsprojekt nach eigenem Ermessen zu entscheiden, führen zwar zu einer zeitlichen Dehnung des Diffusionsprozesses, nicht aber zu einer grundsätzlichen Behinderung desselben. Hier wird die im Bereich von Sortimentsentwicklung, Preis- und Angebotspolitik "erprobte" Struktur der Produktdefinition durch die Handelszentrale - von "Betriebstypen" bis zu einzelnen Verkaufseinheiten/regalen - auf die effiziente Gestaltung der Leistungsprozesse übertragen, womit sich die Interessenaushandlung in Kontinuität zu eingespielten Kommunikationsprozessen und -formen zwischen der Handelszentrale und den Einzelhandelsunternehmen bewegt.

Dies zeigt, daß die zwischen den Einzelhandelsunternehmen und der Handelszentrale seit langem bestehenden interorganisationalen Beziehungen als Schlüsselfaktor der Unternehmensvernetzung zu gelten haben, was wiederum wenig überraschend ist. Diese lassen sich jedoch nicht nur auf der Basis eines gewachsenen geschäftlichen Vertrauensverhältnisses verstehen, sondern müssen auch vor dem Hintergrund massiver ökonomischer Abhängigkeitsverhältnisse gesehen werden. Zugleich ergibt sich hieraus ein Erklärungshintergrund für das "Scheitern" der Institutionalisierung eines Projektmanagements der Technikentwicklung zwischen Handelszentrale und Einzelhandelsunternehmen. Eine genauere Betrachtung führt zu der Überlegung, daß es hier nicht notwendigerweise um eine *kollektive Strategieformation* im Hinblick auf ein technisches Konzept geht bzw. eine solche aller Wahrscheinlichkeit nach durch langwierige und schwierige Abstimmungsprozesse eher kontraproduktiv wirken kann.

Die in der Einkaufskooperation miteinander verbundenen Einzelhandelsunternehmen sind in ihrer überwiegenden Mehrheit von der Kooperation mit der und über die Handelszentrale *existentiell* abhängig. Diese Abhängigkeit wird nicht nur durch die günstigeren Preis- und Lieferkonditionen begründet, die durch die Bündelung von Einzelhandelsaufträgen seitens der Handelszentrale erzielt werden können. Das Dienstleistungsangebot der Handelszentrale umfaßt vielmehr neben der zentralen Abwicklung administrativer Aufgaben eine breite Palette von Informations- und Beratungsleistungen, die am freien Markt nur zu vielfach höheren Preisen zu erhalten wären. Genau diese Abhängigkeit besteht auch hinsichtlich der Evaluierung der Leistungspotentiale und Anwendungsmöglichkeiten des ISDN zum Aufbau datentechnischer Verbindungen zur Lieferantenseite. Die Aufgabenteilung mit der Handelszentrale bedeutet zwar eine Stärkung zentraler Steuerungs- und Kontrollmöglichkeiten, aufgrund ihrer begrenzten Managementkapazität und knapper finanzieller Ressourcen wären die Einzelhandelsunternehmen selber mit dieser Aufgabe jedoch regelmäßig überfordert. Dieser teilweise hohe Abhängigkeitsgrad von der Handelszentrale stellt für die Einzelhandelsunternehmen jedoch kein bedenkliches Problem dar. Im Kern bleibt auch hier die unternehmerische Selbständigkeit erhalten, insofern wird auch die mit der Entscheidung für die Unternehmensvernetzung verbundene engere Bindung an die Handelszentrale und die Konzentration der Geschäftsprozesse auf diese nicht zu einem Engpaß der Vernetzung werden und auch nicht als solcher wahrgenommen. Die assoziierten Einzelhandelsunternehmen haben wegen ihrer Stellung im Wettbewerb und ihrer Ertragssituation schon im Grundsatz nicht die Möglichkeit, völlig unabhängig am Markt zu agieren und sind deshalb in jedem Fall - neben den relativ günstigeren Preis- und Lieferkonditionen einer Einkaufskooperation - auf externe Unterstützungs- und Beratungsdienstleistungen angewiesen.

Die Gesamtstruktur der Aktivitäten zur Information, Einbeziehung und Einbindung der Einzelhandelsunternehmen in die Entwicklung und konzeptionelle Gestaltung des Vernetzungsprojekts legt die Einschätzung nahe, hier von einem weitgehenden Scheitern einer kollektiven Strategieformation zu sprechen, zumindest jedoch von einer bewußten Aufgabe der ursprünglich vorgesehenen, alle Beteiligten gemeinschaftlich umfassenden Gestaltungslösung auszugehen. Hier erscheinen jedoch auch einige Relativierungen angebracht, die die Form einer kollektiven Strategieformation hier nicht als gegenstandsangemessen erscheinen lassen.

Im Zeitverlauf der Pilotphase, aber auch im Vergleich der einzelnen Implementierungsprojekte ist immer wieder deutlich geworden, daß sich hinter dem die Unternehmensvernetzung tragenden Leitbild eines ISDN-Datenverbunds zwar ähnliche Technikeinsatz-, aber sehr unterschiedliche Techniknutzungskonzeptionen verbergen. Dies gilt einerseits im Verhältnis zwischen Handelszentrale und Einzelhandelsunternehmen insgesamt, aber auch im Vergleich der Einzelhandelsunternehmen untereinander. Dies legt wiederum die Annahme nahe, daß es bei der Institutionalisierung der bilateralen Interessenaushandlung gar nicht um einen kollektiven Entscheidungsprozeß im Hinblick auf eine gemeinsame Strategie der Technikentwicklung geht, sondern um Verfahren und Möglichkeiten der Übersetzung des operativen Leistungspotentials der Technik in die je spezifischen Strategieoptionen. Bereits in den Pilotimplementationen ist deutlich geworden, daß die Entfaltung des Innovationspotentials der ISDN-Anwendungen mit unternehmensspezifischen Anpassungs- und Lernprozessen verbunden ist. Dies ist in diesem Fall gleichbedeutend mit der Notwendigkeit, angesichts der begrenzten Ressourcen der Einzelhandelsunternehmen entsprechende Problemlösungskapazität von seiten der Handelszentrale bereitzustellen. Eben an diesem Punkt wirken die bestehenden Interorganisationsbeziehungen zwischen den Unternehmen, also sowohl das Vertrauen aus langjährigen Geschäftskontakten als auch die wirtschaftliche Abhängigkeit in den Prozeß der technischen Entwicklung hinein. Die Organisation der Interessenaushandlung bewegt sich erkennbar in den "Fahrspuren" eingespielter Kooperations- und Kommunikationsformen, die, darauf haben bereits die Ausführungen in Teil A aufmerksam gemacht, in stärkerem Maße auf die Entkopplung von Entscheidungsprozessen und auf die Erhöhung der Autonomie der beteiligten Akteure setzen als auf kollektive Entscheidungsprozesse über die Produktion von Dienstleistungen. So kann auch von hier aus die Annahme gestützt werden, daß der Bezugspunkt der Interessenaushandlung zwischen den Unternehmen nicht eine gemeinsame Technikstrategie ist, sondern es entweder um Formen eines kollektiven Informationsaustausches über die prinzipiellen Möglichkeiten und die Bedarfe im Hinblick auf die Unternehmensvernetzung geht, oder aber um konkrete Möglichkeiten der Realisierung eines zwischenbetrieblichen Datenaustausches, die in bilateralen (Dienst-)Leistungsbeziehungen ausgehandelt und vertraglich reguliert werden.

Dazwischen ist es allein das Problem der Handelszentrale, daß die multilaterale Vernetzung mit den individuellen Entscheidungskalkülen auf der Einzelhandelsstufe verschränkt ist. Kollektive Entscheidungsprozesse führen angesichts der strukturellen Bedingungen, hier insbesondere der unterschiedlichen Unternehmensstrategien, nicht weiter. Hingegen scheint zumindest in der Pilotphase das Konzept bilateraler Vereinbarung aufzugehen, soweit, und das wird sich erst im Zuge der weiteren Entwicklung erweisen, die Handelszentrale ihr Produktangebot von der technischen Implementierung auf die organisationalen Lernprozesse ausdehnt.

3. ISDN als stufenübergreifendes Informationssystem: Pilotinstallationen des elektronischen Datenaustausches zwischen Einkaufskooperation und Industrieunternehmen

In diesem Abschnitt des empirischen Teils des Forschungsberichtes wird auf die Aktivitäten der Handelszentrale zum Aufbau elektronischer Datenverbindungen zu Industrieunternehmen eingegangen. Dabei sind Aspekte zu berücksichtigen, durch die sich diese Unternehmensvernetzung wesentlich von der quasi-internen Vernetzung im Verbund der Einzelhandelsunternehmen unterscheidet.

Hierzu gehören die Marktstrukturen auf der Beschaffungs- und der Absatzseite der Einkaufskooperation und der hier im Mittelpunkt stehenden Handelszentrale. Auf den Beschaffungsmärkten stehen der Handelszentrale zum Teil gleich große oder größere Unternehmen gegenüber und zugleich ist die Menge und Vielfalt der Lieferanten ungleich größer als die Unterschiede zwischen den Handelsunternehmen auf der Absatzseite. Etwa 10.000 Lieferanten sehr unterschiedlicher "Couleur" stehen etwa 400 Einzelhändler gegenüber, die sich in ihrem Einzelhandelsprofil, von wenigen Ausnahmen abgesehen, sehr ähnlich sind. Niederschlag finden diese Marktstrukturen in den Kommunikationsbeziehungen zwischen den Unternehmen. Auf der Beschaffungsseite ist die Zahl der Kommunikationspartner für jeden Lieferanten deutlich höher und streut möglicherweise über verschiedene Branchen, während auf der Absatzseite die Handelsunternehmen den größten Teil ihrer Ware über die Handelszentrale beziehen. Dies wirkt sich zum einen auf die Verhandlungs*position* der Handelszentrale auch in den Prozessen der Interessenaushandlung mit Industrieunternehmen für (oder eben auch gegen) einen elektronischen Datenaustausch aus, zum anderen aber auch auf die Verhandlungs*struktur* dieser Prozesse. Hier geht es in erster Linie um Abstimmungsprozesse auf bilateraler Basis, in denen die Bedingungen zur Realisierung des elektronischen Datenaustausches zu klären sind, in die die Interessenkonflikte im Hinblick auf die zu verwendenden technischen Normen und Dienstleistungsangebote hineinspielen.

Die Probleme, die im ersten Teil des Forschungsberichts zum elektronischen Datenaustausch zwischen Unternehmen herausgearbeitet wurden, sind insofern eher charakteristisch für die Beziehung der Handelszentrale zu ihren Lieferanten, da diese Leistungsbeziehungen stärker durch marktliche Austauschverhältnisse geprägt sind. Im Gegensatz dazu sind die Beziehungen zu den Handelsunternehmen, wie im letzten Kapitel herausgearbeitet, traditionell eher durch kooperative Austauschverhältnisse geprägt, wobei sich hier die Einführung des ISDN-Datenverbunds in eingespielten Kommunikations- und Kooperationsformen bewegen kann. Für die Ausweitung des ISDN-Datenverbunds auf die Lieferantenseite sind diese Austauschprozesse zuallererst zu klären. Im ersten Abschnitt des "Lieferanten"-Kapitels gehen wir deshalb mit den Akteuren, Institutionen und Zielen des elektronischen Datenaustauschs auf Rahmenbedingungen des Interessenausgleichs zwischen der Einkaufskooperation und Industrieunternehmen ein (3.1). In einem zweiten Schritt beschäftigt sich dieses Kapitel mit den beiden in der Initiierungsphase des ISDN-Datenverbunds angestrebten und zum Teil realisierten Pilotprojekten zum elektronischen Austausch von Rechnungs- und Bestelldaten (3.2). Die kritischen Erfolgsgrößen werden im zweiten Zwischenergebnis zur Unternehmensvernetzung zwischen Handelszentrale und Industrieunternehmen herausgearbeitet (3.3).

3.1 Akteure, Institutionen und Ziele des elektronischen Datenaustausches zwischen Einkaufskooperation und Industrieunternehmen

3.1.1 Ausgangssituation: interne und externe Organisation des überbetrieblichen Datenaustausches

Für die Darstellung des Vernetzungsstandes in bezug auf den elektronischen Empfang von Rechnungen bzw. das Senden von Bestellungen ist es sinnvoll, zwischen der internen Organisation dieser Anwendungen und der externen Entwicklung, d.h. der Teilnahme von Lieferanten als Geschäftspartnern der Handelszentrale zu unterscheiden.

Die *interne Organisation der Anwendungen im Bestell- und Rechnungsverkehr* ist gekennzeichnet durch die weite Streuung von Verantwortlichkeiten und Funktionen über verschiedene Ressorts eines Vorstandsbereiches der Handelszentrale. Grundsätzlich waren die Rechnungsabwicklung und die damit verbundenen Rationalisierungsinitiativen in der Vergangenheit dem Ressort 'Controlling' im Vorstandsbereich 'EDV, Organisation und Controlling' zugeordnet und hier der Abteilung Rechnungswesen, die Bestellabwicklung jedoch dem Ressort 'Organisation und EDV' und hier der Abteilung für 'Warenwirtschaft und Logistik' (vgl. Abbildung 19). Aufgrund der historischen Entwicklung (zunächst Vernetzung im Bereich der Rechnungsabwicklung) ist die Zuständigkeit sowohl für den elektronischen Rechnungsdatenaustausch wie auch für den elektronischen Bestelldatenaustausch in der Abteilung Rechnungswesen angesiedelt. Die Kompetenzen für den elektronischen Datenaustausch sind wiederum in einen technischen und einen organisatorischen Aspekt aufgeteilt. Die beiden Funktionen werden innerhalb der Abteilung 'Rechnungswesen' von zwei Personen getrennt wahrgenommen, wobei für den organisatorischen Aspekt eine eigene Stelle, der 'Koordinator Datenträgeraustausch', geschaffen wurde.

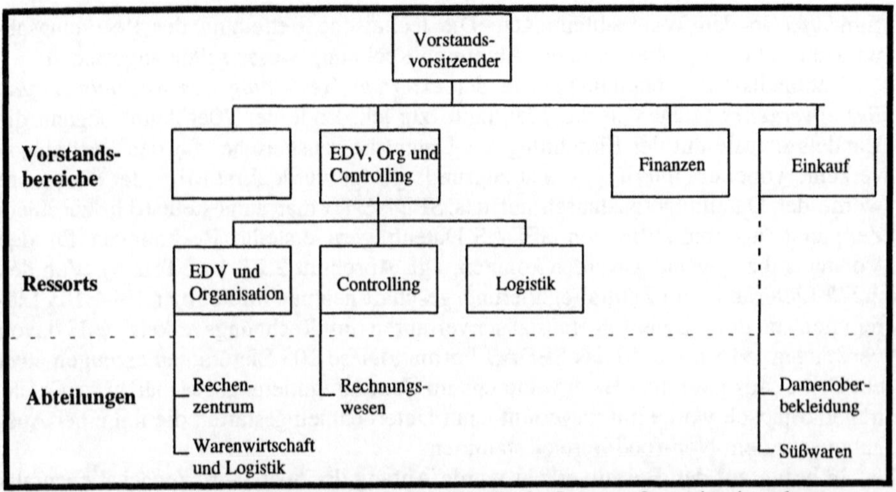

Abbildung 19: Organigramm der Handelszentrale: Interne Organisation des Vernetzungsprojekts

Diese Trennung von Rechnungs- und Bestelldatenverarbeitung innerhalb der Handelszentrale drückt sich auch in der Besetzung von Arbeitskreisen zur unternehmensübergreifenden Vereinheitlichung von Datenformaten bei der CCG aus. So wird die CCG-Arbeitsgruppe SINFOS (Stammdaten) durch einen Vertreter aus der Abteilung Warenwirtschaft im Ressort 'EDV und Organisation' vertreten, der SEDAS-Arbeitskreis 'Abrechnung und Regulierung' jedoch von dem 'Koordinator Datenträgeraustausch' aus der Abteilung 'Rechnungswesen' im Ressort 'Controlling' besetzt.

Die Beteiligung der Abteilung 'Warenwirtschaft und Logistik' an der Bestellabwicklung ist auf die technische Unterstützung des Bestellvorgangs beschränkt. Aufgrund der weitgehenden technischen Anbindung der Kunden an das Datennetz der Handelszentrale werden 90% der Kundenaufträge über Datenfernübertragung übermittelt. Dies entspricht 50-100 Tausend Auftragspositionen (Menge eines bestellten Artikels pro Kunde) pro Tag. Davon entfallen 40-45 Tausend Auftragspositionen auf das Lagergeschäft, d.h. auf das Warengeschäft auf eigene Rechnung mit eigener Logistik. Die Überprüfung der Kundenaufträge anhand der Stammdaten sowie die Aufteilung in Lageraufträge und Lieferantenaufträge erfolgt EDV-gestützt. Außerdem werden die Lageraufträge automatisch in Kommissionierlisten umgesetzt. Die Abteilung 'Warenwirtschaft und Logistik' betreut das EDV-System für die Bestellabwicklung. Die tatsächliche Bestellabwicklung (Ausdruck, Versand, Korrespondenz usw.) erfolgt jedoch durch die entsprechenden Warenabteilungen, die dem Vorstandsbereich 'Einkauf' angehören (vgl. Abbildung 19). Die Warenabteilungen sind entsprechend dem Sortiment gegliedert (z.B. Damenoberbekleidung, Kosmetik, Süßwaren). Die Pflege und Erfassung der Stammdaten erfolgt ebenfalls durch die

Einkäufer in den Warenabteilungen. Die technische Betreuung der Rechnungsabwicklung ist demgegenüber in der Abteilung Rechnungswesen selbst angesiedelt.

Rationalisierungsbemühungen in der *externen Gestaltung des Rechnungs- und Bestellverkehrs* reichen in die 70er Jahre zurück. Ende der 70er Jahre begann die Handelszentrale mit der Einführung des Datenträgeraustausches für den Rechnungsverkehr, wobei ein internes Format zugrunde gelegt wurde. Erst Mitte der 80er Jahre wurde der Datenträgeraustausch auf das SEDAS-Format umgestellt (d.h. zu einem Zeitpunkt, als mit Hilfe von SEDAS-Datenträgern erstellte Rechnungen für den Vorsteuerabzug genutzt werden konnten, vgl. Abschnitt 2.2.2.1 in Teil A). Von den 2.275 Lieferanten im Zentralregulierungsgeschäft nehmen im Februar 1994 105 Lieferanten an dem Datenträgeraustauschverfahren im Rechnungsverkehr teil, davon verwenden jedoch nur 40 das SEDAS-Format. Diese 105 Lieferanten erzeugen etwa ein Drittel des gesamten Belegvolumens im Zentralregulierungsgeschäft. Der Datenträgeraustausch wurde mit insgesamt neun Unternehmen gestartet, die mit einer Ausnahme aus dem Non-food Bereich stammen.

In bezug auf den Bestellverkehr wurde Anfang der 80er Jahre zunächst ebenfalls ein Datenträgeraustauschverfahren erprobt. Hier stellte sich schnell heraus, daß der Verwaltungsaufwand und die Fehleranfälligkeit in der Handhabung der Bänder zu groß waren. Deshalb erfolgte ein Systemwechsel auf das SDS-System der CCG, wobei das Datennetz von General Electrics (MARK III) genutzt wurde (vgl. Abschnitt 2.2.2.1 in Teil A). Nach anfänglichen Schwierigkeiten bei der Nutzung des SEDAS-Standards für Bestellungen (für die Belange der Handelszentrale war eine Modifikation im Format notwendig) wird seit 1986 dieser Standard für die Datenübertragung genutzt. Gründe für die Festlegung auf SEDAS waren vor allem, daß der sich abzeichnende 'Weltstandard' EDIFACT zu diesem Zeitpunkt von den Lieferanten noch sehr kritisch beurteilt wurde und daß die Programmierarbeiten für die Installation des Systems bereits abgeschlossen waren.[10] Außerdem gab es ein Problem auf der Seite der Handelszentrale. Die für die SEDAS-Formate notwendige EAN-Codierung war nicht in den Stammdaten der Handelszentrale enthalten. Dieses Problem wurde und wird so gelöst, daß aufgrund von Artikellisten der Lieferanten die EAN manuell von Mitarbeitern der Handelszentrale eingegeben wird. Darüber hinaus gibt es Definitionsprobleme zwischen der Handelszentrale und den Lieferanten. Die Handelszentrale benötigt für ihre Bestellabwicklung eine EAN, die auf die Verkaufseinheit der Kunden bezogen ist, die Lieferanten verwenden jedoch eine EAN, die auf ihre Liefereinheit bezogen ist.

Pilotteilnehmer auf Lieferantenseite waren vier Unternehmen aus dem Non-Food-Bereich. Heute nehmen 19 Lieferanten aus dem Non-Food-Bereich an dem elektronischen Bestellverkehr mit der Handelszentrale teil. Das Bestellvolumen ist jedoch gering, wobei 98% der Bestellpositionen mit einem Lieferanten abgewickelt werden,

---

[10] Zu diesem Zeitpunkt existierte noch keine Standardsoftware, so daß alle Programmierarbeiten sowohl in der Handelszentrale als auch bei den Lieferanten selbst durchgeführt werden mußten.

für den eine besondere gesellschaftsrechtliche Konstruktion geschaffen wurde (vgl. Abschnitt 3.2.2). Bestellungen beziehen sich mit einer Ausnahme ausschließlich auf das Lagergeschäft, d.h. elektronische Verbindungen zwischen Kunden und Lieferanten werden durch die Teilnahme an dem SDS-System nicht hergestellt. Hierfür wäre die elektronische Übermittlung von Direktaufträgen an Lieferanten erforderlich. Seit Projektbeginn Mitte 1992 sind bis Februar 1994 keine weiteren Teilnehmer an dem System des Bestelldatenaustausches auf Lieferantenseite hinzugekommen.

3.1.2 Zielsetzungen des Vernetzungsprojektes

Der Kern des Vernetzungsprojektes in bezug auf die technische Anbindung der Lieferanten bestand darin, einerseits den Informationsfluß zwischen Lieferant und Kunde durch die Informatisierung des Übertragungsmediums zu beschleunigen, andererseits die Voraussetzungen zu einer maschinellen Weiterverarbeitung der empfangenen Daten auf beiden Seiten zu schaffen. Diese Zielsetzung leitete sich aus der übergeordneten Strategie für die Handelszentrale ab, die an der Wettbewerbssituation besonders gegenüber den filialisierten Großvertriebsformen des Einzelhandels ansetzt. Gegenüber diesen hochgradig zentralisierten Betriebstypen wurden Defizite der traditionellen 'zweistufigen Handelsbetriebe' (Großhandel und Einzelhandel getrennt) vor allem in bezug auf die Kontrolle des Informationsflusses zur Sortimentssteuerung identifiziert. Deshalb sollen "alle Informationsströme zwischen Einzelhandel und Lieferanten" zentral gesteuert und abgewickelt werden.[11]

Die informationstechnische Umsetzung dieser Strategie stößt jedoch auf das Problem, daß der Informationsfluß zwischen Lieferant und Kunde zum großen Teil bereits von den Lieferanten durch eigene Systeme kontrolliert wird, vor allem durch den Außendienst, der teilweise bereits mit tragbaren Computern, die an das interne Datennetz eines Herstellers angeschlossen werden können, ausgestattet ist. Das Vernetzungsprojekt trifft also nicht in ein 'informationstechnisches Vakuum', sondern auf massive Konkurrenz durch bestehende Lieferantennetze und -systeme.

Es galt daher, den Nutzen durch die neue Form der Vernetzung unter der Regie der Handelszentrale für beide Seiten, Kunden wie Lieferanten, deutlich zu machen. Gegenüber den Lieferanten sollten in erster Linie die Rationalisierungspotentiale durch die Vernetzung betont sowie neue Möglichkeiten der Beschaffung von Marktdaten (vergleichbar den Nielsen Panel-Diensten) als Anreiz zur Teilnahme verwendet werden. Gegenüber den Kunden galt es, die Potentiale der Vernetzung für eine bessere Kontrolle des Warenflusses durch geschlossene Warenwirtschaftssysteme herauszustreichen. Auf der operativen Ebene bedeutet das Vernetzungsprojekt für die Handelszentrale eine Ausweitung des Zentralregulierungsgeschäftes.

---

11 Vgl. hierzu ausführlich den Abschnitt 1.1. in diesem Teil.

In bezug auf die quantitative Reichweite der Teilnahme der Lieferanten an dem Vernetzungsprojekt wurde eine Ziel von 70% anvisiert, wobei diese Zielsetzung vor allem als ein expliziter Verzicht auf eine 100%-Lösung zu verstehen ist. Als Grund für diese quantitative Begrenzung des Vernetzungsprojektes wurde einerseits die Tatsache genannt, daß der größte Teil des Informationsflusses von einem kleinen Anteil der Lieferanten verursacht wird. Andererseits erlaubt die Verwendung bestehender Normen keine 100%-Lösung, da beispielsweise der SEDAS-Standard insbesondere in der Textilwirtschaft nicht verwendet wird. Dies liegt daran, daß SEDAS die Verwendung der EAN vorschreibt, die von der Textilwirtschaft als für ihre Zweck ungeeignet abgelehnt wird (vgl. Abschnitt 2.2.2.2 in Teil A). Da die Handelszentrale jedoch etwa die Hälfte ihres Umsatzes im Textilbereich erwirtschaftet, ist davon auszugehen, daß in diesem Bereich der elektronische Datenaustausch in absehbarer Zeit nicht eingeführt werden wird, solange die Handelszentrale darauf besteht, SEDAS zu verwenden.

Im Verlauf des Vernetzungsprojektes wurden die Zielsetzungen deutlich nach unten korrigiert und gleichzeitig die Möglichkeiten stark erweitert. Nachdem ursprünglich für den elektronischen Rechnungsdatenaustausch ein Ziel von 70% des jährlich anfallenden Belegvolumens angestrebt worden war, werden jetzt 50% als realistisch angesehen. Als Grund hierfür wird angegeben, daß die Rentabilitätsschwelle für den Anschluß eines weiteren Lieferanten bei 10.000 Belegen pro Jahr liegt. Eine Ausdehnung der Vernetzung über 50% des jährlichen Belegvolumens würde aber bedeuten, daß diese Schwelle unterschritten werden müßte. Außerdem wird jetzt ein Wechsel von SEDAS auf EANCOM als notwendig angesehen, um das vorgegebene Vernetzungsziel erreichen zu können. Dies ist besonders wichtig für Sortimentsbereiche, die bisher in SEDAS nicht abgebildet werden konnten (z.B. Spielwaren, Textilien). So kann die Reichweite der potentiellen Vernetzungspartner auf Lieferantenseite erheblich erweitert werden.

3.1.3 Projektmangement: Problemfelder einer internen Organisation externer Vernetzung

Zu Beginn des Projektes "EDI-Lieferanten" hat es eine Reihe von organisatorischen Veränderungen gegeben, die den erfolgreichen Abschluß des Projektes unterstützen sollten. Gleichzeitig wurde die Projektstrategie konkretisiert und ihre Umsetzung durch eine Prioritätensetzung eingeleitet. Der Kreis der Beteiligten aus der Handelszentrale war während der Projektlaufzeit nicht genau definiert. Eine Reihe von Mitarbeitern, deren Verantwortungsbereich eng mit dem Vernetzungsprojekt in Berührung stand, war nicht über das Projekt informiert worden.

Organisatorische Veränderungen betrafen zum einen die aufbauorganisatorische Verteilung von Verantwortlichkeiten, zum anderen das Projektmanagement. Die Aufbauorganisation wurde aus anderen Gründen zu Beginn des Projektes stark verändert. Als ein projektrelevantes Ergebnis dieser Reorganisation wurde der 'Koordinator Datenträgeraustausch' der Abteilung EDV in dem Vorstandsressort 'EDV und Organisation' zugeordnet, nachdem diese Stelle ursprünglich in der Abteilung 'Rechnungswesen' und nach der Reorganisation kurzzeitig in der Abteilung 'Finanzen' angesiedelt war. Gleichzeitig wurden die Kompetenzen dieser Stelle dahingehend erweitert, daß der Koordinator nun auch für die Vernetzung mit den Kunden verantwortlich sein sollte.

Jedoch betraf diese Maßnahme gleichzeitig die traditionellen Kompetenzen des Leiters des Mitgliederrechenzentrums. Die Erweiterung der Kompetenzen des Koordinators für den Datenträgeraustausch hat sich in der Folge dann auch nicht in einer Veränderung seiner tatsächlichen Tätigkeiten niedergeschlagen. Ebenso wirkungslos blieb die Einsetzung eines Projektmanagers; vielmehr gingen alle Vernetzungsaktivitäten auf jene Akteure zurück, die traditionell diesen Bereich kontrollieren. Dabei ist die interne Trennung in die lieferanten- und kundenseitige Vernetzung trotz der organisatorischen Maßnahmen während der Projektlaufzeit nicht überwunden worden.

Die Prioritäten zu Anfang des Projektes lagen klar auf der Entwicklung der kundenseitigen Vernetzung. In bezug auf die Lieferantenvernetzung wurde die Konzeption einer Arbeitsteilung zwischen dem SDS-System der CCG und dem eigenen Netz der Handelszentrale entwickelt, indem das interne Netz v.a. für die Vernetzung mit den Kunden, das SDS-System jedoch für die Vernetzung mit den Lieferanten genutzt werden sollte. Jedoch wurde die Gebührenstruktur des traditionellen CCG-Partners General Electrics für unrealistisch gehalten. Von Anfang an bestand die Zielsetzung darin, das öffentliche Netz mit dem Clearingdienst der Telekom (TELEBOX.400) für die weitere Vernetzung mit den Lieferanten zu nutzen.

Der Kreis der von dem Projektmanagement an dem Projekt beteiligten Mitarbeiter umfaßte neben dem Projektleiter den Leiter des Mitgliederrechenzentrums, den Leiter des Warenwirtschaftsteams sowie den Leiter der Abteilung Benutzerservice, wobei alle dem Ressort 'EDV und Organisation' angehören. Der Koordinator für den Datenträgeraustausch nahm nicht an den Projektsitzungen teil.

Im Verlauf des Vernetzungsprojektes wurde die Implementationsstrategie grundsätzlich verändert. Überlegungen zu einer solchen Reformulierung der Vernetzungsstrategie wurden auf Vorstands- und Ressortebene seit dem Frühjahr 1993 angestellt. Konkrete Maßnahmen wurden im Herbst 1993 beschlossen, während der Laufzeit des Forschungsprojektes jedoch nicht mehr umgesetzt. Die Reformulierung der Implementationsstrategie betrifft die interne Aufbauorganisation. Die Veränderungen der Aufbauorganisation zielen im wesentlichen darauf, eine noch engere Verbindung zwischen Lieferanten- und Kundenvernetzung herzustellen. Nachdem die zu Beginn des Projektes durchgeführten Veränderungen nicht zu dem gewünschten Ergebnis geführt hatten, soll nun das gesamte Rechnungswesen im Bereich der Zentralregulierung dem Leiter des Ressorts 'EDV und Organisation' berichten, nachdem es ursprünglich im Ressort 'Controlling' angesiedelt war (vgl. Abbildung 19).

Diese organisatorische Maßnahme erscheint weitaus effektiver als die zu Beginn beschlossene Erweiterung der Kompetenzen des Koordinators für den Datenträgeraustausch. Diese erste Maßnahme blieb vor allem deshalb wirkungslos, weil eine Kompetenzüberschneidung zwischen dem Leiter des Rechenzentrums und dem Koordinator für den Datenträgeraustausch nicht verhindert wurde. Da der Leiter des Rechenzentrums in der Unternehmenshierarchie weit höher angesiedelt ist, mußte die Kompetenzausweitung wirkungslos bleiben. Durch die beschlossene Zusammenlegung der Abteilungen, die für die Umsetzung der lieferanten- bzw. kundenseitigen Vernetzung zuständig sind, werden diese Mängel behoben. Der Leiter des Ressorts 'EDV und Organisation' ist nun direkt auch für die Lieferantenvernetzung zuständig. Von dieser organisatorischen Veränderung können also wesentliche Impulse für die weitere Lieferantenvernetzung erwartet werden.

3.2 Piloten und Prototypen II: Vernetzungsinitiativen zwischen Einkaufskooperation und Industrieunternehmen

Wenngleich das Vernetzungsprojekt neben dem elektronischen Geschäftsverkehr eine Reihe von weiteren Optionen vorsieht, z.B. die elektronische Übertragung von Bildern zur Produktpräsentation sowie zur Archivierung von Rechnungsbelegen, so spielen diese Optionen doch nur in der Geschäftsbeziehung zwischen der Handelszentrale und den Handelsunternehmen eine Rolle. In bezug auf die Vernetzung mit den Lieferanten war von Anfang an die Beschränkung auf den elektronischen Geschäftsverkehr charakteristisch für das Vernetzungsprojekt. Durch die Beschränkung auf die SEDAS-Norm für den elektronischen Datenaustausch konnten darüber hinaus nur die Vorgänge Bestellung und Rechnungsübermittlung auf ein elektronisches Medium übertragen werden, da SEDAS nur diese beiden Geschäftsarten umfaßt. So schied durch diese Beschränkung z.B. die elektronische Übermittlung von Lieferscheinen im Direktgeschäft als Option zunächst aus, wenngleich die elektronische Übermittlung von Lieferscheinen in der Vernetzung der Handelszentrale mit den Kunden als Option vorgesehen war. Durch die geplante Umstellung von SEDAS auf EANCOM (siehe Abschnitt 3.1.2) kann diese Beschränkung überwunden werden. Gleichzeitig war die Erprobung der neuen Optionen durch die ISDN-Technologie ein wesentliches Element der verschiedenen Vernetzungsinitiativen, hier insbesondere im Bereich des Rechnungsdatenaustausches.

3.2.1 Administrativer Rechnungsdatenaustausch: Ausschöpfen des Rationalisierungspotentials als passive Vernetzungsstrategie der Handelszentrale

Aus der Perspektive der Handelszentrale entstehen aus der Umstellung des Rechnungsverkehrs von dem Verfahren des Datenträgeraustausches auf ein elektronisches Übermittlungsverfahren Rationalisierungspotentiale dadurch, daß das komplizierte Handling der Datenträger (v.a. Magnetbänder) entfällt und Kosten durch ein fehlerhaftes Handling (z.B. Vertausch von Bändern) vermieden werden können.

Die ISDN-Technik wurde seit 1988 als potentielles Medium für den elektronischen Datenaustausch in der Handelszentrale diskutiert, vor allem hinsichtlich der möglichen Umstellung des Rechnungsverkehrs im Datenträgeraustauschverfahren auf ein elektronisches Verfahren. Neben den hohen Übertragungsgebühren, die bei der elektronischen Übertragung von Rechnungsdokumenten aufgrund der großen Übertragungsvolumina anfallen würden, stellte insbesondere die notwendige Übertragungszeit bisher ein unüberwindbares Hindernis für eine Umstellung auf elektronische Übermittlungsverfahren dar.

Zu Beginn der Einführung des Datenträgeraustausches hatte ein Test zur elektronischen Übermittlung von Rechnungsdaten stattgefunden, der eine Übertragungszeit von mehr als fünf Stunden ergab.[12] Als entscheidender Engpaß wurden die Übertragungskapazitäten der elektronischen Medien eingestuft. Das ISDN versprach einen "Quantensprung" in den Übertragungsmedien, der die elektronische Übertragung von Rechnungsdaten zum ersten Mal in greifbare Nähe rückte.

Die entscheidende Wende wurde schließlich jedoch nicht durch die Einführung der ISDN-Technik herbeigeführt, sondern durch die Möglichkeit der Datenkomprimierung.[13] Im Zeitraum Juli/August 1992 wurde ein Test zur Übertragung komprimierter Rechnungsdateien von vier Herstellern und drei Handelszentralen durchgeführt. Ausgangspunkt war die Einrichtung einer sogenannten 'Mailbox' durch die Telekom, die damit als Mehrwertdienstanbieter für Datendienste auf den Markt trat. Diese Mailbox (TELEBOX.400) leistet die Verteilung der Daten von einem Datensender auf alle Datenempfänger dieses Senders, so daß der Sender für die Datenübertragung nur eine einzige Datenverbindung aufbauen muß.[14] Der Mehrwertdienst der Telekom verzichtet auf umfangreiche Serviceangebote und kann so zu weitaus günstigeren Preisen bereitgestellt werden als die Dienste der Wettbewerber

---

12 Ein Fakturierungsvorgang dieses Lieferanten umfaßt ca. 2 Megabyte. Durchschnittliche Fakturierungsvorgänge benötigen 500 KB bis 2 MB.

13 Die Datenkomprimierung erfolgt nach dem Prinzip der Wiedererkennung von gleichen Datenmustern, die in kleineren 'Code-Mustern' abgelegt werden. Je regelmäßiger die Muster einer Datei sind, desto höher ist damit die Kompressionsrate.

14 Die Mailbox benutzt für die Datenübertragung das international standardisierte Übertragungsprotokoll X.400, das Funktionen z.B. für die Adressierung des Datenempfängers enthält.

(insbesondere IBM und General Electrics). Der Test zur Übermittlung komprimierter Rechnungsdaten wurde über die TELEBOX.400 abgewickelt, nachdem ein Versuch mit dem Netz von General Electrics (MARK III) gescheitert war. Die Gründe dafür sind nicht ganz deutlich. Ein Teilnehmer an dem Test gibt an, daß die Übertragung der Dateien nicht gelungen ist, d.h. die Daten nicht empfangen werden konnten. Ein anderer Teilnehmer hingegen vermutet, daß es ein Abstimmungsproblem zwischen der CCG und General Electrics bzw. IBM (die nach dieser Version ebenfalls Testläufe durchgeführt hatten) gegeben hatte.

Der Test wurde mit 14.400-baud-Modems durchgeführt. Die Komprimierungsraten variierten über die Teilnehmer, bewegten sich jedoch mit zwei Ausnahmen in einem engen Bereich mit einer durchschnittlichen Rate von 85%, d.h. es mußten durchschnittlich nur 15% der Ursprungsdateien übertragen werden. Von allen Teilnehmern an dem Test wurden Dateien mit einer Größe von zusammengenommen gut 14 Megabyte übertragen, für die eine Übertragungszeit von insgesamt gut 10 Stunden benötigt wurde. Damit sind für die Übertragung einer Datei mit 2 MB (dies entspricht der Fakturierungsmenge eines sehr großen Lieferanten der Handelszentrale) immer noch 1,5 Stunden erforderlich, wobei die durchschnittlichen Kosten der Übertragung einer 2 MB-Datei über das öffentliche Telefonnetz einschließlich der Gebühren für die TELEBOX.400 für den Empfänger bei DM 46,- und für den Sender bei DM 48,- liegen.[15] Diese Bedingungen wurden von den Teilnehmern für akzeptabel gehalten. Damit konnte der Test als erfolgreich gewertet werden.

Dieser Test wurde von der Handelszentrale ergänzt durch einen Test des ISDN für die Datenübertragung. Nacheinander wurde die gleiche Datei mit einer Größe von 50.000 Datensätzen (dies entspricht dem durchschnittlichen Rechnungsvolumen von fünf Lieferanten) über das konventionelle Telefonnetz mit einem 14.400-baud-Modem und über eine ISDN-Leitung versandt. Die Übertragung mittels ISDN fiel mit 3,5 min deutlich günstiger aus als die Modem-basierte Übertragung (19 min).[16] Durch die ISDN-Technologie konnte die Übertragungszeit in diesem Fall also um mehr als das Fünffache reduziert werden. Die Übertragung einer 2 MB-Datei könnte demnach in weniger als 20 Minuten stattfinden. Damit war für die Handelszentrale die Entscheidung zur Einführung der ISDN-Technologie gefallen.

Nach dem erfolgreichen Abschluß des Tests zur Übertragung komprimierter Rechnungsdateien über das öffentliche Netz und die TELEBOX.400 formulierten die Teilnehmer eine Reihe von Änderungswünschen, die von der TELEKOM bzw. dem beteiligten Softwarehaus und der CCG umgesetzt werden sollten. Die Änderungswünsche betrafen einerseits die Funktionalität der Übertragungssoftware (von

---

[15] Der Datenempfänger muß seine Daten bei der TELEBOX.400 abrufen, d.h. für ihn fallen Leitungsgebühren und Belegungsgebühren für die TELEBOX.400 an. Die Gebühren für die Verteilung der Daten sind vom Datensender zu tragen.

[16] Die Übertragung von 30 MB über ein Netz mit einer Kapazität von 64 KB/s, dies entspricht einer einfachen ISDN-Leitung, benötigt 1,2 Stunden. Die Übertragung von 2 MB benötigt demnach 4,8 min.

allen Beteiligten wurde eine weitgehende Automatisierung des Übertragungsvorganges angestrebt), andererseits die Struktur des SEDAS-Formates, das der Übertragung zugrunde gelegt worden war. Hier ging es vor allem darum, die sogenannte 'Sendeerkennung' (von wem stammt die Sendung?) zu verbessern. Die Vorkehrungen im SEDAS-Format wurden hierzu als nicht ausreichend eingestuft. Die Verbesserung der Software erfolgte jedoch nicht in der Weise, wie dies von den Teilnehmern gewünscht worden war. Dies wird als Grund für das Scheitern des Projekts in seiner ursprünglichen Konzeption genannt. Von den Teilnehmern blieben nur die Handelszentrale und zwei ihrer Lieferanten übrig.

Die Bemühungen zur Aufnahme des Datenaustausches über die TELEBOX.400 werden seither von den drei verbleibenden Akteuren fortgesetzt. Ursprünglich war die Aufnahme des elektronischen Datenaustausches geplant für September 1993. Technische Schwierigkeiten haben jedoch zu einer Verzögerung geführt. Dies betrifft vor allem die Automatisierung des Datenabrufs von der TELEBOX.400. Heute (Stand Februar 1994) muß dieser Abruf noch manuell unterstützt werden. Der Testbetrieb soll jedoch erst dann aufgenommen werden, wenn der Datenabruf automatisch möglich ist. Der Start des Testbetriebs war zuletzt für April 1994 geplant.

Die Motive der beiden Lieferanten zur Umstellung des Rechnungsverkehrs auf den elektronischen Datenaustausch unterscheiden sich in einigen Punkten. Grundsätzlich jedoch sehen die Lieferanten die Rationalisierungsvorteile dieser Umstellung hauptsächlich bei den Kunden, in diesem Fall also der Handelszentrale. Für die Lieferanten ergeben sich Vorteile vor allem durch den Ausschluß von Verwechselungen. Erreicht einen Kunden das Band eines Wettbewerbers, so kann dieser anhand der Rechnungen die Konditionen, die seinem Wettbewerber eingeräumt werden, erkennen. Dies würde seine Verhandlungsposition gegenüber dem Hersteller verbessern. Der Hersteller hat deshalb ein starkes Interesse daran, solche Verwechselungen auszuschließen.

Für den einen der beiden beteiligten Hersteller spielt der Serviceaspekt eine entscheidende Rolle bei seiner Umstellung auf den elektronischen Rechnungsdatenaustausch. Das Angebot zur Teilnahme am elektronischen Datenaustausch wird daher auch als ein Wettbewerbsinstrument gesehen. Dies ist für den Hersteller besonders wichtig, da die vertriebenen Produkte weitgehend standardisiert sind, so daß sie kaum Profilierungsmöglichkeiten über den Endverbrauchermarkt ermöglichen (90% des Umsatzes werden mit sechs Artikeln im Non-Food-Bereich erzielt). Für den zweiten Hersteller (ebenfalls im Non-Food-Bereich) spielt der Serviceaspekt keine explizite Rolle. Allerdings weist die Tatsache, daß die Initiative zur Einführung des Datenträgeraustausches und des elektronischen Datenaustausches im Rechnungsverkehr in allen Fällen von den Kunden ausgingen, darauf hin, daß hier ebenfalls Wettbewerbsargumente eine Rolle gespielt haben.

Die Umstellung des Rechnungsverkehrs von dem Datenträgeraustauschverfahren auf die elektronische Datenübertragung erfolgte aus der Perspektive der Handelszentrale ohne Rückbezug zu den strategischen Zielsetzungen des ISDN-Projekts. Vielmehr standen hier reine Rationalisierungsüberlegungen im Vordergrund. Die Informationsbeziehung zwischen Kunde und Lieferant wird durch die Einführung des elektronischen Rechnungsdatenaustausches nicht berührt. Organisatorische oder technische Anpassungsnotwendigkeiten innerhalb der Handelszentrale sind minimal, da die notwendigen Programme und Schnittstellen durch den Datenträgeraustausch bereits geschaffen sind. Dort, wo das Vernetzungsprojekt auf der Lieferantenseite am weitesten fortgeschritten ist (im Rechnungsdatenaustausch), sind also die geringsten organisatorischen oder technischen Veränderungen zu erwarten. Die Einschätzung, daß die Vernetzungsstrategie der Handelszentrale einer 'passiven Rationalisierungsstrategie' (vgl. Abschnitt 2.1.2 in Teil A) folgt, indem Rationalisierungspotentiale dort genutzt wurden, wo sie sich durch eine Veränderung der institutionellen und technischen Rahmenbedingungen ergeben, erscheint daher berechtigt.

3.2.2 Dispositive Bestelldatensysteme: Aktive Vernetzungsstrategie der Handelszentrale im Wettbewerb mit der Industrie

Die Rationalisierungseffekte durch die Einführung des elektronischen Bestelldatenaustausches sind aus der Perspektive der Handelszentrale minimal. Zeitvorteile können bereits dadurch wieder zunichte gemacht werden, daß bei den Lieferanten keine entsprechende Hintergrundorganisation eingerichtet wird, die Aufträge also nicht mit der durch den elektronischen Bestelldatenaustausch möglichen Schnelligkeit von den Lieferanten bearbeitet werden. Z.B. könnten im Kosmetikbereich, der 10% des Gesamtumsatzes der Handelszentrale erwirtschaftet, bei der Weiterleitung der Direktaufträge an die Lieferanten, die von der Handelszentrale über ihr eigenes Datennetz bei den Kunden abgerufen werden, täglich etwa 10 Minuten Arbeitszeit eingespart werden (es handelt sich um 50-70 Direktaufträge pro Tag). Im Bereich des Lagergeschäftes, d.h. bei Aufträgen, die die Handelszentrale auf eigene Rechnung mit den Lieferanten abwickelt, könnten für diese Abteilung 30 Minuten pro Woche eingespart werden. Die Bestellzeit ließe sich von jetzt 14 Tagen auf eine Woche reduzieren. Damit könnten die Mindestbestellmengen reduziert werden. Dieser Effekt könnte jedoch dadurch wieder zunichte gemacht werden, daß die Mindestversandvolumina der Lieferanten dann nicht mehr erreicht werden. Die Rationalisierungseffekte durch den elektronischen Bestelldatenaustausch sind damit sehr gering.

Jedoch werden weitere mögliche Effekte des elektronischen Bestelldatenaustausches betont. Hierzu zählen eine Verbesserung der Sortimentspolitik und eine Verminderung des Delkredererisikos. Die Verbesserung der Sortimentspolitik durch die elektronische Übermittlung von Direktaufträgen beruht auf der Idee, die Bestelldaten der Mitglieder gleichzeitig für die Informationsgewinnung zu nutzen. So können die Umsätze von Warengruppen oder Artikeln analysiert werden, die an der Handelszentrale 'vorbei' getätigt werden, d.h. direkt zwischen Kunde und Lieferant. Hierbei könnten nicht nur die Warenbewegungen im Rahmen des Direktgeschäftes verfolgt werden, sondern auch Umsätze mit Lieferanten, die bisher nicht von der Handelszentrale gelistet werden. Die Verminderung des Delkredererisikos wäre vor allem dadurch möglich, daß die Handelszentrale frühzeitig erkennen und entsprechend gegensteuern kann, wenn Kunden durch einen hohen Wareneinsatz das Risiko eines Liquiditätsengpasses eingehen.

Schließlich können Rationalisierungspotentiale für die Kunden der Handelszentrale dadurch erschlossen werden, daß die Disposition von ausgewählten Sortimentsbereichen automatisiert wird. Hierfür wurde ein automatisches Dispositionssystem entwickelt, mit dem die Bestelldaten anhand von auf den Regalen angebrachten Strichcodes mit Hilfe eines tragbaren Scanners erfaßt werden können. Für die Handelszentrale ergibt sich hierdurch die Möglichkeit, die Sortimentsgestaltung ihrer Kunden aktiv zu beeinflussen, indem sie Standardsortimente zusammenstellt, für die sie automatische Bestellsysteme anbietet. Ein wichtiger Aspekt bei der Entwicklung solcher Systeme ist allerdings die Erfassung von Artikelstammdaten, da die Automatisierung des Bestellvorganges, wie auch die Automatisierung des Kassiervorganges durch Scannerkassen die Pflege von Stammdaten voraussetzt.

Um die Kosten der Erfassung und Pflege von Stammdaten zu senken, wurde im Projektzeitraum ein Projekt zur Erprobung von Rationalisierungsspielräumen für die Stammdatenerfassung durchgeführt. Bei diesem Projekt geht es um die dezentrale Stammdatenerfassung bei den Lieferanten durch die Einkäufer der Handelszentrale. Zu diesem Zweck werden die Einkäufer mit tragbaren Computern ausgestattet, die die direkte elektronische Erfassung der Stammdaten durch die Einkäufer bei den Lieferanten ermöglichen. Diese Daten werden einmal für die Erstellung der Verkaufskataloge genutzt, zum anderen für die Generierung von elektronischen Bestellungen. Die Kosten der Erfassung und Pflege von Stammdaten sind ein wichtiger Faktor bei der Entscheidung, ob automatische Dispositionssysteme für die Kunden der Handelszentrale angeboten werden sollen. Diese Kosten können durch die Beschaffung von Artikelstammdaten als Fremddaten reduziert werden. Der Erfolg des CCG-Projekts zur Einrichtung einer unternehmensübergreifenden Datenbank für Artikelstammdaten (SINFOS) ist deshalb für die Erweiterung von automatischen Dispositionssystemen von entscheidender Bedeutung.

Insgesamt ergeben sich für die Handelszentrale also vier unterscheidbare Nutzeffekte des elektronischen Bestelldatenaustausches:

- Verbesserung der Sortimentssteuerung,
- Kostensenkungen durch eine Verminderung der Lagerbestände,
- Reduzierung des Delkredererisikos und
- Beeinflussung der Sortimentsgestaltung in ausgewählten Sortimentsbereichen.

Die Unsicherheit in bezug auf die Erreichung der genannten Ziele ist jedoch teilweise groß. Wie bereits erwähnt, ist zum Beispiel in bezug auf die mögliche Senkung der Lagerbestände durch eine Senkung der Mindestbestellmengen nicht klar, inwiefern diese Vorteile nicht durch Mindestversandmengen oder eine ungenügende Hintergrundorganisation bei den Lieferanten wieder kompensiert werden. In jedem Fall existieren keine Wirtschaftlichkeitsrechnungen für diese Effekte.

Die Einführung elektronischer Bestellsysteme steht allerdings vor dem gravierenden Problem, daß die Lieferanten eigene, proprietäre Bestellsysteme etabliert haben. Freilich besteht die Zielsetzung des Vernetzungsprojektes auch darin, die existierenden Bestellsysteme der Lieferanten durch ein eigenes Bestellsystem zu substituieren. Als Begründung für dieses Ziel wird neben den intern anfallenden Vorteilen das Bemühen genannt, die Mitglieder vor den Versuchen der Hersteller zu schützen, im Rahmen der regelmäßigen Vertreterbesuche Zusatzumsätze zu erzielen. Insofern wurde die dadurch entstehende Konkurrenzsituation in der Konzeption des Vernetzungsprojektes bereits berücksichtigt.

Es gibt jedoch kaum Vorstellungen darüber, wie die Lieferanten zur Aufgabe ihrer Bestellsysteme motiviert werden können. Hier hat lange Zeit die Vorstellung dominiert, daß die Handelszentrale eigene Bestellsysteme aufgrund ihrer starken Marktposition durchsetzen kann. Ein solcher Versuch muß allerdings auf Geschäftsführungsebene unternommen werden, wenn er Aussicht auf Erfolg haben soll. Im Verlauf des Vernetzungsprojektes wurde dies von dem Projektmanagement erkannt. Der elektronische Datenaustausch soll jetzt als Gegenstand von Verhandlungen mit Lieferanten in die Formulierung von Zentralregulierungsverträgen aufgenommen werden. Bisher wurde die Einführung des elektronischen Datenaustausches auf der Ebene der technisch Verantwortlichen betrieben. Dies bedeutete in der Regel, daß der Koordinator für den Datenträgeraustausch Kontakt mit den EDV-Leitern der Lieferanten aufnahm. Bereits die Vertriebsverantwortlichen in den Lieferantenunternehmen waren dem Koordinator für den Datenträgeraustausch in der Regel nicht mehr bekannt. Demgegenüber werden die Verhandlungen über die Zentralregulierungsverträge, in denen auch die Konditionen der Lieferanten für das Direktgeschäft festgelegt werden, zwischen den Einkäufern der Handelszentrale und den Vertriebsverantwortlichen der Lieferanten geführt, in Einzelfällen auch auf Vorstandsebene.

Dennoch muß mit dem massiven Widerstand jener Lieferanten gerechnet werden, die bereits über eigene Bestellsysteme verfügen. Eigene Bestellsysteme der Lieferanten können danach unterschieden werden, in welchem Umfang sie elektronisch unterstützt werden. Die Spannbreite möglicher Systemkonstellationen reicht von rein institutionellen Lösungen bis hin zu technisch geschlossenen Bestellsystemen. Als ein rein institutionelles Bestellsystem kann das Rackjobbing-Verfahren bezeichnet werden. Aufgrund seiner Verbreitung im unteren Preissegment spielt dieses Verfahren besonders bei den Kunden der untersuchten Handelszentrale eine große Rolle, da sich diese Kunden im unteren bis mittleren Preissegment bewegen. Beim Rackjobbing-Verfahren stellt das Handelsunternehmen seinem Lieferanten eine bestimmte Verkaufsfläche zur Verfügung. Der Lieferant betreut diese Regalfläche, indem Verkaufshilfen (Regale, Ständer, Tischdisplays usw.) bereitgestellt werden und die warenwirtschaftliche Betreuung übernommen wird (Seyffert 1972, S.194). Der Lieferant (Hersteller oder Großhändler) wickelt das Warengeschäft auf eigene Rechnung ab oder gibt die Ware bei den Handelsunternehmen in Kommission. Die Verträge werden entsprechend gestaltet, indem das Handelsunternehmen entweder eine Kommissionsgebühr erhält, oder die bereitgestellte Verkaufsfläche an den Lieferanten vermietet.

Die Lieferanten geben als Hauptgrund für die Einführung des Rackjobbing-Verfahrens die mangelnde Dispositionskompetenz im Einzelhandel an. Bei einem Lieferanten hat es ein Pilotprojekt mit einem anderen Handelsunternehmen gegeben, bei dem das Rackjobbingverfahren durch ein elektronisches Bestellsystem des Handelsunternehmens ersetzt wurde (es handelt sich dabei um eine Filialkette im Drogeriebereich). Diese Substitution bedeutete, daß die Disposition nicht mehr durch die Außendienstmitarbeiter des Herstellers, sondern durch die Filialleiter erfolgte, nachdem zunächst für diesen Zweck gebildete Einkaufsteams aus Kostengründen wieder aufgelöst worden waren.

Das Resultat war aus der Sicht des Herstellers unbefriedigend, da erhebliche 'Präsentationslücken' aufgetreten sind. Dieses Problem tritt besonders im modischen Bereich auf, da hier die Vollständigkeit eines Sortiments entscheidend sein kann. Erfolgt die Disposition ausschließlich anhand der Abverkäufe, wird das Sortiment auf die schnelldrehenden Artikel reduziert, so daß die Vollständigkeit des Sortimentes nicht mehr gewährleistet ist. Allerdings birgt der Begriff der 'Vollständigkeit' Probleme, da zu fragen ist, nach welchen Kriterien entschieden wird, welche Artikel in das Sortiment aufzunehmen sind, ohne dem Handelsunternehmen zu schaden. Vereinzelt haben sich deshalb bereits institutionelle Arrangements durchgesetzt, bei denen der Hersteller seinem Kunden einen gewissen Lagerumschlag garantiert. Wenn der Hersteller auf eigene Rechnung arbeitet, entsteht dieses Problem nicht. Aus den Problemen, die sich aus der Definition eines Sortiments ergeben, leitet die Handelszentrale gerade das Argument ab, daß die eigenen Bestellsysteme der Lieferanten dazu mißbraucht werden können, Zusatzumsätze auf Kosten der Handelsunternehmen zu erzielen, wenn sich die so aufgebauten Sortimentsbestände nur schwer verkaufen lassen. Es ist jedoch unter den jetzigen Bedingungen nicht abzusehen, ob die Hersteller das Rackjobbing-Verfahren aufgeben werden.

Ein Projekt zur Einrichtung eines geschlossenen Warenwirtschaftssystem wurde von der Handelszentrale in Kooperation mit einem Lieferanten im Bereich der Distribution von Tonträgern (vor allem Compact Disks) durchgeführt. Dieses Projekt geht zurück auf den Versuch, die Anzahl der Lieferanten in diesem Bereich zu reduzieren. Die Handelszentrale hat die Anzahl der Lieferanten von mehr als zehn Lieferanten vor fünf Jahren auf heute fünf reduziert. Unter diesen hat ein Lieferant einen Umsatzanteil von zwei Dritteln mit der Handelszentrale.

Dieser Lieferant hat ein eigenes Bestellsystem entwickelt, das komplett (Hardware, Software und Wartung) bei den Handelsunternehmen installiert wird. Von den 220 Handelskunden der Handelszentrale, die Geschäftsbeziehungen mit diesem Lieferanten unterhalten, haben 38 dieses System implementiert. Das System generiert die Dispositionsvorschläge automatisch aus den Abverkäufen, die durch Scannerkassen registriert werden. Die Vertriebsabteilung des Herstellers entscheidet anhand der Dispositionsvorschläge über die aktuellen Warenlieferungen. Die Händler haben ein unbegrenztes Rückgaberecht. Das Datenclearing erfolgt über die TELEBOX.400. Eine Umstellung auf ISDN ist für 1994 geplant (derzeit ist bei dem Hersteller noch kein ISDN-Anschluß verfügbar). Die Bestelldaten werden über Nacht bearbeitet, die Auslieferung erfolgt am nächsten Tag. Die Bestelldaten basieren auf einer EAN-Nummer, wobei die Struktur dieser Nummer von der EAN allerdings abweicht, indem ein Klassifikationssystem verwendet wird (es handelt sich offiziell trotzdem um eine EAN, da sie durch die erste Ziffer (2) als Ausnahmenummer gekennzeichnet ist). Die Daten werden über die Handelszentrale an die TELEBOX.400 weitergeleitet, ohne jedoch weiter manipuliert zu werden. So werden die Bestelldaten auch nicht im SEDAS-Format übertragen, eine Umstellung auf das SEDAS-Format ist allerdings geplant (vgl. Abbildung 20).

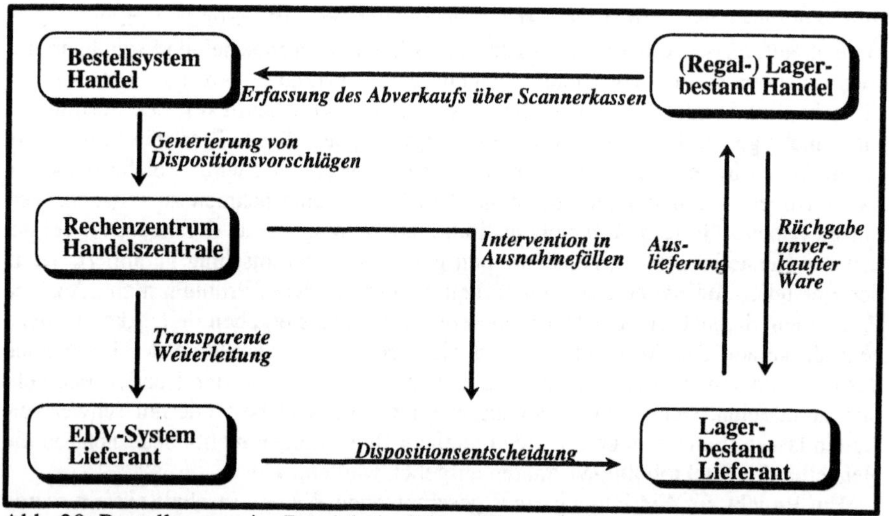

Abb. 20: Bestellsystem im Bereich der Disposition von Tonträgern

Die Handelszentrale hat zusammen mit dem Lieferanten eine kleine Firma gegründet, deren Zweck darin besteht, den Vertrauensvorteil der Handelszentrale gegenüber den Kunden zur Geltung zu bringen. Die Abwicklung der Warendisposition und Betreuung der Kunden erfolgt ausschließlich über den Außendienst des Lieferanten. Die Kunden schließen Lieferverträge von 3-5 Jahren mit der neu gegründeten Firma für den Vertrieb der Tonträger, in denen die Frage der Systemausstattung geregelt ist. Kompetenzen und Regelungen für die Warendisposition werden von dem Liefervertrag jedoch nicht berührt. Im Unterschied zum Rackjobbing-Verfahren wirtschaften hier die Kunden auf eigene Rechnung, so daß z.B. auch das Schwundrisiko bei den Kunden liegt. Bisher werden nur Händler mit einem Umsatz von mehr als 500.000 DM an das System angeschlossen, da die Kosten der Installation der Systeme sonst nicht amortisiert werden können (in den jeweils zugrunde gelegten Kalkulationszeiträumen).

Die Handelszentrale hat für diesen Bereich nie die Errichtung eines eigenen Dispositionssystems erwogen, da der Pflegeaufwand (besonders hinsichtlich der Stammdaten) viel zu hoch wäre. Probleme entstehen darüber hinaus bei der Betreuung des sogenannten Chartsortiments, das die aktuellen Trendtitel umfaßt. Hier bedarf es einer hohen Marktkompetenz, um den Trend richtig einzuschätzen. Jedoch sieht die Handelszentrale ein Problem bei der alleinigen Einschätzung der Trendentwicklung durch den Lieferanten. Die Zielsetzung der Handelszentrale ist deshalb, ihren Einfluß auf die tatsächliche Warendisposition zu erhöhen. Derzeit interveniert die Handelszentrale nur in Einzelfällen.

Das System konkurriert mit sogenannten 'Garagenlieferanten', die hochaktuelle kleine Depots vorrätig halten und die Kunden selbst beliefern. Es geht bei dem System deshalb vor allem um Schnelligkeit und Aktualität. Die Handelszentrale dient im wesentlichen als Mantelunternehmen für den Lieferanten, um die Vorteile des Vertrauensvorsprungs zu nutzen. Umgekehrt werden Rationalisierungseffekte durch die Konzentration auf einen Lieferanten erzielt. Die Probleme, die sich aus der dadurch entstehenden Abhängigkeit ergeben, können allerdings nicht übersehen werden.

In bezug auf die Entwicklung eigener Bestellsysteme verdeutlicht dieses Beispiel die enormen Schwierigkeiten, die mit der Errichtung solcher Systeme verbunden sind. Es ist bei weitem nicht ausreichend, eine Mailbox oder einen Verteilungsrechner aufzustellen und die entsprechenden Formate für den Datenaustausch zu entwikkeln. Vielmehr bedürfen solche Systeme der ständigen intensiven Betreuung, einerseits in bezug auf die Pflege der Stammdaten, andererseits in bezug auf die Marktbeobachtung, um aktuelle Trends richtig einschätzen zu können. Dieses letzte Problem ist deckungsgleich mit der Begründung zur Einrichtung von Rackjobbing-Verfahren.

Der Versuch der Handelszentrale, die Bestellsysteme der Lieferanten durch eigene Bestellsysteme zu substituieren, ist also bisher nicht gelungen. Die wettbewerbsstrategischen Argumente werden weitgehend eingeholt durch das Problem der Dispositionskompetenz: Selbst wenn die technischen Probleme gelöst werden könnten, bliebe die Frage, wer die Warendisposition effizient kontrollieren kann. Hier entsteht für die Handelszentrale ein Handlungsspielraum für die Entwicklung eigener Sortimente, wodurch sich die Sortimentspolitik der Kunden beeinflussen läßt. Für diese Sortimente werden automatische Bestellsysteme angeboten, wobei hier die Erfassung und Pflege von Stammdaten zu einem relevanten Entscheidungskriterium wird.

Die Einführung des Bestelldatenaustausches hängt damit von drei interdependenten Faktoren ab, die sich durch die folgenden Fragestellungen charakterisieren lassen:

- Wie können die Lieferanten überzeugt werden, eigene Bestellsysteme zugunsten von Bestellsystemen der Handelszentrale aufzugeben?
- Wie kann die Dispositionskompetenz der Kunden der Handelszentrale erhöht werden?
- Wie können die Kosten des Aufbaus automatischer Dispositionssysteme, die vor allem durch die Notwendigkeit der Erfassung und Pflege von Artikelstammdaten entstehen, reduziert werden?

Die so charakterisierten drei Faktoren sind interdependent, weil die Lieferanten ihre Bestellsysteme nur dann aufgeben werden, wenn sie die Dispositionskompetenz gewahrt sehen, die Ausweitung der Sortimentssteuerung durch die Handelszentrale jedoch nicht unbegrenzt möglich ist. Die strategische Zielsetzung der Handelszentrale, die Informationsflüsse in bezug auf Warenbewegungen zu kontrollieren, ist also ambivalent zu beurteilen. Geht es der Handelszentrale allein darum, eine bessere Datenbasis für die eigene Einkaufspolitik zu erhalten, so wäre es ausreichend, wenn die Bestelldaten der Kunden im Direktgeschäft über die Handelszentrale geleitet werden. Hier entsteht jedoch das Problem existierender Bestellsysteme der Lieferanten. Geht es der Handelszentrale darum, die Sortimentspolitik ihrer Kunden zu beeinflussen, ist der Aufbau eigener Dispositionssysteme notwendig. Dies jedoch setzt voraus, daß die Handelszentrale Dispositionskompetenz und Artikelstämme aufbaut, was beides mit zusätzlichen Kosten verbunden ist. Lösungsansätze für diese unterschiedlichen Probleme, die sich aus einer jeweils verschiedenen Interpretation der Vernetzungsstrategie ergeben, Verbesserung der Informationsbasis für die eigene Sortimentspolitik einerseits und Steuerung der Sortimentspolitik der Kunden andererseits, sollen im folgenden diskutiert werden.

3.3 Zwischenergebnis: Unternehmensvernetzung im ISDN-Datenverbund zwischen der Handelszentrale einer Einkaufskooperation und Industrieunternehmen

Als Resultat der Analyse des Vernetzungsprojektes in der Handelszentrale lassen sich drei Problemkomplexe, die der Einführung des elektronischen Datenaustausches im Wege stehen, zusammenfassen:

(a) das Problem der Substitution bestehender Bestellsysteme durch den elektronischen Datenaustausch
(b) das Problem der Stammdatenpflege als Voraussetzung für die Einführung eigener Dispositionssysteme zur Verdrängung von proprietären Bestellsystemen der Lieferanten
(c) das Problem der Weiterentwicklung und Anpassung unternehmensübergreifender Normen für den elektronischen Datenaustausch.

Diese drei Problemkomplexe sollen im folgenden der Reihe nach diskutiert werden.

(a) Konkurrierende Bestellsysteme

Wie oben ausführlich dargestellt, gibt es für die Hersteller hohe Opportunitätskosten der Aufgabe eigener Bestellsysteme. Diese Bestellsysteme können technisch unterstützt - Beispiel: tragbare Computer -, technisch integriert - Beispiel: Bestellsystem für CDs - oder rein institutionell organisiert - Beispiel Rackjobbing - sein. Die Durchsetzung eigener Bestellsysteme durch den Handel erfordert, daß eine starke Marktposition auch zur Geltung gebracht wird und/oder daß zusätzliche Anreize angeboten werden.

Das nahezu klassische Konzept, das auch von der Handelszentrale präferiert wird, besteht darin, die Opportunitätskosten der Hersteller, die sich an einem fremden Bestellsystem beteiligen, durch die Bereitstellung aktueller Marktdaten zu kompensieren. Die CCG hat 1987 ein entsprechendes System entworfen und umgesetzt (MADAKOM). Die Absatzdaten des Einzelhandels werden über die installierten Scannerkassen elektronisch erfaßt und an einen zentralen Datenpool weitergeleitet. Hier werden sie z.T. in Zusammenarbeit mit einem Marktforschungsinstitut nach bestimmten Kriterien aufbereitet und an die Hersteller nach vorgegebenen Selektionskriterien weitergeleitet. Bereits 1989 umfaßte MADAKOM nahezu das gesamte Trockensortiment (50.000 Artikel). Die Daten wurden an 100 Verkaufsstellen erfaßt (Emons 1989).

Die Konzeption des MADAKOM-Systems geht zurück auf die Entwicklung der EAN. Die Bereitstellung der Marktdaten war gedacht als Kompensation für die Teilnahme der Hersteller an dem EAN-System (van Gerpen und Seeger 1990). Die gleiche Idee wird nun von der Handelszentrale in Ansätzen (v.a. innerhalb der Abteilung 'EDV und Organisation') entwickelt, wobei hier die Hersteller zusätzlich zur Aufgabe ihrer eigenen Bestellsysteme bewogen werden sollen. Die Einschätzung der Mitarbeiter aus den Warenabteilungen fällt demgegenüber wesentlich skeptischer aus. Aus der Sicht der Einkäufer sind die Bestellsysteme der Lieferanten für die Handelszentrale unverzichtbar, insbesondere aufgrund des Know-hows im Bereich der Warendisposition. Dies wird auch deutlich durch die Kooperation der Handelszentrale mit einem Lieferanten im Bereich der Distribution von Tonträgern.

Die Existenz konkurrierender Bestellsysteme stellt jedoch weniger ein Problem für die Einführung des elektronischen Bestelldatenaustausches an sich dar. Vielmehr handelt es sich hier um ein spezifisches Problem der Einkaufskooperationen, die von zwei Seiten gleichzeitig verdrängt zu werden drohen: Auf der einen Seite gibt es Bestrebungen der Hersteller, näher an den 'Markt' zu rücken, z.B. durch eine stärkere institutionelle oder technische Integration mit einzelnen Handelsunternehmen; auf der anderen Seite entwickeln die filialisierten Handelsunternehmen effiziente Kommunikationssysteme zusammen mit den Herstellern, die sie in ihren Geschäften ohne größere Abstimmungsprobleme durchsetzen können. Abstrahiert man von diesem Spezialproblem der Einkaufskooperationen, so bleibt für die Einführung des elektronischen Bestelldatenaustausches jedoch die Erkenntnis bestehen, daß eine Informatisierung des Bestellverkehrs nicht in einer Situation ansetzen kann, die generell durch die 'ineffiziente Papierkommunikation' zwischen isolierten Unternehmen gekennzeichnet ist, sondern in der durch ausdifferenzierte und hochentwickelte Bestellsysteme eine beträchtliche Verbesserung der Qualität und Schnelligkeit der Kommunikation zwischen Industrie- und Handelsunternehmen erreicht worden ist. Die Einführung des elektronischen Bestelldatenaustausches muß dieser Situation gerecht werden, indem sie bestehende Systeme unterstützt und zu ihrer weiteren Verbesserung beiträgt.

In der Landschaft der Einkaufskooperationen zeichnen sich gravierende Veränderungen in ihrer institutionellen Struktur ab, die weitreichende Auswirkungen auf die Chancen zur Einführung des elektronischen Datenaustausches haben dürften. Diese Veränderung soll im wesentlichen darin bestehen, neue Kooperationsformen unter den Einkaufskooperationen zu etablieren. Die generelle strategische Überlegung sieht vor, die jeweiligen Stärken der einzelnen Einkaufskooperationen besser zur Geltung zu bringen bzw. Tätigkeiten dort einzustellen, wo komparative Nachteile bestehen. So ist z.B. daran gedacht, Spielwaren von einer hier spezialisierten Einkaufskooperation zu beziehen, deren Mitglieder im Gegenzug Waren zur Ergänzung des Sortiments z.B. im Textilbereich, von der untersuchten Handelszentrale beziehen würden. Ähnliche Überlegungen werden in bezug auf Modeartikel und Schuhe angestellt. Dadurch könnten einerseits die Einkaufskooperationen ihren Zentralregulierungsumsatz in ihren strategischen Geschäftsfeldern erhöhen und damit die Verhandlungsposition gegenüber ihren Lieferanten verbessern. Es wird erwartet, daß dieser Zusatzumsatz den Rückgang in den Geschäftsfeldern kompensiert, die im

Zuge dieser Kooperation aufgelöst werden müßten. Andererseits würden die eigenen Mitglieder/Kunden von den im Vergleich zur eigenen Einkaufskooperation besseren Konditionen der kooperierenden Einkaufskooperationen profitieren.

In bezug auf die Vernetzungsstrategie sind die Konsequenzen dieser Unternehmensstrategie ambivalent zu beurteilen. Grundsätzlich sind zwei Möglichkeiten denkbar:

(1) Die Einkaufskooperationen errichten proprietäre Netze, so daß alle Kunden nur an ein einziges Netz angeschlossen sind. Für die durch die Kooperation unter den Einkaufskooperationen entstehenden Informationsbeziehungen wird ein eigenes Clearingsystem eingerichtet. Ein solches Clearingsystem würde einerseits sicherstellen, daß die Bestellungen der Kunden an die jeweils beschaffende Einkaufskooperation weitergeleitet werden, andererseits jedoch dafür sorgen, daß jede Einkaufskooperation, die ein eigenes Datennetz betreibt, die notwendigen Stammdaten von den jeweils beschaffenden Einkaufskooperationen erhält. Diese Option würde also darauf hinauslaufen, daß die Kooperation der Einkaufskooperationen auf den Bereich der Systemgestaltung und den Netzbetrieb ausgeweitet wird.

(2) Die Einkaufskooperationen 'öffnen' ihre Netze, so daß jeder Handelskunde direkt bei jener Einkaufskooperation bestellen kann, die auch über die entsprechenden Lieferantenbeziehungen verfügt. Eine solche Öffnung setzt einerseits voraus, daß Datenformate usw. vereinheitlicht werden, impliziert andererseits jedoch, daß der Markt grundsätzlich für Dritte geöffnet wird, indem hier z.B. Mehrwertdienstleister oder Systemanbieter die Position der Rechenzentren der Einkaufskooperationen angreifen könnten. Gleichzeitig würde in bezug auf Mehrwertdienste (z.B. statistische Analysen) und Systembetreuung unter den Rechenzentren der Einkaufskooperationen eine Konkurrenzsituation entstehen, indem z.B. eine Einkaufskooperation versuchen könnte, ihre Systeme und Dienste bei den Mitgliedern einer anderen zu plazieren.

Es ist noch durchaus unklar, welche der beiden Optionen im Zuge der neuen Unternehmensstrategien angestrebt werden wird. Darüber hinaus ist hier auch anzunehmen, daß Marktkräfte wirksam werden, die der Kontrolle der Einkaufskooperationen entzogen sind. Von dem Projektmanagement wird sowohl die Einrichtung eines Clearingsystems unter den Einkaufskooperationen als auch die Öffnung der Systeme erwogen, wobei nicht deutlich ist, ob diese beiden Optionen verbunden werden sollen und können.

(b) Stammdatenmanagement

Solange die oben beschriebene Kooperation unter den Einkaufskooperationen nicht in ein funktionsfähiges Clearingsystem übersetzt wird (erste Option), setzt die Verdrängung von proprietären Bestellsystemen der Lieferanten immer voraus, daß die

Handelszentrale eigene Bestellsysteme entwickelt, die nicht nur den Vorgang der Datenübermittlung automatisieren, sondern die Qualität der Warendisposition insgesamt verbessern. Dies gilt auch für den Fall, daß die Einkaufszentralen ihre Netze öffnen und somit ihre Bestellsysteme untereinander in Konkurrenz treten (zweite Option).

Die Entwicklung solcher Bestellsysteme ist allerdings nicht nur mit einmaligen Kosten der Implementation von Übertragungstechnik behaftet, sondern erfordert die kontinuierliche Betreuung und Pflege dieser Systeme. Ein wesentlicher Kostenfaktor entsteht dabei durch die Notwendigkeit des Aufbaus und der Pflege von Artikelstammdateien. Diese Kosten beeinflussen die Entscheidung darüber, für welche Sortimente eigene Bestellsysteme angeboten und betreut werden.

Der Aufwand für die Beschaffung und Pflege der Artikelstammdaten ist derzeit bereits enorm. Stammdaten werden in der Handelszentrale in vier verschiedenen Anwendungsbereichen benötigt: für die Finanzbuchhaltung und Zentralregulierung, die Katalogerstellung, die Regaloptimierung und für Bestellungen. Stammdaten werden zum Teil von allen an diesen Funktionen beteiligten Abteilungen separat erfaßt. Dabei kann lediglich ein Teil der in einer Abteilung benötigten Stammdaten für die Zwecke einer anderen Abteilung übernommen werden. So werden beispielsweise die Stammdaten, die für die Regaloptimierung[17] benötigt werden, teilweise von den Warenabteilungen übernommen. Das Projekt zur Regaloptimierung stellt allerdings sehr hohe Anforderungen an die Stammdaten. So müssen diese Daten z.B. die räumlichen Abmessungen der Produkte oder der Präsentationseinheiten zur Verfügung stellen können. Außer auf die intern verfügbaren Stammdaten ist man deshalb auf externe Bezugsquellen angewiesen. Zu diesem Zweck wird ein sogenannter Artikelpaß als Formular entwickelt, der von den Lieferanten auszufüllen ist. Neben dem Artikelpaß können die Daten selbst erhoben oder aber als Fremddaten (z.B. über die SINFOS-Datenbank, siehe unten) bezogen werden.

Zu Beginn der Arbeit der neu eingerichteten Abteilung für die Regaloptimierung wurden ca. 70% der Personalkapazitäten für die Erfassung der Stammdaten benötigt. Damit konnten knapp 10% aller Artikel im Sortiment der Handelszentrale erfaßt werden. Für die laufende Pflege werden derzeit ca. 20% der vorhandenen Personalkapazitäten veranschlagt, d.h., daß eine Person nahezu vollständig mit der Pflege der Stammdaten für diesen begrenzten Anwendungsbereich beschäftigt ist. Das Interesse an einem Fremddatenbezug ist deshalb sehr groß.

Gleichzeitig wird ein Teil der Erfassungsarbeit durch das Verteilen von Artikelpässen an die Lieferanten externalisiert. Berücksichtigt man, daß die Lieferanten solche Artikelpässe aus unterschiedlichen Abteilungen eines Kundenunternehmens er-

---

17 Die Regaloptimierung wird in einem neuen Projekt von der Handelszentrale den Kunden angeboten. Dabei geht es darum, den zur Verfügung stehenden Regalraum nach bestimmten Kriterien optimal zu nutzen. Diese Kriterien können sein: Umschlagsgeschwindigkeit, Sortimentszugehörigkeit (Muß- oder Kannsortiment), Deckungsbeiträge.

halten (aus der Handelszentrale z.B. noch von den Warenabteilung), so werden die enormen Anforderungen, die im Zusammenhang mit der Einführung elektronischer Bestellsysteme im innerbetrieblichen oder unternehmensübergreifenden Bereich auch an die Lieferanten gestellt werden, deutlich.

Vor diesem Hintergrund ist das SINFOS-Projekt der CCG zu sehen. Das Konzept für dieses Projekt besteht darin, daß die Hersteller ihre Produktdaten in einem von der CCG vorgegebenen Format an eine zentrale Datenbank übermitteln, von wo die Daten von den Handelsunternehmen nach bestimmten Selektionskriterien abgerufen werden können (Emons 1989). Nach offiziellen Angaben der CCG nahmen an dem SINFOS-System 1992 bereits 11 Handelsunternehmen und 56 Industrieunternehmen teil. Der für die Regaloptimierung verantwortliche Mitarbeiter der Handelszentrale hingegen gibt an, daß derzeit lediglich Daten für 4.000 Artikel angeboten werden (das Sortiment der Handelszentrale umfaßt 40.000 Artikel). Diese Daten seien allerdings von sehr schlechter Qualität, so daß ein Hersteller seine Daten wieder aus der Datenbank zurückgezogen habe. Allein durch diese Entscheidung eines einzelnen Herstellers ist die Datenbank wieder auf ein Volumen von 2.000 Produkten zusammengeschmolzen.

Darüber hinaus gibt es eine Reihe ungeklärter Haftungsfragen im Zusammenhang mit der Übernahme von Fremddaten. Wenn z.B. ein Lieferant zu hohe Preise angibt und diese Preisinformation für die Bestellung genutzt wird, so ist nicht klar, wer dafür verantwortlich ist. Im umgekehrten Fall, wenn also der Hersteller eine elektronische Bestellung empfängt, auf der zu niedrige Preise angegeben sind, ergibt sich ein ähnliches Problem. Dies hat dazu geführt, daß ein Hersteller eine Zusatzvereinbarung mit der Handelszentrale getroffen hat, wonach übertragene Preisinformationen als nicht übertragen gelten.

Für einen Fremdbezug der Daten sind also erst noch die institutionellen Voraussetzungen zu schaffen, die eine breite Teilnahme der Hersteller ermöglichen und zugleich die Qualität der Daten sicherstellen. Der Betrieb einer zentralen Datenbank scheint für dieses Ziel nicht hinreichend zu sein. So hat sich z.B. die EDI-Initiative in der Phonoindustrie (vgl. Abschnitt 2.2.2.3 in Teil A) dazu entschlossen, die Artikelstammdaten zentral auf ihre Qualität hin zu überprüfen und gegebenenfalls zu ergänzen bzw. zu korrigieren. Die notwendige Datenqualität wird allerdings erst dann erreicht, wenn die Anwender auf die Richtigkeit der Daten vertrauen. Ein solches Vertrauen kann am ehesten durch eine Richtigkeitsgarantie (Zertifikat) mit rechtlicher Wirkung erreicht werden. Hier scheint es einen Handlungsbedarf für die CCG zu geben.

(c) Unternehmensübergreifende Abstimmungsprozesse

Die Einführung des elektronischen Datenaustausches geschieht in Deutschland nicht in einem institutionellen Vakuum. Vielmehr haben eine Reihe von Organisationen ein aktives Interesse an der Einführung des elektronischen Datenaustausches. In bezug auf den Konsumgüterbereich ist dies eine Domäne der CCG, wiewohl dieser Organisation hier in letzter Zeit massive Konkurrenz entgegentritt (vgl. Abschnitt 2.2 in Teil A). Es ist also zu fragen, ob die Struktur und Arbeitsweise der CCG den Prozeß der Einführung des elektronischen Datenaustausches in der Konsumgüterwirtschaft in ausreichender Weise unterstützt.

Mitglieder der Handelszentrale in den CCG-Arbeitskreisen SEDAS-Zentralregulierung und SINFOS äußern sich sehr kritisch über die Arbeitsweise dieser Organisation. Danach ist die CCG im Bereich des elektronischen Datenaustausches nicht aktiv genug, was auch darauf zurückgeführt wird, daß sie nur Empfehlungen aussprechen, Beschlüsse unter ihren Mitgliedern aber nicht durchsetzen kann. Der SINFOS-Arbeitskreis hat seit eineinhalb Jahren nicht mehr getagt. Darüber hinaus gibt es in dieser Arbeitsgruppe für die Handelszentrale kaum Geschäftspartner, so daß die Abstimmungsprobleme mit den Geschäftspartnern in diesem Gremium nicht zur Sprache gebracht werden können.

Gleichzeitig wird aus der Perspektive der CCG die Entwicklung weiterer Normen für den Datenaustausch (EDIFACT-Subsets) kritisch beurteilt. Allerdings sieht sich die CCG außerstande, diese Entwicklung zu verhindern. Sie setzt deshalb ihre Hoffnung in die Initiative des DIN, von dem ein System zur Registrierung und Prüfung von EDIFACT-Subsets entwickelt wurde (vgl. Abschnitt 2.2.2.3 in Teil A).

Nach der hier dargestellten Untersuchung besteht das Hautproblem der Einführung des elektronischen Datenaustausches jedoch nicht in der Fülle oder Unübersichtlichkeit von Normen für Datenformate. Als viel gravierender hat sich herausgestellt, daß die Qualität von Dienstleistungen, die den elektronischen Datenaustausch unterstützen, gegenwärtig nicht ausreichend ist, um den elektronischen Datenaustausch dort, wo sich Potentiale bieten, einzuführen. Gleichzeitig ist jedoch auch festzuhalten, daß die Vision der Einrichtung einer universellen Infrastruktur für die elektronische Geschäftskommunikation irreführend ist. Der Erfolg der Einführung des elektronischen Datenaustausches hängt eben von den konkreten Anwendungen ab, die sich teilweise so stark voneinander unterscheiden, daß der Begriff 'elektronischer Datenaustausch' die Einheitlichkeit einer Technik suggeriert und die Probleme ihrer Durchsetzung unberücksichtigt läßt.

Die durch die Handelszentrale geäußerte Kritik an der Effizienz der CCG kann jedoch nicht darüber hinwegtäuschen, daß die CCG eine wichtige Funktion bei der Etablierung des elektronischen Datenaustausches innehat. Hierzu zählt neben der Bereitstellung einer Kommunikationsplattform durch die Einrichtung und Unterstützung von Arbeitskreisen der Versuch, Lösungen für das Datenmanagement zu erarbeiten. Es ist freilich nicht notwendig, daß diese Funktionen von der CCG übernommen werden. Es ist jedoch fraglich, ob sie von einem einzelnen Akteur übernommen werden können. Beispielsweise müßte die oben beschriebene Kooperation unter den Einkaufskooperationen eine solche Institution für diese Aufgaben erst noch hervorbringen, die auch mit einem vergleichbaren Legitimierungspotential auszustatten wäre. Das heißt, daß die Kooperation letztlich nicht auf Einkaufskooperationen beschränkt werden kann, sondern auf andere Akteure in der Konsumgüterwirtschaft auszuweiten wäre. Dies allerdings würde mit der strategischen Zielsetzung, den spezifischen Distributionsweg über die Einkaufskooperationen zu stärken, in Konflikt geraten.

Die CCG ist aus den zehnjährigen Kooperationsbemühungen von Einkaufskooperationen im Lebensmitteleinzelhandel entstanden, die sich nach und nach um die Mitarbeit weiterer Akteure in der Konsumgüterwirtschaft, wie der großen Warenhauskonzerne, bemühten. Seit ihrer Gründung hat sich jedoch die Prozeßdynamik der Einbeziehung neuer Akteure eher abgeschwächt. Gerade diese Schwierigkeiten zeigen, daß es ein äußerst langwieriges und komplexes Unternehmen ist, ein institutionelles Arrangement als Instrument für den Ausgleich von Akteursinteressen zu schaffen.

Fassen wir die bisherigen Ergebnisse der Untersuchung zur Unternehmensvernetzung zwischen Einkaufskooperation und Industrie zusammen, dann geht daraus klar hervor, daß weder das ISDN, noch die Entwicklung der internationalen Norm EDIFACT allein in der Lage sind, die notwendigen Voraussetzungen für die Entwicklung und Durchsetzung des elektronischen Datenaustausches zwischen Unternehmen zu schaffen.

Ohne Zweifel stellt das ISDN eine wirtschaftliche Alternative zu bestehenden Datennetzen dar. Das hat sich auch in den im Rahmen dieses Modellprojektes durchgeführten Testläufen gezeigt. Die Dienste, die für das ISDN derzeit angeboten werden, spielen bei der Einführung des elektronischen Geschäftsverkehrs jedoch keine Rolle. Statt dessen werden die Angebote von Mehrwertdienstleistern genutzt, wobei dem Mehrwertdienst der DBP Telekom hier eine Schlüsselrolle zugeschrieben werden kann. Allerdings hat die Möglichkeit der Datenübertragung über das ISDN in jenen Fällen, wo neue Anwendungen des elektronischen Datenaustausches erschlossen wurden, nicht den Ausschlag gegeben. Als bereits ausreichender Faktor hat sich hier, insbesondere bei der Einführung des elektronischen Rechnungsverkehrs, die Möglichkeit der Datenkomprimierung herausgestellt. Die Vorteile des ISDN haben die Entscheidung zur Einführung lediglich unterstützt.

Die darauf aufbauenden Entwicklungspotentiale des elektronischen Datenaustausches können nur sinnvoll eingeschätzt werden, wenn nach den jeweiligen Anwendungen unterschieden wird. So sind die internen und externen Anforderungen des elektronischen Bestellverkehrs ganz anders zu beurteilen als jene für den elektronischen Rechnungsverkehr, zum Beispiel im Hinblick auf die notwendig zu verwaltenden Stammdaten. Gleichzeitig sind die entwicklungsbedingten Voraussetzungen für die Einführung dieser beiden Anwendungen verschieden. Derzeit bestehen Entwicklungspotentiale für den elektronischen Datenaustausch dort, wo sich der Datenträgeraustausch seit Jahren etabliert hat. Dies gilt insbesondere für den elektronischen Rechnungsdatenaustausch. Hier können die Unternehmen ohne große Schwierigkeiten auf neue Medien für einen elektronischen Datenaustausch umsteigen. Dies wird möglich durch die Kombination aus Datenkomprimierung, ISDN und einem preiswerten Mehrwertdienst (TELEBOX.400). In anderen Fällen sind die Entwicklungspotentiale geringer einzustufen, wie unter den gegebenen Bedingungen beispielsweise bei dem elektronischen Bestellverkehr zwischen Unternehmen. Allerdings birgt das ISDN enormes Entwicklungspotential für proprietäre Bestellsysteme, die derzeit vor allem von Industrieunternehmen entwickelt werden. Für diese Anwendungen kann ISDN eine entscheidende Rolle spielen, weil die Bestellsysteme ebenso wie der unternehmensübergreifende elektronische Bestellverkehr auf Systeme zur Erfassung und Übermittlung von Stammdaten angewiesen sind. Derzeit basieren diese Systeme in erster Linie auf dem Austausch von Datenträgern. Dort allerdings, wo die Stammdaten in relativ schnellem Rhythmus angepaßt werden müssen, sind die Unternehmen bisher auf die Nutzung der relativ teuren Mehrwertdienste angewiesen. Hier kann sich die Kombination aus Datenkomprimierung, ISDN und TELEBOX.400 als wirtschaftliche Alternative für proprietäre elektronische Bestellsysteme erweisen. Ob sich das hier abzeichnende Entwicklungspotential auf die Entwicklung offener Bestellsysteme übertragen läßt, wird davon abhängen, ob es gelingt, hierfür entsprechende institutionelle Strukturen zu schaffen. Denn der elektronische Rechnungsverkehr kann weitgehend als ein Wechsel des Übertragungsmediums realisiert werden, da durch die Praxis des Datenträgeraustausches die organisatorischen, technischen und institutionellen Voraussetzungen erfüllt sind. Für die Einführung des elektronischen Bestellverkehrs müssen diese Voraussetzungen jedoch erst geschaffen werden.

Die internationale Entwicklung von EDIFACT hat eine Vielzahl von Branchenverbänden, allen voran die CCG, veranlaßt, eigenständige EDI-Systeme und -Normen zu entwickeln. Dies hat zu einer Situation geführt, in der sich verschiedene EDI-Systeme und -Normen gegenseitig behindern. Bislang hat daher EDIFACT wenig zur Durchsetzung des elektronischen Geschäftsverkehrs beigetragen. In Europa wird zwar die Entwicklung des elektronischen Datenaustausches durch die Kommission im Rahmen des TEDIS-Programms der Europäischen Union (Trade Electronic Data Interchange Systems) gefördert. Die Kommission hat sich allerdings darauf beschränkt, neue Nutzergruppen zu etablieren, die vor allem Datenformatsnormen für den elektronischen Datenaustausch entwickeln und entsprechende Systeme aufbauen, sowie Maßnahmen zur "Aufklärung" von potentiellen Nutzern über die Vorteile des elektronischen Datenaustausches einleiten. Gerade in Deutschland hat sich jedoch herausgestellt, daß die institutionellen Strukturen, die sich zur Unterstützung des elektronischen Datenaustausches entwickelt haben, diesen zum Teil eher bremsen als fördern. Dies liegt vor allem daran, daß die verschiedenen Netzwerkinitiativen miteinander konkurrieren. Beim jetzigen Stand der Entwicklung führt diese aus Sicht des Anwenders unsichere Situation zu einer allgemein geringen Anwendung des elektronischen Geschäftsverkehrs im Konsumgüterbereich. Die institutionelle Struktur, die auf die Förderung des elektronischen Datenaustausches gerichtet ist, steht diesem selber im Weg, ist also selbst ein Problem für die Diffusion von Anwendungen eines elektronischen Datenverkehrs.

Die institutionelle Struktur, das heißt die Ausgestaltung der Unternehmensbeziehungen, erweist sich demnach in zweifacher Hinsicht als Engpaßfaktor für den elektronischen Geschäftsverkehr: sowohl auf der bilateralen Ebene der Vereinbarung dispositiver Anwendungssysteme zwischen Unternehmen als auch auf der multilateralen Ebene der Vereinbarung und Anwendung von EDI-Systemen und -Normen. Der elektronische Geschäftsverkehr wird sich also nicht per se durchsetzen. Ein "Quantensprung" durch die Einführung des elektronischen Datenaustausches kann nur dann erreicht werden, wenn die institutionelle Ausgestaltung der Unternehmensbeziehung verändert wird. Hier spielen auf der bilateralen Ebene aktive Vernetzungsstrategien und auf der multilateralen Ebene vor allem unternehmensübergreifende Verhandlungsinitiativen und -prozesse eine entscheidende Rolle.

Die weitreichenden Zielvorstellungen, die zu Beginn des Vernetzungsprojekts durch die Handelszentrale in bezug auf elektronische Datenverbindungen zu Lieferanten, aber auch zu den Kunden, formuliert worden sind, konnten im ersten Anlauf nicht umgesetzt werden. Vielmehr folgt der Verlauf der Initiierungsphase und der Pilotanwendungen bei allen Beteiligten, also auch bei den Kooperationspartnern in der Industrie, einer eher passiven Vernetzungsstrategie. Die Unternehmen sind auf der Suche nach Rationalisierungsmöglichkeiten und erschließen sie dort, wo sie sich vergleichsweise "einfach" ergeben. Dies gilt hier für die technisch organisatorisch gut vorstrukturierte Elektronisierung des Rechnungsdatenaustausches. Die Lieferanten reagieren hier auf die entsprechenden Anforderungen der Handelszentrale, indem sie die Wünsche ihrer Kunden in einem vorgegebenen Rahmen zu erfüllen suchen, und zwar auch in Abhängigkeit von eigenen taktisch-operativen und strategischen Bedürfnissen (z.B. werden von einigen Lieferanten die individuell entwickelten Datenformate nicht akzeptiert). Solange sich die potentiellen Teilnehmer des elektronischen Geschäftsverkehrs auf solchermaßen passive Aktivitäten beschränken, wird die institutionelle Struktur ein Hindernis für die Entwicklung und weitere Diffusion des elektronischen Datenaustausches bleiben.

Die Entwicklung von aktiven Vernetzungsstrategien wird wesentlich davon abhängen, welche strategischen Gestaltungsspielräume für die Akteure bestehen und wie sie genutzt werden können. Hier wird ein wichtiger Faktor die Formation kollektiver Strategien sein (Sydow 1992), in denen die Akteure Koalitionen bilden mit dem Ziel, die "Karten neu zu verteilen". Solche kollektiven Strategien sind derzeit im Einzelhandel verstärkt zu beobachten. Beginnend bei "proprietären" Aktivitäten, wie bei dem dargestellten Beispiel eines geschlossenen Warenwirtschaftssystems, kommen sie auch in der beschriebenen Neuorientierung der Vernetzungsstrategie der untersuchten Handelszentrale zum Ausdruck. Diese ist gleichbedeutend mit der vertraglichen Neuregelung der Unternehmensbeziehungen, die im Regelfall nur von der jeweiligen Unternehmensleitung veranlaßt werden kann. Dies kommt in der Handelszentrale mit der Aufnahme der Vernetzungsstrategie in die Vertragsverhandlungen mit Industrieunternehmen zum Tragen. Die in dieser Form auf die Änderung der institutionellen Strukturen gerichtete Strategie wurde in dem Modellvorhaben von der Handelszentrale erst zum Ende des Projektzeitraumes entwickelt, so daß ihr Potential zur Veränderung der institutionellen Strukturen hier nicht abschließend abgeschätzt werden kann. Solange jedoch die Einführung des elektronischen Geschäftsverkehrs nicht ein strategisches Entscheidungsproblem bei den potentiellen Anwendern des elektronischen Geschäftsverkehrs ist, welches aktiv verfolgt wird, kann nicht erwartet werden, daß der elektronische Geschäftsverkehr eine über eingefahrene technisch-organisatorische Strukturen hinausgehende Dynamik entfaltet.

Diese Einschätzung bedeutet nicht, daß die Teilnahme der Akteure des Vernetzungsprojektes in unternehmensübergreifenden Arbeitskreisen nicht hoch zu bewerten ist. Sie ist nur auf ein anderes Ziel, nämlich die Bedingungen oder Infrastrukturen multilateraler Vernetzung gerichtet. Die Teilnehmer der Vernetzungsinitiativen entfalten im Vergleich überdurchschnittliches Engagement, ohne damit allerdings die gegenwärtigen institutionellen Strukturen zu überschreiten. In diesem Sinne gilt hier das für die bilaterale Vernetzung entwickelte Argument in gleicher Weise, denn auch hier erzeugen erst aktive Vernetzungsstrategien dynamische Entwicklungsformen. Foren für solche Verhandlungsinitiativen und -prozesse sind Unternehmensverbände und informelle Arbeitsgruppen. Die besondere Organisationsform der CCG, als dem für die Konsumgüterbranche wichtigsten Verhandlungsforum, hat sich bei der Aushandlung der EAN bewährt. In bezug auf die Einführung des elektronischen Datenaustausches war sie bisher jedoch weniger erfolgreich. Neben den Problemen, die aus der Institutionalisierung solcher Verhandlungsprozesse selber entstehen - das Argument Bürokratisierung des Prozesses wird hier immer wieder kritisch gebraucht - scheint hier insbesondere die Fokussierung auf die EAN das Problem zu sein. Die CCG instrumentalisiert die Einführung des elektronischen Datenaustausches auch zur Absicherung ihrer EAN-Strategien. Diese Doppelfunktion ihrer EDI-Strategie hat sich bisher nicht bewährt, weil sie im Ergebnis in den bisherigen Strukturen verbleibt - und insoweit als passive Rationalisierungsstrategie zu interpretieren ist.

Teil C ISDN und Unternehmensvernetzung: Potentiale und Grenzen des stufenübergreifenden ISDN-Einsatzes in der Konsumgüterdistribution

Für wirtschaftswissenschaftliche Technikforschung ist es nicht neu, daß das technisch Denkbare nicht mit dem praktisch Möglichen und betriebswirtschaftlich Machbaren zusammenfällt. Dies gilt auch für technische Anwendungsformen des ISDN, mit denen die Informations- und Kommunikationsbeziehungen zwischen Unternehmen optimal gestaltet werden sollen. Erst der Blick hinter die Leitbilder der Technik öffnet einen Zugang zu den vielfältigen, zwischen verschiedenen ökonomischen Akteuren und auf unterschiedlichen Ebenen ablaufenden Aktivitäten, die den Innovationsprozeß bestimmen. Unternehmensvernetzung ist - auch und vielleicht in erster Linie - ein unternehmenspolitischer Prozeß. Die Frage nach dem betriebswirtschaftlichen Innovationspotential des ISDN zu stellen, verkennt die Problemlage, wenn sie allein auf die optimale Gestaltung zwischenbetrieblicher Kommunikationsformen durch technikgestützte Informationssysteme abhebt und diesen Fokus nicht für die Strukturen des Innovationsprozesses und die Strategien der Implementierung öffnet.

Es ist charakteristisch für dieses Untersuchungsfeld, daß die Unternehmensvernetzung auf der technischen Ebene des elektronischen Datenaustausches aus ökonomischen Gründen über bilaterale Leistungsbeziehungen hinausreicht. Die aktuelle Diskussion um nationale und internationale Normen bezieht ihr Potential aus der einzelwirtschaftlich begründbaren Notwendigkeit, die elektronischen Datenbeziehungen auf eine Mehrzahl von Transaktionspartnern auszudehnen. Die hier mit EDIFACT, aber auch mit ISDN transportierte Vision der Einrichtung einer universellen Infrastruktur für den elektronischen Geschäftsverkehr spiegelt die praktische Situation jedoch nur unzureichend wieder. Tatsächlich ist die Entwicklung dadurch gekennzeichnet, daß es eine Vielzahl von Initiativen zur multilateralen Vernetzung gibt. Diese richten sich zwar - mehr oder weniger - an EDIFACT als branchenunspezifischem Standard aus. Im Kern geht es aber darum, den branchenspezifischen Bedingungen zwischenbetrieblicher Kommunikationsbedarfe zu entsprechen, häufig durch ein "passendes" EDIFACT-Subset. Träger dieser Inititativen sind in vielen Fällen Unternehmensverbände, die zur Errichtung multilateraler Datenaustauschsysteme zwischen den einzelnen Unternehmen Koordinations- und Multiplikator-Funktionen übernehmen. Zu den zentralen Akteuren solcher Vernetzungsinititativen gehören Einkaufskooperationen. Aus ihrer spezifischen Situation als Verbund eigenständiger Handelsunternehmen haben deren Handelszentralen ein besonderes Interesse an der Etablierung multilateraler Datenaustauschsysteme, zum einen für die Datenkommunikation im Unternehmensverbund selber, zum anderen gegenüber den Transaktionspartnern des Unternehmensverbunds, wobei hier vor dem Hintergrund aktueller Wettbewerbsentwicklungen die Zusammenarbeit mit Industrieunternehmen besondere Priorität hat.

Das Modellprojekt "ISDN und Unternehmensvernetzung" ist als exemplarisch für multilaterale Unternehmensvernetzungsinitiativen in der Konsumgüterdistribution anzusehen. Bereits seit Mitte der 70er Jahre sind in diesem Unternehmensverbund Vernetzungsaktivitäten zu anderen Unternehmen der Einzelhandelsstufe zu beobachten, die sich in dieser ersten Phase auf die technische Abwicklung administrativer Aufgaben im waren- und finanzwirtschaftlichen Bereich konzentrieren. Zugleich gehört die Handelszentrale schon in der Initiierungsphase zu den aktiven Trägern der Entwicklung des EDI-Systems für die gesamte Konsumgüterwirtschaft, um inbesondere durch den Einsatz von Datenträgern im Zahlungsverkehr mit der Industrie das Rationalisierungspotential auch im zwischenbetrieblichen Bereich auszuschöpfen. In beiden Bereichen soll mit der Nutzung des ISDN eine neue Rationalisierungsdynamik ausgelöst werden. Die Beweggründe für die Initiative der Handelszentrale reichen dabei von der rationellen Abwicklung des zwischenbetrieblichen Datentransfers, insbesondere im belegintensiven Rechnungsverkehr, bis zur Organisation neuer Formen der stufenübergreifenden Arbeitsteilung zwischen Einzelhandel, Handelszentrale und Industrieunternehmen, hier insbesondere im dispositiven Bereich der Warensteuerung und Sortimentsgestaltung.

Das zentrale Ergebnis dieser Studie deutet sich in der eingangs vorgenommenen Präzisierung der Ausgangsfragestellung bereits an: *Kritischer Erfolgsfaktor der Unternehmensvernetzung mit ISDN sind die institutionellen Strukturen, in denen sich die technisch-organisatorische Zusammenarbeit der Akteure vollzieht.* Dieses Ergebnis läßt sich aus der Unternehmensvernetzung in der Einkaufskooperation, die durch eine höhere wirtschaftliche Abhängigkeit der Unternehmen gekennzeichnet ist, ebenso ableiten wie aus den Vernetzungsaktivitäten zwischen der Einkaufskooperation und den Industrieunternehmen. Daß hier auf der Basis einheitlicher technischer Infrastrukturen im Ergebnis je unterschiedliche ISDN-Anwendungslösungen zum Tragen kommen, kann wesentlich darauf zurückgeführt werden, daß in Abhängigkeit von der ökonomischen und strukturellen Ausgangssituation je unterschiedliche (aktive oder passive) Rationalisierungsstrategien verfolgt werden, für die je spezifische Formen und Möglichkeiten der Zielverfolgung bzw. des Interessenausgleichs notwendig sind, um die überbetrieblichen Arbeits- und Entscheidungsprozesse ihrer Bestgestaltung zuführen zu können. Dabei, und dies ist besonders hervorzuheben, hat sich der Interessenausgleich durch kollektive Verhandlung keinesfalls als die notwendigerweise richtige Alternative erwiesen, besonders dann nicht, wenn es - wie in der Einzelhandelskooperation - eingespurte Kommunikations- und Kooperationsstrukturen gibt, in denen üblicherweise anders verfahren wird.

Unbestritten ist, daß das ISDN in technischer und wirtschaftlicher Hinsicht als ein effizientes Übertragungsnetz anzusehen ist. Dies wird in der Literatur so gesehen und spiegelt sich auch in den Einschätzungen der an diesem Modellprojekt beteiligten Unternehmen in Aspekten wie hohe Übertragungsraten und -qualität oder Datensicherheit wider. In den praktischen Pilotversuchen, die von den Unternehmen sowohl zwischen Einzelhandel und Handelszentrale als auch zu den Industrieunternehmen hin durchgeführt wurden, hat sich dies erwartungsgemäß bestätigt. Die ISDN-Dienste hingegen haben sich - zumindest in dieser Phase des Modellprojekts, in dem es zwischen den Beteiligten vorrangig um einen strukturierten elektronischen Datenaustausch geht - als unbedeutend herausgestellt, im Bereich der Sprach- ebenso wie bei der Datenkommunikation. Gerade weil in diesem Feld die Bedingungen für eine offene Punkt-zu-Punkt-Kommunikation nicht problemlos sind, hat ein Netzbetrieb, dessen Dienstleistung in der Herstellung von Verbindungen zwischen ISDN-Anwendungen unabhängig von der Art der zu übertragenden Daten besteht, einen weitaus höheren Stellenwert. Hier hat sich inzwischen ein eigener Markt für "elektronische Netze" etabliert, in dem Computerhersteller, aber auch die DBP Telekom mit dem Dienstleistungsangebot TELEBOX.400 als sogenannte Mehrwertdienstleister miteinander konkurrieren und über die insbesondere auch ein ISDN-Netzbetrieb möglich ist.

Die Probleme entfalten sich jedoch nicht beim ISDN-Netzbetrieb, sondern auf der Ebene von ISDN-Anwendungen, und zwar durch ihre Art und die Nutzungsperspektive der damit verbundenen Reichweite technisch-organisatorischer Gestaltung. Aus betriebswirtschaftlich-funktionaler Sicht sind in den zwischenbetrieblichen Leistungsbeziehungen drei Arten von Anwendungen einer ISDN-gestützten Datenübermittlung von herausgehobener Bedeutung: im Zahlungsverkehr die Rechnung und im Warenverkehr die Bestellung sowie im "reinen" Informationsverkehr der Austausch von Marktdaten, wobei diese als Basis für eine Vielzahl von Dispositionsentscheidungen in Handels- und Industrieunternehmen dienen. Besonders in den Vernetzungsprojekten zwischen der Einkaufskooperation und ihren Lieferanten in der Industrie ist deutlich geworden, daß mit dem jeweiligen Feld der ISDN-Anwendung unterschiedliche Nutzungsoptionen und daraus resultierende Anforderungen verbunden sind, elektronischer Datenaustausch also nicht gleich elektronischer Datenaustausch ist. Ein elektronischer Rechnungsdatenaustausch entspricht hier weitgehend einem reinen Datentransfersystem für administrative Arbeitsprozesse, wobei es stark von der quantitativen Dimension abhängt, wie stark das einzelwirtschaftliche Interesse an der Rationalisierung dieser operativen Abläufe ist. Elektronische Bestellsysteme sind eher als dispositive Anwendungen einzuordnen, d.h. als Anwendungen, mit denen Entscheidungsprozesse unterstützt oder abgebildet werden. Diese haben für das Handeln der Unternehmen ein weitaus stärkeres Gewicht, da hier der operative Zugriff für die Positionierung von Produkten und deren Absatzmöglichkeiten entscheidend ist. Allerdings nur, wenn dies die Nutzungsoption ist, wie in diesem Modellprojekt auf der Lieferantenseite bei dem integrierten Warenwirtschaftssystem für die Distribution von Tonträgern. Gerade die Pilotinstallationen auf der Handelsseite machen jedoch deutlich, daß mit der gleichen

Technik durchaus unterschiedliche Nutzungskonzepte verbunden sein können. Eine Option bildet eine mit der Handelszentrale integrierte Warendisposition. In der anderen Option geht es den Unternehmen zwar aus unterschiedlichen Gründen, aber in erster Linie um eine rationelle Abwicklung des zwischenbetrieblichen Bestellverkehrs. Der elektronische Austausch von Bestelldaten wird also eher als ein Transfersystem betrachtet. Gleiche ISDN-Anwendungen mit unterschiedlichen Nutzungskonzepten führen demnach zu einer "Strategien"-Konkurrenz auf der Anwendungsebene.

Daß sich der elektronische Datenaustausch als ISDN-Anwendung somit nicht als ein wohldefiniertes technisches System erweist, kann die betriebswirtschaftliche Technikforschung nicht überraschen. Angesichts der an vielen Orten geführten Diskussion, in denen sich die Vision der "universellen Datenkommunikation zwischen virtuellen Unternehmen" durchaus in Kontinuität zu den Visionen des "papierlosen (ISDN-)Büros" und der "menschenleeren (CIM-)Fabrik" bewegt, erscheint es jedoch notwendig, dieses Ergebnis als Ausgangspunkt der weiteren Diskussion eindeutig zu benennen. Im Kern reicht es zudem weiter als die bisherige Diskussion. Kubicek (1993) hat es treffend als "Organisationslücke" des elektronischen Geschäftsverkehrs bezeichnet, daß mit der Normierung zwischenbetrieblicher Nachrichten erst eine von mehreren der technisch-organisatorischen Bedingungen eines elektronischen Datenaustausches erfüllt ist. Zu denen gehört beispielsweise der Netzwerkbetrieb ebenso wie entsprechende Softwareprodukte. Auf die Etablierung solcher multilateralen Datensysteme sind die Netzwerkinitiativen in den verschiedenen Branchen gerichtet. Für diese stellt sich zunächst die Frage, warum Unternehmen und andere Akteure bereit sind, sich an solchen Initiativen zu beteiligen. Darüber hinaus wird aber klar, daß, auch wenn solche Datensysteme (branchenspezifisch) als technisch-organisatorische Option zur Verfügung stehen, auf der Ebene der bilateraler Austauschbeziehungen noch nicht über ihre Nutzung entschieden ist. *Hier stellt sich in gleicher Weise die Frage, aus welchem einzelwirtschaftlichen Interesse heraus Unternehmen die Initiative ergreifen und - vor allen Dingen - in welcher Form die hinter der Strategienkonkurrenz liegende Interessendivergenz zumindest zu einem punktuellen Ausgleich gebracht wird.*

Das strategische Verhalten von Unternehmen in den zwischenbetrieblichen Leistungsbeziehungen als auch bei einer multilateralen Unternehmensvernetzung wird bestimmt aus der Struktur und Dynamik der zwischenbetrieblichen Arbeitsteilung. Gerade mittelständische Handelsunternehmen sind in ihrer Wettbewerbsfähigkeit und strategischen Positionierung von der lateralen Zusammenarbeit in Einkaufskooperationen abhängig, für die eine Handelszentrale die Koordinations- und Steuerungsfunktion übernimmt. Nur auf diesem Wege besteht die Möglichkeit, die strategischen Wettbewerbsvorteile auszugleichen, die den Großbetriebsformen des Einzelhandels zugerechnet werden. Neue Kooperations- und Koordinationskonzepte, die sowohl von seiten dieser Handelsunternehmen als auch von seiten der Industrie für die Warendisposition (Trade-Marketing-Konzepte, Depotsysteme) und -logistik entwickelt werden, führen zu einer Neuordnung der zwischenbetrieblichen Arbeitsteilung, durch die das bestehende strukturelle Gefüge der Transaktionsbeziehungen zwischen Handel und Industrie wesentlich verändert wird. Die Dynamik dieses strukturelles Wandels, aber auch das Ausschöpfen zwischenbetrieblicher Rationalisierungspotentiale, um die im Vergleich zu den Großbetriebsformen höheren Koordinations- und Kommunikationskosten zu senken, sind die ökonomischen Eckpunkte, mit denen sich die Initiierung des ISDN-Datenverbunds durch die Handelszentrale, aber auch die Form der Zusammenarbeit mit den jeweiligen Kooperationspartnern des Datenaustausches erklären läßt.

Die Kernaufgabe besteht zunächst darin, den unternehmensübergreifenden Informationsverbund überhaupt erst entstehen zu lassen. In technisch-organisatorischer Sicht ist der von der Handelszentrale initiierte ISDN-Datenverbund die technische Basis, um ein modulares, aber integrationsfähiges Warenwirtschaftssystem für die Einzelhandelsebene zu entwickeln. Durch die Vernetzungsinititativen in Richtung Industrieunternehmen wird der Versuch unternommen, diese technische Unterstützung der warenwirtschaftlichen Dispositionsaufgaben systematisch auf die drei Stufen Handel, Großhandel und Herstellung auszudehnen. Die Entwicklung eines Dienstleistungsangebots "ISDN-basiertes Warenwirtschaftssystem" für die Einzelhandelsstufe dient aus der Sicht der Handelszentrale der Stärkung der unternehmerischen Basis und der Erschließung neuer Geschäftsfelder. Zugleich wird dabei auf das in weiten Teilen fehlende Potential der Einzelhandelsunternehmen zur eigenständigen Entwicklung von ISDN-Anwendungen reflektiert, um sich in einen warenwirtschaftlichen Anwendungsverbund einzufügen. Hier kann das Unternehmen - aufbauend auf seiner ohnehin starken Position als Verbundzentrale und den eingefahrenen operativen Strukturen - sich zumindest als EDV-Dienstleister für den verbundenen Einzelhandel (und dann nicht nur für diese Unternehmen) weiter etablieren. Die Perspektive ist, als Mehrwertdienstleister im Markt für "elektronische Netze" zu agieren. Dies wird insbesondere von dem Mitgliederrechenzentrum der Einkaufskooperation als Entwickler der ISDN-Anwendungen gegenüber dem Einzelhandel forciert.

In dem unternehmensstrategischen Leitbild der "Spinne" im Netz der überbetrieblichen Informationsbeziehungen wird plakativ die hinter dem Aufbau des ISDN-Datenverbunds stehende konzeptionelle Reichweite deutlich, ohne jedoch die Grenzen einer solchen unternehmensübergreifenden Strategieformulierung erkennen zu lassen. Auf der taktischen Ebene, der operativen Umsetzung einer solchen Vernetzungsstrategie "wiederholt" sich die Strategiekonkurrenz der Nutzungskonzepte, weil diese von der unternehmensspezifischen Strategieformation her bestimmt ist.

Der ISDN-Datenverbund wird von der Handelszentrale mit dem Ziel aufgebaut, durch die unternehmensübergreifende Vernetzung für Steuerungs- und Koordinationsaufgaben aktuelle betriebs- und warenwirtschaftliche Informationen zu gewinnen. Die unternehmensübergreifende Integration soll aufgrund der damit verbundenen starken operativen Einbindung des Einzelhandels und in Verbindung mit dem Wandel in den Entscheidungsstrukturen (exit statt voice) im Ergebnis zu einer Quasi-Filialisierung des Einkaufsverbunds führen. Diese Strategieperspektive wird insbesondere von seiten der betriebswirtschaftlichen Steuerungsfunktionen der Handelszentrale mit Blick auf die Markt- und Wettbewerbsfähigkeit der Handelszentrale selber verfolgt. In starkem Kontrast zu dieser für die Handelszentrale unternehmenspolitischen Verortung des ISDN-Datenverbunds stehen die operativen Nutzenvorteile, die von den Einzelhandelsunternehmen verfolgt werden.

In der implementierungspolitischen Handhabung dieser Interessendivergenz hat sich gezeigt, daß die Formation einer kollektiven Strategie nicht möglich ist. Dies kann man auf die unterschiedlichen Strategieoptionen selber, und dabei insbesondere auf ein fehlendes Problembewußtsein auf seiten des Einzelhandels zurückführen. Entscheidender scheint aber zu sein, daß die Art und Weise der Kommunikation über die Konzeption des ISDN-Datenverbunds nicht den eingefahrenen Kommunikations- und Entscheidungsstrukturen zwischen den Unternehmen entspricht.

Das Konzept, einen auf mehreren Ebenen angelegten Dialog zwischen den Handlungsträgern der Handelszentrale und Vertretern der Einzelhandelsunternehmen als quasi-kollektiven Entscheidungsprozeß zu etablieren, konnte neben den bereits bestehenden formalen Strukturen des informellen Austausches nicht durchgesetzt und inhaltlich in diesen formalen Strukturen nicht umgesetzt werden. Im Vergleich erfolgreicher (ob das Konzept erfolgreich sein wird, wird sich allerdings erst nach Abschluß des Projekts erweisen) ist nach diesem Scheitern das Anknüpfen an bestehende Kommunikationsformen, indem das "Produkt: ISDN-basiertes Warenwirtschaftssystem" stärker in den Vordergrund gerückt wird. Diese wesentlich stärkere Entkopplung der Entscheidungsstrukturen geht von der Konstruktion der Unternehmensbeziehungen als Verbund selbständiger Unternehmen aus, wählt also die Markt-Kommunikation als Referenzpunkt für den Interessenausgleich zwischen den Akteuren.

Ob diese Kommunikationsstrategie für die Realisierung der strategischen Intention des ISDN-Datenverbunds erfolgreich sein wird, hängt entscheidend von zwei weiteren Faktoren ab. In den Pilotimplementationen hat sich gezeigt, daß günstige Voraussetzungen dafür nur dort vorliegen, wo auf seiten des Einzelhandels selber Technikeinsatzkonzeptionen vorhanden sind, es also einen "Vertragspartner" gibt. Ebenso ist deutlich geworden, daß die Entfaltung dieses Innovationspotentials der ISDN-Anwendungen mit unternehmensspezifischen Anpassungs- und Lernprozessen verbunden ist. Dies ist gleichbedeutend mit der Notwendigkeit, angesichts fehlender Problemlösungs- und Wahrnehmungskapazität auf seiten des Einzelhandels hier entsprechend "externes Management" in das Produktangebot aufzunehmen.

Weil hierfür das Erfahrungswissen aus bisherigen Vernetzungsaktivitäten in starkem Maße funktional ist, sind für eine erfolgreiche Umsetzung eines solchen

Konzepts wiederum Bedingungen auf der Ebene der Entwicklung des Produkts "ISDN-basiertes Warenwirtschaftssystem" zu erfüllen. In dem Modellprojekt hat sich auch erst im Zuge der unternehmensstrategischen Formierung der Vernetzungsstrategie die Dysfunktionalität dezentraler Aktivitäten und im Unternehmen "verstreuter" Akteure gezeigt. Dies hat mit Blick auf die Implementierungspolitik dazu geführt, die Aktivitäten stärker zu bündeln, und dabei insbesondere auch auf eine engere und organisatorisch abgesicherte Verknüpfung der stufenübergreifenden Vernetzung zu achten.

Die implementierungspolititische Handhabung bestehender Interessendivergenzen fügt sich demnach in bestehende institutionelle Strukturen ein. Diese sind zwischen Unternehmen, auch wenn sie wie in diesem Fall wirtschaftlich eng voneinander abhängen, durch marktliche Austauschbeziehungen gekennzeichnet. Geht man davon aus, daß Implementierungspolitik an bestehenden Kommunikationsstrukturen anknüpfen muß, dann sind die Anwendungslösungen sowie ihre Instrumente und Methoden, die für die beteiligten Unternehmen eine je spezifische Überführung des technischen Systems in eine strategieadäquate Anwendungslösung erlauben, an diese Form der Kommunikation anzuschließen.

Die Problematik, trotz divergierender Strategien zwischen selbständigen Unternehmen zu einer gemeinsamen technisch-organisatorischen Lösung zu kommen, zeigt sich noch deutlicher in der Option, die Integration der warenwirtschaftlichen Steuerung über den ISDN-Datenverbund auf die Leistungsbeziehungen zwischen Handelszentrale und der Stufe der herstellenden Unternehmen auszudehnen. Hierbei ist ein eher passives Agieren der beteiligten Unternehmen zu erwarten, wenn die Rationalisierungsstrategie unmittelbar an die bestehenden Formen der technisch-organisatorischen Abwicklung anknüpft. Im Modellprojekt kann der elektronische Rechnungsverkehr zwischen Einkaufskooperation und Industrie beispielsweise relativ bruchlos an die technisch-organisatorischen und institutionellen Strukturen anschließen, die sich bereits im Rahmen des Datenträgeraustausches seit Jahren etabliert haben. Dies gelingt vermutlich auch deshalb reibungslos, weil dem spezifischen Rationalisierungsinteresse der Handelszentrale eher unspezifische Wettbewerbsargumente der Industrieunternehmen gegenüberstehen, die Interessendivergenzen also nicht besonders groß sind und wenig Konfliktpotential aufweisen. Aktive Rationalisierungsstrategien erscheinen dort notwendig, wo es im Zuge des Aufbaus von ISDN-Datenverbindungen um die stufenübergreifende Neuordnung der Arbeitsteilung zwischen den Unternehmen geht. Dies ist in den Konzepten einer stufenübergreifenden Warenwirtschaft zwischen Handel und Industrie so angelegt, wobei hier aufgrund seiner Funktionalität der elektronische Bestelldatenaustausch eine zentrale Rolle spielt. In der Konzeption einer multilateralen Punkt-zu-Punkt-Verbindung sind die ökonomischen Vorteile des elektronischen Bestellverkehrs jedoch marginal. Es hat sich gezeigt, daß den erreichbaren Zeitvorteilen einer integrierten Dispositionsabwicklung beispielsweise Verluste in der logistischen Abwicklung gegenüberstehen. Andererseits gerät ein dem handelsseitigen

Dienstleistungsangebot vergleichbares Konzept - mit allen Schwierigkeiten der Umsetzung eines automatischen Dispositionssystems (Stammdatenmanagement) - in Konkurrenz zu den eingeführten Verfahren der Sortimentssteuerung und Warendisposition. Auch spielen in der direkten Kommunikation zwischen Einzelhandelsunternehmen und den Vertriebsorganisationen der Hersteller elektronische Informationssysteme eine zunehmend bedeutsame Rolle. Hier bestehen nicht technische, sondern institutionelle "Bruchstellen", die sich an der warenwirtschaftlichen Dispositionskompetenz festmachen lassen. Das heißt, die stufenübergreifende Ausdehnung der warenwirtschaftlichen Steuerung erscheint nur dort möglich, wo zwischen den Akteuren (verhandelt und) entschieden ist, in wessen Verantwortung Sortimentsgestaltung und Warensteuerung liegen, und wer damit die Kontrolle über die Technik (Qualitätsengpaß Stammdatenmanagement) gewinnt. Das proprietäre Bestellsystem, für dessen Diffusion Handelszentrale und Herstellerunternehmen der Tonträger ein gemeinsames Unternehmen gegründet haben, ist hierfür ein gutes Beispiel. Dies wird keinesfalls generell möglich sein, weil hier nicht nur eine Vielzahl von Unternehmensgrenzen, sondern auch Branchengrenzen überschritten werden, und eher dazu führen, daß sich noch unterhalb der Ebene branchenspezifischer EDI-Systeme als multilaterale Vernetzung die warenwirtschaftliche Steuerung in diesem Sinne "proprietär" ausbreitet.

Nicht zu übersehen ist, daß sich dem Grunde nach die aktiven Rationalisierungsstrategien stufenübergreifend entsprechen. Die Unternehmensaktivitäten sind dort erfolgreich, wo die Form des Interessenausgleichs der institutionellen Struktur der Unternehmensbeziehungen entspricht. Und hier verstehen Unternehmen nun einmal ihre eigene Sprache am besten: Unternehmensvernetzung als Produkt, welches man auf Märkten kaufen kann.

Literaturverzeichnis

AHLBRAND, K. (1991): Vom Großhandel zum Full-Service-Systemdistributeur für Kühl- und Tiefkühlprodukte: Das Beispiel alli Frischdienst-Zentrale Nord GmbH & Co. In: Zentes, J. (Hrsg.): Moderne Distributionskonzepte in der Konsumgüterwirtschaft. Stuttgart. S. 145-159.

BATHORY-HÜTTNER, ST. (1992): Expansionsstrategien von Verbundgruppen: Das Beispiel Regent-Möbel. In: Zentes, J. (Hrsg.): Strategische Partnerschaften im Handel. Stuttgart. S. 109-131.

BATZER, E.; LACHNER, J. u. MEYERHÖFER, W. (1989): Die handels- und wettbewerbspolitische Bedeutung der Kooperationen des Konsumgüterhandels. IFO-Institut für Wirtschaftsforschung. München.

BIERVERT, B. u. DIERKES, M. (Hrsg.) (1989): Informations- und Kommunikationstechniken im Dienstleistungssektor. Rationalisierung oder neue Qualität? Wiesbaden.

BIERVERT, B.; MONSE, K. u. HILBIG, M.(1989): Integrierte und flexibilisierte Dienstleistungen durch neue Informations- und Kommunikationstechniken. In: Biervert, B. u. Dierkes, M. (Hrsg.): Informations- und Kommunikationstechniken im Dienstleistungssektor. Rationalisierung oder neue Qualität? Wiesbaden. S. 19-58.

BIERVERT, B.; MONSE, K.; BRUNS, H.-J. u. BREWING, J. (1994): ISDN-Einsatz in einem mittelständischen Handelsunternehmen. Konsequenzen für Organisations- und Kommunikationsstrukturen. Forschungsbericht. Institut für Wirtschaft und Technik. Wuppertal.

BIERVERT, B.; MONSE, K.; BRUNS, H.-J. u. REIMERS, K. (1992): Unternehmensvernetzung. Konzepte und Fallstudien. Wiesbaden.

BÖHLKE, E. (1992): Trade Marketing - Neuorientierung der Hersteller-Handels-Beziehungen. In: Zentes, J. (Hrsg.): Strategische Partnerschaften im Handel. Stuttgart. S. 187-203.

BROKATZKY, W. (1991): Das Logistik-Konzept des Migros-Genossenschaft-Bundes für die 90er Jahre. In: Zentes, J. (Hrsg.): Moderne Distributionskonzepte in der Konsumgüterwirtschaft. Stuttgart. S. 51-62.

BRUNS, H.-J. (1993): Die Koordination zwischenbetrieblicher Arbeits- und Entscheidungsstrukturen als Problemfeld der Unternehmensvernetzung. In: Ridder, H.-G.; Janisch, R. u. Bruns, H.-J. (Hrsg.): Arbeitsorganisation und Qualifikation: Zur Praxis der Arbeitsgestaltung in der schlanken Produktion. München. S. 127 - 155.

CENTRALE FÜR COORGANISATION (CCG) (1991): Arbeitsbericht 1991. Köln.

CENTRALE FÜR COORGANISATION (CCG) (1991): Informationsschrift "Systeme und Dienstleistungen für die Textilwirtschaft". Köln.

DELFMANN, W. u. WALDMANN, J. (1987): Distribution 2000. Informations- und Kommunikationsmanagement bestimmen die Positionen von Industrie und Handel in den Distributionssystemen der Zukunft. In: Schwarz, C.; Sturm, F. u. Klose, W. (Hrsg.): Marketing 2000: Perspektiven zwischen Theorie und Praxis. Wiesbaden. S. 71-93.

EMONS, F. (1989): Die EAN und ihre Folgeprojekte - Ein Rationalisierungsverband entwickelt Systeme für den Daten- und Warenverkehr in der Konsumgüterwirtschaft. In: Biervert, B. u. Dierkes, M. (Hrsg.): Informations- und Kommunikationstechniken im Dienstleistungssektor. Wiesbaden. S.249-260.

F&L EUROPEAN TELECOMMUNICATIONS CONSULTANTS A/S AND XCOMS INTERNATIONAL SA (1993): Study on EDI & ISDN. Final Report. Im Auftrag der Kommission der EG.

FRESE, E. (1988): Grundlagen der Organisation. Die Organisationsstruktur der Unternehmung. 4. durchges. Auflage. Wiesbaden.

FTK - FORSCHUNGSINSTITUT FÜR TELEKOMMUNIKATION (1993): Informations- und Kommunikationstechnologien im Spannungsfeld von Hersteller-Lösungen und Anwender-Problemen. Dokumentation des Workshops der ISDN-Forschungskommission am 6. und 7. Mai 1993. Materialien und Berichte der ISDN-Forschungskommission des Landes Nordrhein-Westfalen, Nr. 8.

HEINRICH, D. (1989): Just-in-time in der Distributionslogistik. In: Der Betriebswirt. H.1. S. 7-10.

HEITKÄMPER, H. u. KLOETERS, R. (1992): Entwicklungen und Tendenzen des Kontraktmarketing aus der Sicht des Einzelhandels. In: Zentes, J. (Hrsg.): Strategische Partnerschaften im Handel. Stuttgart. S. 223-234.

HÖRLÜCK, J. (1993): The Pragmatics of EDI. The Use of EDI will Unify Business Procedures. Discussion Pater, Institute of Management, University of Aarhus, IFV-papers 1993-5.

HOHOFF, K.-H. (1991): Franchising als Kooperationsmodell in der Service-Logistik: Das Beispiel Pinguin - Das Frische-System. In: Zentes, J. (Hrsg.): Moderne Distributionskonzepte in der Konsumgüterwirtschaft. Stuttgart. S. 135-144.

JUBELT, D. (1992): Partnerschaftliche Marktbearbeitung durch Depotsysteme. In: Zentes, J. (Hrsg.): Strategische Partnerschaften im Handel. Stuttgart. S. 205-221.

KIESER, A. u. KUBICEK, H. (1992): Organisation. 3. Aufl. Berlin u. New York.

KÖNIG, K. (1992): Die Bedeutung des ISDN für den gemeinsamen Binnenmarkt. ISDN als Infrastruktur, Erfahrungen mit Nutzern. In: Meier, A. (Hrsg.): Telekommunikation in Deutschland: Umbruch und Fortentwicklung. Velbert. S. II.24.02-II.24.14.

KOSIOL, E. (1972): Die Unternehmung als wirtschaftliches Aktionszentrum - Einführung in die Betriebswirtschaftslehre. Hamburg.

KUBICEK, H. (1992a): Überbetrieblicher Informationsverbund. In: Frese, E. (Hrsg.): Handwörterbuch der Organisation. 3. Aufl. Stuttgart. Sp. 994-1009.

KUBICEK, H. (1992b): Die Organisationslücke beim elektronischen Austausch von Geschäftsdokumenten (EDI) zwischen Organisationen. Arbeitspapier. Forschungsgruppe Telekommunikation. Forschungsberichte des Studiengangs Informatik der Universität Bremen. April 1992. Bremen.

KUBICEK, H. (1993): Organisatorische Voraussetzungen des branchenübergreifenden elektronischen Datenaustausches - Neue Aufgaben für

Wirtschaftsverbände? In: Kubicek, H. u. Seeger,P. (Hrsg.): Perspektiven der Techniksteuerung.

KÜPPER, H.-U. (1988): Koordination und Interdependenz als Bausteine einer konzeptionellen und theoretischen Fundierung des Controlling. In: Lücke, W. (Hrsg.): Betriebswirtschaftliche Steuerungs- und Kontrollprobleme. Wiesbaden. S. 163-183.

LENDZION, H.-P. (1991): Das Logistik-Konzept der Karstadt AG für die 90er Jahre. In: Zentes, J. (Hrsg.): Moderne Distributionskonzepte in der Konsumgüterwirtschaft. Stuttgart. S. 35-50.

MERTENS, P. (1966): Die zwischenbetriebliche Kooperation und Integration bei der automatisierten Datenverarbeitung. Meisenheim am Glan.

MONSE, K. u. BRUNS, H.-J. (1990): Neue Formen der Kommunikation und Integration zwischen Handel und Industrie. Arbeitspapier. Institut für Wirtschaft und Technik. Wuppertal.

MONSE, K. u. BRUNS, H.-J. (1993): Innovative Dienstleistungsstrategien und neue Technik - Standortbestimmung für ISDN-Anwendungen im Handel -. Tagungsdokumentation. Institut für Wirtschaft und Technik. Wuppertal.

MONSE, K., KUBICEK, H. u. REIMERS, K. (1993):The Role of Intermediary Organizations in the Development and Diffusion of EDI. TEDIS-Project: Social and Economic Impact of EDI. Universität Wuppertal, Forschungsbericht.

MONSE, K. u. REIMERS, K. (1993): Interorganizational Networking and the Institutional Gap. In: Clement, A., Kolm, P., Wagner, I. (Hrsg.): Proceedings of the IFIP TC9/WG9 Working Conference on Networking, Vienna, 16-18 June 1993. Amsterdam.

NAGLER, R. (1991): Elektronischer Bestell- und Lieferdatenaustausch: Das Beispiel ECODEX. In: Zentes, J. (Hrsg.): Moderne Distributionskonzepte in der Konsumgüterwirtschaft. Stuttgart. S. 215-224.

NEUMANN, G.C. (1992): Zukunftsaspekte genossenschaftlicher Kooperationen im Handel. In: Zentes, J. (Hrsg.): Strategische Partnerschaften im Handel. Stuttgart. S. 63-89.

O'CALLAGHAN, R.; KAUFMANN, P. J; KONSYNSKI, B. R. (1992): Adoption correlates and share effects of electronic data interchange sytems in marketing channels. Journal of Marketing, Heft 2., Vol. 56, S.45-56.

O.V. (1990): Neue Vitalität im Vertriebsweg Fachgeschäft. In: Absatzwirtschaft. H.6. S. 42-48.

PICOT, A. (1986): Transaktionskosten im Handel. Zur Notwendigkeit einer flexiblen Strukturentwicklung in der Distribution. In: Betriebsberater. Beilage 13 zu Heft 27.

PICOT, A.; NEUBURGER, R. u. NIGGL, J. (1991): Ökonomische Perspektiven eines "Electronic Data Interchange". In: Information Management. H.2. S. 22-29.

PORTER, M.E. (1989): Wettbewerbsvorteile: Spitzenleistungen erreichen und behaupten. Sonderausgabe. Frankfurt/M. u. New York.

KURT SALMON ASSOCIATES UNTERNEHMENSBERATUNG (1988): "Quick Response. Neue Formel der Partnerschaft in der Textilwirtschaft". Frankfurt.

SCHALLA, G. (1991): Wertschöpfungspotentiale in der Logistik - Das Beispiel Markant. In: Zentes, J. (Hrsg.): Moderne Distributionskonzepte in der Konsumgüterwirtschaft. Stuttgart. S. 63-75.

SCHMIDT, S. K. u. WERLE, R. (1992): The Development of Compatibility Standards in Telecommunications. Conceptual Framework and Theoretical Perspective. In: Dierkes, M. u. Hoffmann, U. (eds.): Technology at the Outset. Social Forces in the Shaping of Technological Innovation. Frankfurt.

SCHUDAK, R. (1990): Die neue Òrganisations- und Führungsstruktur der INTERFUNK eG. In: Der Verbund. H.3. S. 20-23.

SEDRAN, T. (1991): Wettbewerbsvorteile durch EDI?. In: Information Management. H.2. S. 16-21.

SERINGER, H. (1992): Moderne Marktbearbeitungsstrategien von Verbundgruppen - das Beispiel Interfunk. In: Zentes, J. (Hrsg.): Strategische Partnerschaften im Handel. Stuttgart. S. 91-108

SEYFFERT, R. (1972): Wirtschaftslehre des Handels. Opladen: Westdeutscher Verlag (5. Auflage).

SIEBERT, H. (1991): Ökonomische Analyse von Unternehmensnetzwerken. In. Staehle,W.H. u. Sydow, J. (Hrsg.): Managementforschung 1. Berlin u. New York. S. 291-311.

STRASSBURGER, F.X. (1990): ISDN: Chancen und Risiken eines integrierten Telekommunikationskonzeptes aus betriebswirtschaftlicher Sicht. München.

SWATMAN, P. M. C. u. SWATMAN, P. A. (1992): EDI System Integration: A Definition and Literature Survey. In: The Information Society, Vol.8, pp.169-205.

SYDOW, J. (1992): Strategische Netzwerke: Evolution und Organisation. Wiesbaden.

VAN GERPEN, H.; KUBICEK, H. u. SEEGER, P. (1991): Die Genese des EAN-Datenstandards als Verhandlungsprozeß. Schlüssel für die Rationalisierung des Daten- und Warenverkehrs in der Konsumgüterwirtschaft. In: Fricke, W. (Hrsg.): Jahrbuch für Arbeit und Technik. Bonn: Dietz.

VAN GERPEN, H. u. SEEGER, P. (1990): Bedeutung und Aushandlung der "Europäischen Artikelnummer". Akteursuntersuchung zur EAN-Genese. Werkstattbericht im Rahmen des Forschungsprojektes "Informatisierung von Waren- und Kreditwirtschaft als Verhandlungsprozeß". Exemplarische Analysen der Bedeutung und Aushandlung branchenübergreifender Standardisierung von Daten für die zwischenbetriebliche Vernetzung. Universität Bremen. Fachbereich 3 (Angewandte Informatik).

VIERHELLER, R. (1988): Handelsgenossenschaften im Wandel. Eine verfügungsrechtstheoretische Analyse. In: Budäus, D.; Gerum, E. u. Zimmermann, G. (Hrsg.): Betriebswirtschaftslehre und Theorie der Verfügungsrechte. Wiesbaden. S. 65-87.

WEBER, W. (1992): Logistik als Koordinationsfunktion. Zur theoretischen Fundierung der Logistik. In: Zeitschrift für Betriebswirtschaft. 62. Jg., H. 8. S. 877-895.

WILLIAMSON, O.E. (1990): Die ökonomischen Institutionen des Kapitalismus: Unternehmen, Märkte, Kooperationen. Tübingen.

ZENTES, J. (Hrsg.) (1991): Moderne Distributionskonzepte in der Konsumgüterwirtschaft. Stuttgart.

ZENTES, J. (Hrsg.) (1992): Strategische Partnerschaften im Handel. Stuttgart.

GPSR Compliance

The European Union's (EU) General Product Safety Regulation (GPSR) is a set of rules that requires consumer products to be safe and our obligations to ensure this.

If you have any concerns about our products, you can contact us on ProductSafety@springernature.com

In case Publisher is established outside the EU, the EU authorized representative is:

Springer Nature Customer Service Center GmbH
Europaplatz 3
69115 Heidelberg, Germany

Batch number: 10809468

Printed by Printforce, the Netherlands